高等职业教育铁道信号自动控制专业系列规划教材

铁路信号集中监测系统运用与维护

冯琳玲　季忠洪　主　编
刘湘国　关　琼　副主编
张力群　主　审

中国铁道出版社有限公司

2023年·北　京

内 容 简 介

本书为高等职业教育铁道信号自动控制专业系列规划教材。本书按照项目教学方法系统地介绍了铁路信号集中监测系统的工作原理、维修方法及管理要求，主要内容包括：绪论、信号集中监测系统结构认知、车站监测网功能及界面操作、铁路信号集中监测系统采集原理、铁路信号集中监测系统维护与管理、铁路信号集中监测系统实际应用举例。

本书主要作为高等职业技术学院铁道信号自动控制专业教材，也可作为成人继续教育或现场工程技术人员和铁道信号设备维护、施工人员的培训教材或参考资料。

本书内容如有不符最新规章标准之处，以最新规章标准为准。

图书在版编目(CIP)数据

铁路信号集中监测系统运用与维护/冯琳玲，季忠洪主编．—北京：中国铁道出版社，2016.7(2023.1 重印)

全国铁道职业教育教学指导委员会规划教材　高等职业教育铁道信号自动控制专业系列规划教材

ISBN 978-7-113-21786-0

Ⅰ.①铁…　Ⅱ.①冯…②季…　Ⅲ.①铁路信号-监测系统-高等职业教育-教材　Ⅳ.①U284.91

中国版本图书馆 CIP 数据核字(2016)第 101371 号

书　　名：铁路信号集中监测系统运用与维护
作　　者：冯琳玲　季忠洪

责任编辑：吕继函　　**编辑部电话：**(010) 51873205　　**电子邮箱：**312705696@qq.com
封面设计：郑春鹏
责任校对：王　杰
责任印制：高春晓

出版发行：中国铁道出版社有限公司（100054，北京市西城区右安门西街 8 号）
网　　址：http://www.tdpress.com
印　　刷：北京市科星印刷有限责任公司
版　　次：2016 年 7 月第 1 版　2023 年 1 月第 7 次印刷
开　　本：787 mm×1 092 mm　1/16　**印张：**12　**字数：**310 千
书　　号：ISBN 978-7-113-21786-0
定　　价：35.00 元

前言

FREFACE

随着铁路大提速和客运专线的加快建设，我国铁路运输迅速向高速、高密、重载、电气化方向发展，铁路信号技术也不断改造与升级，向数字化、网络化、智能化、综合化方向迈进。在发展过程中，对信号设备的工作质量、效率和维修维护体制提出了新的更高要求。铁路信号集中监测系统是在原铁路信号微机监测系统基础上研制开发的综合检测平台，是面向铁路信号领域的综合性设备实时监测网络系统，是保证行车安全、加强信号设备结合部管理、反映设备运用质量、提高电务部门维护水平和维护效率的重要行车设备。

铁路信号集中监测系统（Centralized Signaling Monitoring System，简称CSM）利用计算机高速信息处理能力实现对联锁、闭塞、列控、TDCS/CTC、驼峰、电源屏、计轴等信号设备进行实时不间断的监测，通过对监测数据的智能分析，提前对故障隐患进行预警和告警，并通过网络传送到各级信号维护终端，实现对信号设备的集中监测和远程诊断，同时可存储大量现场数据，对分析事故原因有很大的帮助。CSM作为铁路电务部门的辅助维修工具，正在普速铁路和高速铁路中大面积推广使用，发挥着越来越大的作用。

为了适应铁路信号新技术进步对高技能人才需求增长的要求，急需编写铁路信号集中监测的实用教材，为铁路信号的技术进步和人才培养提供支持和保证。

本教材引入企业实用项目，近距离贴近工作岗位，在对专业岗位能力进行分析的基础上，征求现场专家的意见和建议，将知识点按工作过程重新整合，融合学习过程与实际的工作过程，突出实践性和可操作性，并力求突出高职特点，注重培养学生综合应用能力，实现工学结合。该教材适合于专业发展及高职教学，也可以作为各单位组织职工进行各级各类岗位培训、技能鉴定的用书，对各类职业学校相关师生也有重要的参考价值。教材中选取了大量铁路信号集中监测系统的典型案例，力求理论联系实际，提高教材的应用价值。

本书由湖南高速铁路职业技术学院冯琳玲、广州铁路（集团）公司电务处季忠洪任主编，湖南高速铁路职业技术学院刘湘国、柳州铁道职业技术学院关琼任副主编，辽宁铁道职业技术学院张力群任主审。其中，冯琳玲编写了项目1，项目2的典型工作任务1和典型工作任务2；季忠洪编写了项目2的典型工作任务3、典型工作任务4，项目5的典型工作任务1、典型工作任务2；刘湘国编写了项目3的典型工作任务1至典型工作任务5；湖南高速铁路职业技术学院刘孝凡编写了项目3的典型工作任务6和典型工作任务7；关琼编写了项目4；南京铁道职业技术学院骆燕胜编写了项目5的典型工作任务3；南京铁道职业技术学院马立君编写了项目3的典型工作任务8和典型工作任务9。

编写过程中，得到了广州铁路（集团）公司长沙电务段的大力支持，在此表示衷心感谢。

在本书编写过程中，大量参考了国内外许多文献资料，由于参考文献资料较多，只能就其中主要的文献列于书后。在此谨向所有文献资料的作者表示衷心的感谢和敬意。

由于编者水平有限，资料搜集和教材中存在的疏漏、错误、不妥之处，恳请各学院师生及其他读者提出批评和改进意见，以求不断提高教材质量，为铁路信号的建设服务。

编　者

2016年2月

目录

CONTENTS

绪　论

铁路信号集中监测系统(CSM)是在原铁路信号微机监测系统基础上研制开发的综合检测平台,是面向铁路信号领域的实时监测网络系统,是保证行车安全、加强信号设备结合部管理、反映设备运用质量、提高电务部门维护水平和维护效率的重要行车设备。铁路信号集中监测作为铁路信号系统的子系统,全面推动铁路信号集中监测系统向综合化、智能化、信息化的方向发展。对于进一步强化结合部管理,改善和优化现场维修作业具有重要意义。

铁路信号集中监测系统采用先进的数字信号处理技术、现场总线(CAN)技术、传感技术和计算机网络通信技术、数据库及软件工程技术,监测并记录信号设备的主要运行状态,解决信号设备维修在时间上和技术保障难度上的矛盾,尽量压缩设备故障时间,强化设备运行质量跟踪管理,在状态修的基础上使修程、修制做到少维修或专业化的集中修,逐步实现设备零故障。

铁路信号集中监测系统的优势突出表现在:

(1)系统充分考虑并融入了高可靠采样电路,使监测设备与被监测设备之间具有了良好的电气隔离性,从而加强了整个系统的安全性和可靠性。

(2)系统加强了采集数据的综合分析与展现,并将智能分析与故障诊断融入了系统的核心,使既有纷繁复杂且耗时耗力的统计分析维护工作变得从容且简便,使电务维护人员的维护效率和效果大大提升。

(3)实时性增强,解决了人工分析数据实时性低,不能根据微机监测实时数据变化及时发现设备隐患的问题。

(4)劳动强度减轻,改变了微机监测海量数据人工分拣的模式,即由过程数据分拣向分析结果判断转变。特别是在数据关联性分析及对历史数据比较分析方面。

(5)分析质量提升,改变了由于个体差异引起的分析结果差异。用系统级诊断数据库比对的模式保证问题的正确导向。

与铁路信号微机监测系统相比,CSM系统具有以下改进与提升。

1)设计理念更先进

微机监测是以“设备监测”为导向,辅助一些简单的报警,用微机监测替代了信号维护人员,提供永远在线的仪器仪表功能。

铁路信号集中监测系统以“设备维护”为导向,以信号工视角,实时发现设备的故障和异常,从而大大减轻维护人员的工作量。

2)技术条件更加完善

为适应电务系统对信号设备维护的更高要求,充分发挥监测系统在铁路信号设备维护工作方面的指导作用,加强监测系统数据分析,实现故障预警和故障诊断,推动监测系统向综合化、智能化、信息化方向发展,在全面梳理铁路信号微机监测产品采样原理的基础上,为提高铁路信号集中监测系统的安全性和可靠性,规范铁路信号集中监测系统的设计、制造、施工和验收工作,其中:

(1)明确了铁路信号集中监测系统作为信号设备的智能化、综合化监测平台。

(2)体系结构在原有的三级四层结构基础上,根据信号设备维修需要,完善并加强了电务段子系统的各部分功能(时钟、网管、防病毒等),明晰了铁路局集团公司和中国国家铁路集团有限公司(以下简称国铁集团)子系统的建设目标。

(3)规定了铁路信号集中监测系统应统一规划,统一实施,与联锁、闭塞、列控、TDCS/CTC 等系统同步设计、施工、调试、验收及开通。

(4)针对监测的采集项目进行安全分级,对采样设备的防护提出明确要求。

(5)修订高压不对称轨道电路监测、转辙机监测、移频监测和半自动闭塞监测的参数要求。

(6)更新明确与其他设备的接口方式和内容,主要包括联锁、列控、CTC、智能电源屏、ZPW-2000 等。

3)系统功能更加强大

信号集中监测系统新增了车站层设备的智能分析和故障诊断功能,从过去的"设备监测"手段逐步变为"设备维护"的重要工具。

(1)根据站线需求增加工区终端。

(2)监测系统融入智能分析及辅助决策功能,并且加强了预警分析和故障诊断内容,明确了预报警范围、逻辑条件、报警机制。

(3)监测基层网络进行加强。由 8~15 个站需要抽头回环中心,更迭为 5~12 个站需要抽头回环中心。

(4)明晰环境监控相关内容,要求温、湿度与民用空调纳入监控范围,烟雾、明火、水浸、门禁和玻璃破碎等作为可选采集条目。

(5)道岔表示采用全新模式,提高系统的安全性和可靠性。

(6)开关量监测内容增加了熔丝报警,提速道岔分表示,关键继电器等状态的开关量采样。

(7)电缆绝缘测试数量的增加。由于道岔控制电缆绝缘测试方案的变化而引起电缆绝缘监测数量的增加等。

4)安全性和可靠性更高

在信号集中监测系统中,采集项目以"安全边界、安全目标、安全设计"为导向,将监测采集项目分为三个安全等级,并针对属于不同安全等级项目从防护能力、采样原理及施工配线方面进行区分对待,从而保证系统的安全与稳定。

第一级:与分线盘直接相连的电压采集项目且信号设备本身没有防护措施的[包含道岔表示电压采集和绝缘测试(道岔部分)]。

第二级:与被监测设备直接连接,但信号设备本身具有防护措施,属于室内采集项目的。

第三级:实施可靠的监测项目,实现方案比较成熟,基本采用半组接点、电流互感器采样或全空接点(光耦隔离)采样,不存在安全性问题的。

铁路信号集中监测系统是随着计算机技术的发展而发展起来的,是经过二十几年艰苦探索发展起来的。早在1985年,以当时的计算机技术为支持,部分铁路局已经开始研发信号微机监测系统,到1996年,研制单位已达20多家,先后有200多个车站配备了信号微机监测系统。初期阶段的信号微机监测系统,由于受技术、经济等方面的限制,技术陈旧、精度不高、可靠性差,其特点是:各个铁路局自行研制,缺乏统一标准;技术差异较大,运用状况不佳;各站基本独立,很少集中联网。

随着科技的进步,信号微机监测技术不断发展,并且得到了高度重视。1997年铁道部两次组织有关专家对信号微机监测系统进行了大规模调查研究,并在此基础上,制定了技术原则,组织了联合攻关。由各研制单位组成的联合攻关组,在近六个月的努力下研制开发了第一代TJWX-97型信号微机监测系统,并且在五大干线推广应用,为监督电务设备运用状态及铁路运输安全作出了贡献。这个攻关阶段的特点是:高起点、高水平;发挥各家优势、集中各家之长。

2000年铁道部再次组织联合攻关,升级为TJWX-2000型信号微机监测系统,技术先进、功能完善、制式统一、便于联网。TJWX-2006型微机监测系统是以铁道部2006年3月公布的新技术条件为依据研制的,在满足新技术条件要求的基础上,结合需求和经验积累,其功能、结构上都有了较大的改进,增加了监测项目;提高了测试精度和测试稳定性;增强了可靠性;提供了由用户定制的组合式分析方式;明确了2 M数字通道。

随着铁路信号新设备的安装运用,电务段生产力的布局调整,使得电务维护管理难度加大,迫切需要进一步提高完善信号微机监测系统技术水平。TJWX-2006型信号微机监测系统是以新技术条件为依据研制的,采用DSP数字信号处理技术,提高了测试精度和测试稳定性;增加完善了监测内容;增强了可靠性。结合设备状况和经验积累,极大地满足了需求。

CSM系统立足之本是要解决信号设备维修在时间上和技术保障难度上的矛盾,尽量压缩设备故障时间,强化设备运行质量跟踪管理,在状态修的基础上使修程、修制做到少维修或专业化的集中修,逐步实现设备零故障。铁路信号集中监测系统是铁路运输的重要行车安全设备,对于进一步强化结合部管理,改善和优化现场维修作业具有重要意义。

随着铁路网络规模的不断扩大,以及信息因特网技术的迅速发展,铁路信号集中监测系统作为管理维修的主要设备,将向智能化、网络化、专家系统方向不断完善和发展,并将同调度监督系统和运输信息管理系统汇接合成,更好地为铁路运输服务。

复习思考题

1. 简述CSM系统从铁路信号微机监测发展到铁路信号集中监测经历了哪几个阶段?
2. 铁路信号集中监测系统的依据基础是什么?

项目1　信号集中监测系统结构认知

项目描述

本项目是“铁路信号集中监测”课程的基础知识，主要讲述铁路信号集中监测系统的总体结构和网络及各子系统设备的构成，通过对系统总体结构和各子系统的认知，直观地认识集中监测系统的总体组成和“三级四层”体系结构，掌握电务段监测子系统和车站监测网设备和网络设备的名称及类型；掌握各子系统设备的作用、配置标准和组网方式；了解国铁集团电务监测子系统、铁路局集团公司电务监测子系统的设备构成。通过对网络结构的认知，掌握铁路信号集中监测系统的网络结构特点和网络设备配置；了解网络安全管理和故障管理；掌握直观、有效的管理手段，具备识别网络状态，保障网络安全，维护网络稳定运行的能力，为进一步掌握操作和维护技能打好基础。

教学目标

1. 能力目标

能直观的认识信号集中监测系统的组成，建立系统认知的轮廓；能根据功能需求和管理权限进行设备的配置；能根据集中监测系统的数据流程和管理模式的特点，进行网络管理。

2. 知识目标

了解三级四层体系结构及网络结构；识别各子系统设备和网络设备的名称及类型；掌握各子系统设备的作用和配置标准，为进一步掌握操作和维护技能打好基础。

3. 素质目标

培养爱岗敬业的精神、高度负责的责任心与良好的职业道德；培养各层级之间团队协作、组织协调能力；提高同步学习设备更新，接受新型设备的能力；实施有效管理、维护系统稳定的能力。

典型工作任务1　系统总体结构的认知

1.1.1　工作任务

直观地认识信号集中监测系统的总体组成，了解“三级四层”体系结构的划分对于电务部门维护和管理工作的实际意义。

1.1.2　知识链接

铁路信号集中监测系统结构部分采用基于 TCP/IP 协议的广域网模式，包括系统配置的层次结构和数据通信的网络结构。体系结构的划分应符合电务部门维护和管理工作的实际需要；监测系统的层次结构为“三级四层”结构，三级为：国铁集团、铁路局集团公司、电务段；四层为：国铁集团电务监测子系统、铁路局集团公司电务监测子系统、电务段监测子系统、车站监测网。CSM 系统体系结构如图 1.1 所示。

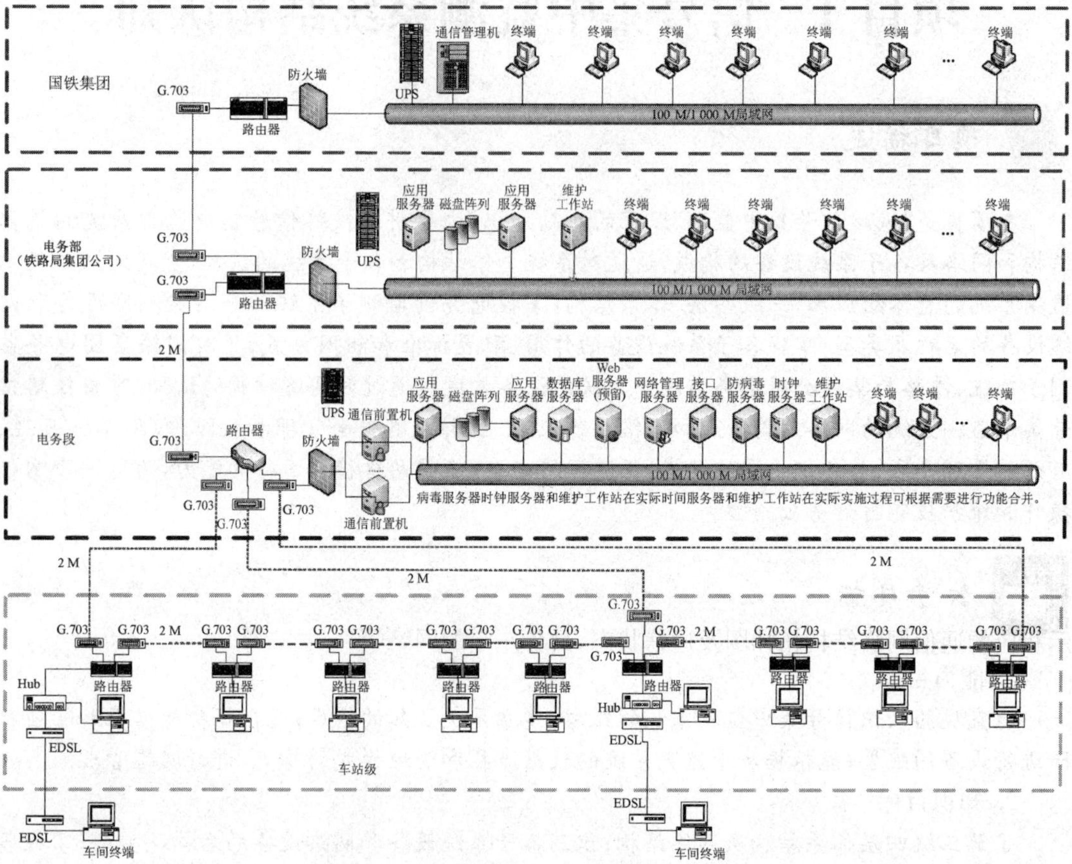

图 1.1　铁路信号监测系统体系结构示意图

1. 国铁集团电务监测子系统

国铁集团电务监测子系统在整个系统中处于最高层，配置通信管理机、国铁集团监测终端。

通信管理机与国铁集团各监测终端及各铁路局集团公司应用服务器间建立通信连接并进行数据交换。

国铁集团监测终端可以调看全路的联网车站，实时查看车站信号设备的工作状态，回放站场存储信息和报表信息，显示车站的报警信息。

2. 铁路局集团公司电务监测子系统

铁路局集团公司电务监测子系统处于第二层，配置应用服务器、监测终端和维护工作站。

应用服务器采用双机冗余备份技术，作为整个铁路局集团公司信号集中监测系统的监控中心。应用服务器以星形方式与各个电务段连接，管理全局集团公司内所辖电务段及其车站节点，负责与所辖电务段应用服务器、铁路局集团公司监测终端及国铁集团通信管理机等节点建立通信连接，进行网络通信和数据交互，并实现数据流调度和信息路由等功能。

铁路局集团公司监测终端可以调看全局的联网车站，实时查看车站信号设备的工作状态，回放站场存储信息和报表信息，显示车站的报警信息。

铁路局集团公司电务监测子系统维护工作站配备监测终端的所有功能，并具备网络拓扑图状态管理，实时显示网络节点、通道和车站采集设备的工作状态，通过声音、拓扑图颜色变化来反映当前网络的告警信息。维护工作站还可以实现对网络流量和网络传输出错率的在线分析。

3. 电务段监测子系统

电务段监测子系统处于承上启下位置，是 CSM 系统的中枢部分，是电务段管内各站的集中监测数据和网络通信的管理中心。整个系统以电务段监测中心为集中管理、监控的中心。

应用服务器采用双机冗余备份技术，作为整个电务段集中监测系统的监控中心。应用服务器以环形方式与各个车站连接，每隔 5～12 个车站形成一个环(信号集中监测是每隔 8～15 个车站形成一个环)，环内具体车站数量可以根据通信传输系统节点情况确定。应用服务器管理全段内所有车站节点，负责与铁路局集团公司电务监测中心应用服务器、电务段监测终端等节点建立通信连接，进行网络通信和数据交互，并实现数据流调度和信息路由等功能。站机数据经广域网数据传输系统到达应用服务器，服务器对数据进行分类、存储和处理，根据终端要求分发给各联网终端。

工区终端、车间终端、段终端用于人—机操作，管理和查看权限范围内车站的站场及有关数据，并作报表的汇总显示，数据报表和数据图形可由打印机打印输出。同时，各级终端能显示相应的通信网络结构拓扑图及通信状态，具备一定的网络管理功能。

4. 车站监测网

车站监测网处于铁路信号集中监测系统最底层，是整个系统的基础，是所有原始信息的源头，所提供有关信号设备的质量信息是精确的，告警信息是可靠的，运输状态的记录是完整的。采集机和站机的工作是高稳定、高可靠的，保证原始数据记录的完整性。

5. 广域网数据传输系统

铁路信号集中监测系统通过广域网数据传输系统把车站监测网、电务段监测子系统及上层网络连接起来。广域网数据传输系统完成 IP 数据包在各计算机间的传输。

典型工作任务 2　各子系统结构的认知

1.2.1　工作任务

重点掌握电务段监测子系统和车站监测网设备和网络设备的名称及类型；掌握各子系统设备的作用、配置标准和组网方式。

1.2.2　知识链接

1. 电务段监测子系统构成

电务段监测子系统由数据库服务器、应用服务器、通信前置机、接口服务器、网络管理服务器、防病毒服务器、时钟服务器、维护工作站、监测终端、WEB 服务器(预留)及电源部分组成。电务段监测子系统结构如图 1.2 所示。

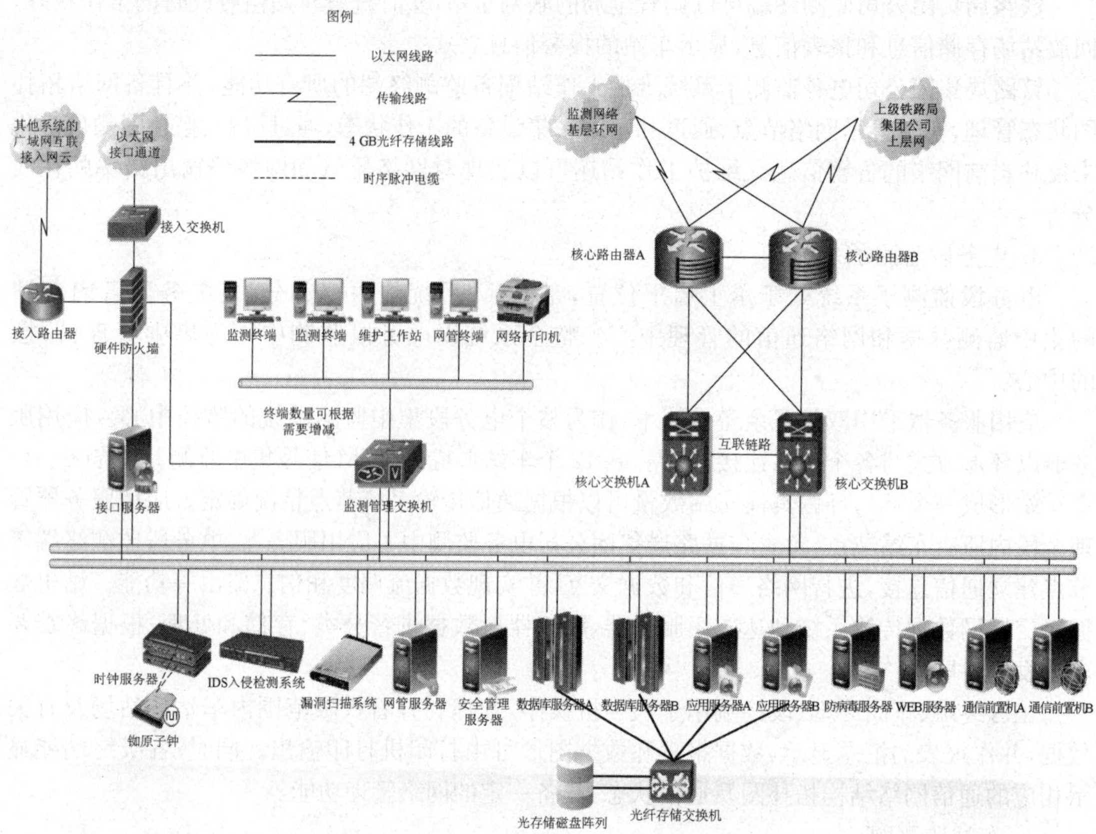

图 1.2　电务段监测子系统结构示意图

1)组网方式

电务段监测子系统采用全千兆网络设计,中心内部设备间互联接口均为千兆以太网接口。

各服务器、网络安全设备及监测管理交换机均采用双上联方式,分别连接两台核心交换机。监测终端、维护工作站等设备与监测管理交换机采用星形连接。

数据库服务器之间使用专用心跳线互联,小型机、应用服务器和磁盘存储阵列,通过专用光纤接口与光纤存储交换机互联。

两台核心交换机之间互联两个千兆以太网物理端口,在这些端口上启用端口捆绑技术复合成一条逻辑链路,在逻辑链路上启用 TRUNK 干线透传设备间所需的数据。

基于双网高可靠性和高效率方面的设计原则,核心交换机与核心路由器采用千兆以太网双交叉端口互联。两台核心路由器之间使用个千兆以太网口互联。

核心路由器的串口接口卡与信号集中监测基层网各个车站的 2 Mbit/s 及以上的广域网传输通道互联,根据国铁集团的要求,车站环网尾站的广域网链路要与核心路由器 B 相连。各车站返回段监测中心的中间抽头链路要根据负载均衡的原则或网络抽头返回的顺序,依次平均分配与两台核心路由器的串行端口相连接。

核心路由器使用串口接口卡与上级铁路局集团公司电务监测子系统的传输通道互联。

电务段监测子系统接口服务器负责本系统与外部其他系统广域网传输通道的互联互通,通过千兆以太网连接硬件防火墙。

硬件防火墙和接入路由器的以太网口互联后，实现与其他系统的广域网通道互联。接入路由器采用高速广域网接口卡，通过协议转换器，与其他电务段系统的 2 Mbit/s 及以上广域网链路互联。

硬件防火墙与接入交换机以太网互联，为接入到段中心并采用非专用网络方式传输的以太网数据提供接入通道。

电务段监测子系统采用的新架构与上级国铁集团电务监测子系统、铁路局集团公司电务监测子系统规划思路一致，具有技术代表性。

2)电务段监测子系统硬件设备布置

电务段中心配置小型机数据库服务器(双机冗余备份)、光存储磁盘阵列(预留组建区域光存储网络拓展能力)、应用服务器(双机冗余备份)、通信前置机(双机冗余备份)、接口服务器、网络管理服务器、防病毒服务器、WEB 服务器、时钟服务器、安全防护服务器(终端安全防护)、网络通信设备、机房独立网络安全设备(防火墙，入侵检测系统、漏洞扫描等)、电源设备、防雷设备、维护工作站、监测终端等设备。电务段监测子系统设备布置如图 1.3 所示。

图 1.3　电务段监测子系统设备布置示意图

(1)小型机数据库服务器

数据库服务器负责存储车站开关量、报警等相关数据，负责存储终端、通信前置机、应用服务器、网管服务器等操作记录。

(2)光存储磁盘阵列

与小型机数据库服务器配合使用，采用光纤通道接口的磁盘驱动器，并且磁盘阵列具有两套磁盘控制器，在保证设备运行可靠性的同时，可以处理繁重的磁盘读写 I/O，保证了数据库的高效快速响应。光存储磁盘阵列与小型机服务器和应用服务器之间均采用光纤跳线连接，数据通道具有极强的抗干扰能力和稳定的高速传输带宽。

3)应用服务器

双机冗余，使用 4 路多核心 INTEL Xeon 处理器(主频 2.6 GHz 以上)，内存 16 GB 以上，

SAS 接口磁盘驱动器，RAID1 镜像，千兆以太网接口，具有很高的运算性能及工作可靠性。采用光纤跳线与 DS5020 光磁盘存储阵列互联。

(1)基本功能

负责与所辖车站站机、监测终端及铁路局集团公司服务器等节点建立通信连接，进行网络通信和数据交互，并实现数据流调度和信息路由等功能。

(2)系统管理

①系统在线自检，记录系统运行日志。

②系统软件的自动升级。

③提供信号集中监测系统软件的自动升级配置和管理。

(3)通信管理

①负责监测终端与站机之间有关命令和响应数据的转发。

②网络通信时数据的压缩/解压缩及数据的分等级传输。

③实时显示系统网络的通信状态，实现广域网络管理。

(4)数据处理及控制

①服务器双机冗余备份。

②向所辖车站站机或终端机发送控制命令。

③根据统一的 GPS 时钟对所辖车站及终端进行时钟校核。

④将站机和终端的关键数据存储到历史数据库。

⑤车站报警信息的存储、分类汇总和统计分析。

⑥向各监测终端提供历史信息查询。历史信息包括：开关量、模拟量历史报表及曲线、报警及其统计汇总报表、电务维护报表、系统日志和状态报表等。

4)通信前置机

通信前置机负责与所辖车站站机、监测终端等节点建立通信连接，进行网络通信和数据交互，并实现数据流调度和信息路由等功能。

5)接口服务器

接口服务器负责跨系统间连接、跨网络间连接的数据通信转，使用 4 路多核心 INTEL Xeon 处理器，SAS 接口磁盘驱动器，RAID1 镜像，千兆以太网接口，具有很高的运算性能及工作可靠性。

6)WEB 服务器

WEB 服务器负责以丰富查询手段，提供 WEB 浏览服务功能，主要包括：实时报警及历史报警查询、报警信息处理情况录入、报警信息分析统计，也作为全线子系统自动升级服务器。

7)网管服务器、防病毒服务器、安全防护服务器

(1)网管服务器负责管辖范围内所有终端、服务器、网络设备的通信状态和远程维护。

(2)防病毒服务器统一规划和布置管辖范围内监测系统所有站机及终端杀毒软件，定时对所辖站机和终端进行病毒包升级。

(3)安全防护服务器对所有站机及终端实施资产管理和软、硬件监控，并兼顾软件分发、操作系统补丁管理。

8)时钟服务器

时钟服务器为所辖电务段管辖范围内的站机和终端、服务器提供标准时钟源,并对所辖各个节点定时校核时间。

选用铁路行业主要路局已经规模化使用且具有双机冗余热备运行能力的时钟服务器,外接铷原子钟,具备两路 GPS 输入和外部网络时钟源输入,具备一级时钟精度。

9)网络通信设备

采用运营商级的核心路由器、核心交换机及其他网络设备,共同组建电务段中心全千兆核心网络,具备优秀的网络扩展能力。

(1)核心路由器

双机冗余运行,使用第二代网络处理引擎,最高可以实现 2 Mbit/s 快速转发速率,多业务板卡具备良好的扩展能力,最大支持 48 个 2 M 串口接入,并具备千兆以太网接口,具备良好的性能和工作可靠性。

(2)核心交换机

采用模块化高性能核心交换机,双机冗余运行,具有高可靠性和高安全性,集中提供 320 Gbit/s 交换容量,吞吐量高达 250 Mbit/s,兼容性强,多业务板卡具备良好的扩展能力和强大的性能及工作可靠性。

10)UPS 电源系统

专用模块化 UPS 电源系统,配合定制化低压配电柜,为整套电务段中心环境提供洁净的电源供给和充足的电力保障,具备高效的功率因数和优秀的管理性能。

11)网络安全设备

电务段监测子系统具备独立的硬件防火墙、入侵检测系统和漏洞扫描,能够有效控制外部接入数据流,实时监控电务段监测子系统网络中的风险流量,并能够定时扫描整个中心的风险漏洞。所有的入侵检测事件和漏洞风险,均可以生成中文报表文件。

2. 维护工作站

维护工作站作为网络管理终端,主要功能有网络管理和车站设备管理两类。

1)网络管理

(1)在网络拓扑图上动态、实时地监视网络节点的工作状态,网络节点包括:计算机、路由器、交换机等。在拓扑图上动态、实时地监视网络通道状态。

(2)在网络拓扑图上动态反映网络节点单元的告警,通过声音、拓扑图颜色变化来反映当前网络的告警信息。在网络拓扑图上可动态反映网络节点设备的配置情况。

(3)用户可以使用专用的网络拓扑图绘制工具定制、修改网络拓扑图。

(4)可以在线分析网络流量。

(5)可以在线分析网络传输的出错率。

2)车站设备管理

(1)可以实时显示车站 UPS、采集分机及板卡及其他接口单元的状态。

(2)支持对系统中主要设备的软硬件配置管理,包括机器名、设备类型(主机、工作站、路由器、交换机、网络打印机等)、IP 地址、硬件配置描述、操作系统类型及版本、软件模块配置及版本情况等信息。

3. 电务段监测终端

监测终端配置要求为：采用工业控制机或PC机，单核CPU主频3.4 GHz以上，2核CPU单颗主频不低于2.4 GHz，内存不应低于2 GB，硬盘不应低于160 GB，声卡和音箱等。显示器：不低于19英寸(1 024×768或以上)。通信前置机、接口服务器、WEB服务器，采用PC服务器，每台服务器至少配置4颗CPU，CPU主频不低于2.0 GHz，内存容量不小于4 GB。电务段监测终端主要包括调度终端、试验室终端、车间终端、工区终端，如图1.4所示。

图1.4　电务段监测终端

1)数据显示

(1)统一的站场图显示，统一的菜单设置，CTCS-3区段特殊显示；站场运用状态图的实时显示与回放，站场图可以放大、缩小和全屏显示，也可以通过鼠标进行任意拖动。

(2)开关量的实时状态显示及历史记录查询，可以查看开关量的实时和历史状态。

(3)所有采集的实时模拟量数据都可以通过实时测试表格、历史数据表格、日报表、实时曲线、日曲线、月曲线、年趋势线进行全方位的表现。

(4)显示转辙机动作电流曲线、总功率曲线，分析转辙机动作参数。

(5)提供控制台按钮操作记录，包括总取消按钮、列调车按钮、破封按钮、故障通知按钮的历史查询。

(6)关键设备动作次数及时间表，包括转辙机动作次数；破封按钮运用次数；区段占用次数；列车、调车按钮运用次数；故障通知按钮运用次数、列车、调车信号开放次数等，提供记录查询。

(7)调看电缆绝缘和电源对地漏泄电流的测试表格和变化曲线。

(8)环境监控信息采用图形化的方式进行直观地显示。提供历史查询、回放功能。

(9)提供轨道电路分路残压报表查询。

(10)计算机联锁、列控中心、TDCS/CTC、ZPW-2000等信号设备运行及通信状态信息实时显示、支持历史查询和回放。

2)报警及事件管理

提供车站机报警实时显示、进行声光报警；提供报警历史信息的查询。

3)系统管理

提供系统运行日志、车站机运行日志查询。

4)数据处理及控制

(1)提供多种登录方式。

(2)对服务器下辖所有车站的报警、报表的分类汇总、显示。

(3)曲线和各类报表可进行打印。曲线可以导出为 bmp、jpg 等标准格式的图形文件。报表可以导出为 Excel 等通用的文件。方便用户资料的采集及调阅。

(4)回放文件可以方便地导出到可移动存储设备,并提供回放工具,方便用户回放、分析、处理。可以对已存储的再现文件可以进行管理。

(5)授权终端根据需要向所辖站机发送控制命令,如校核站机时钟命令、向所辖站机发送空调等远程控制命令等。

4. 车站监测网网络结构

车站监测网是由两级计算机构成的网络结构,是一个集散系统。站机与采集分机之间通过国际流行的 CAN 总线构成网络,进行数据交换,一台站机可以连接许多台采集机。这种网络系统结构宜按不同站场规模配置各种类型的采集机数量,可集中可分散安装。

5. 车站监测网配置模式

车站监测网是 CSM 系统的基础部分,负责数据的采集、分类、处理和存储,实现车站信号设备、区间信号的实时监测、故障分析、诊断和人—机对话、显示与查看。车站监测网由站机(上位机)、采集设备和网络设备构成(图 1.5)。

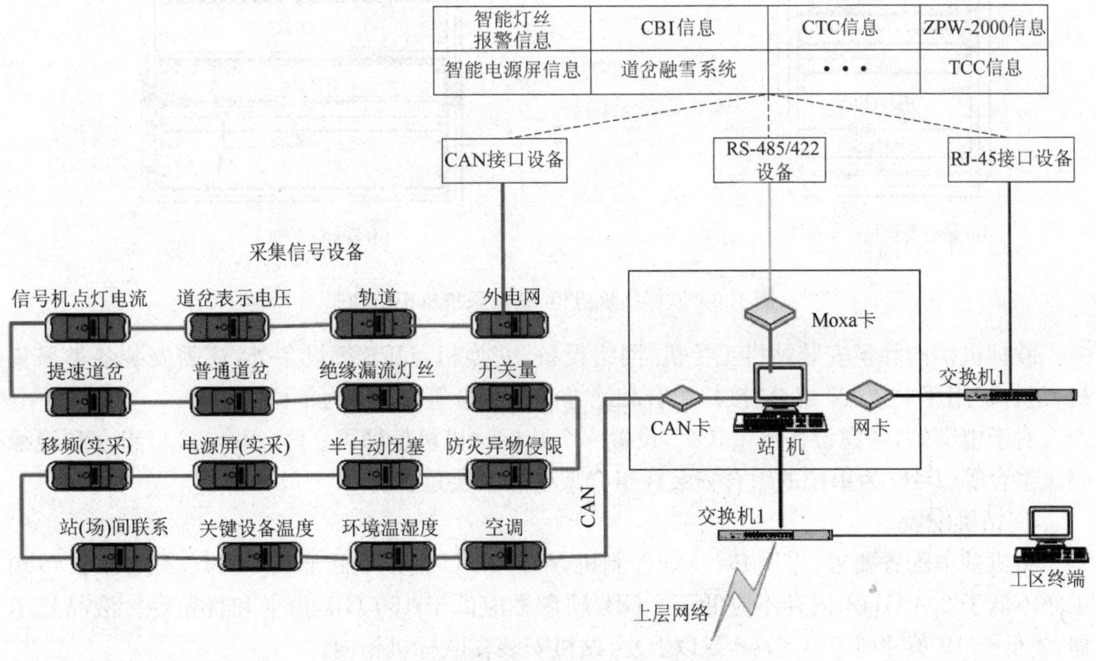

图 1.5 车站监测网网络结构图

车站监测网设置:根据现场工程的情况和需要,第一种情况设置一个欧标站机机柜和若干个铁标采集机柜、组合柜,根据站场情况采集机柜也可以采用欧标采集机柜,第二种情况设置一个欧标站机机柜和一个组合柜;按需要可以配置工区终端和车间终端。第一种情况的设置一般适合在高速铁路的联锁站、动车段及普速铁路的绝大部分车站;第二种情况的设置适合中继站和无岔站。

欧标站机机柜放置在计算机室内，尺寸为 600 mm×800 mm×2 350 mm，机柜内有站机、网络设备、交换机、UPS 等设备；铁标采集机柜、铁标组合柜放置在机械室内，尺寸为 900 mm×800 mm×2 350 mm，采集机柜内放置各类采集机，组合柜内放置 C0 组合、采集器组合和绝缘测试组合等是以 4U 为单位的组合。欧标站机机柜、铁标采集机柜结构如图 1.6 所示。

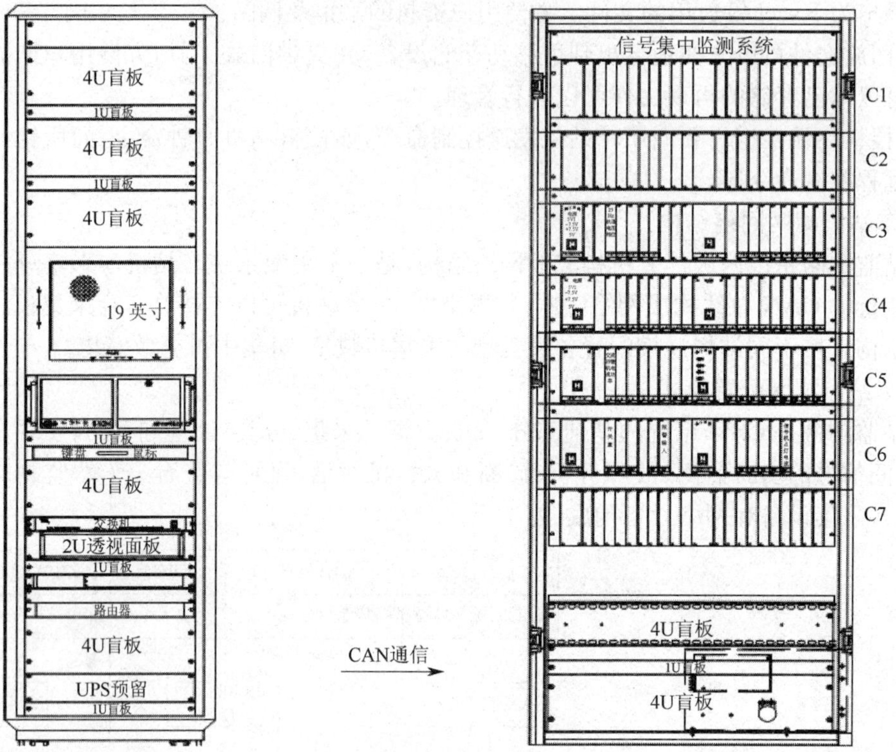

(a) 欧标站机机柜正视图
(客站)

(b) 铁标采集机柜
(客站)

图 1.6　欧标站机机柜、铁标采集机柜结构图

欧标机柜内除了安装站机工控机、网络设备、交换机、UPS 等设备外，还需安装各类采集机；组合柜用于放置 C0 组合、接口组合和绝缘测试组合等以 4U 为单位的组合。

对于中继站，考虑设备数量较少，设置一个欧标站机机柜即可。C0 组合、接口组合和绝缘测试组合等以 4U 为单位的组合安装在组合架中的空层位置。

6. 站机配置

站机基本配置要求：采用 PC 工业控制机，单核 CPU 主频不低于 3.4 GHz，2 核 CPU 单颗主频不低于 2.4 GHz，内存不应低于 2 GB，硬盘不应低于 160 GB，声卡和音箱等。液晶显示器：不低于 19 英寸(1 024×768 或以上)。站机安装在欧标机柜内。

7. 采集设备

CSM 系统采集硬件结构可划分为两大部分，即采集设备与其他子系统接口部分。目前监测厂家不止一家，不同厂家采集设备不完全相同，但按类型可以分为采集机和采集器两种。

1)采集机

采集机可以安装在铁标采集机柜和组合柜内，也可以安装在组合架上，根据需要一些站安装在欧标站机机柜，其外观为组匣(内含板卡)形式。

收集各采集设备的采集信息、实采模拟量和开关量信息由采集机完成，采集机将结果进行编码传输给 CSM 站机。

采集机通信方式是使用 CAN 总线或局域网方式与 CSM 站机连接，完成实时采集各种信号设备的数据；安装在铁标采集机中每个采集机采用 4U 高的铁标组匣，可以安装在组合柜和组合架上，它包括两个采集机组合（包括采集机电源、采集板和总线板），一共可配置 18 块采集板。每层铁标组匣配置一个电源配线铁标端子。铁标组匣布置示意如图 1.7 所示。

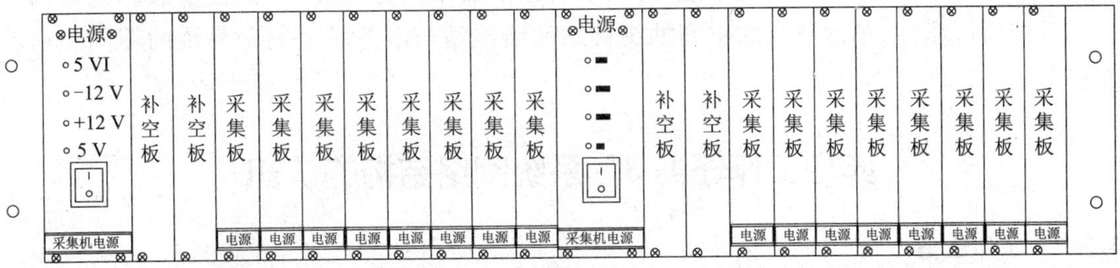

图 1.7　铁标组匣布置示意图

在欧标采集机中可以安装 4U 高的欧标组匣，每个欧标组匣内只包括一个采集机组合（包括采集机电源、采集板和总线板），可配置 10 块采集板。每层欧标组匣配置一个电源配线欧标端子。欧标组匣布置示意如图 1.8 所示。

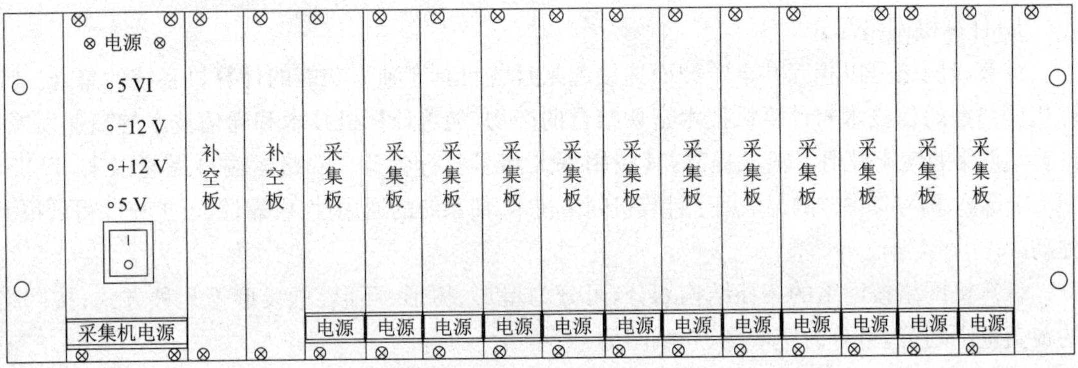

图 1.8　欧标组匣布置示意图

按照采集的对象不同，可分为电源屏采集机、轨道电压采集机、转辙机采集机、电缆绝缘漏流采集机、信号机点灯电流采集机、移频采集机、半自动闭塞电压采集机、环境监控采集机、防灾/场联电压采集机、开关量采集机等。

2）采集器

采集器的形状按照继电器、箱盒等非组匣形式设计，按照功能分为两大类：带智能数字处理和传输功能的采集单元和仅做电压或电流条件变换的采集模块。采集器一般不直接与 CSM 站机通信，其数据可通过接口通信分机转发给 CSM 站机。常用的 CSM 采集器有外电网综合质量采集单元、三相交流转辙机采集单元、道岔表示电压采集器、高压脉冲轨道电路采集器、列车信号机电流采集器、半自动闭塞采集器等。

8. 网络设备

欧标采集机中的工控机设备使用以太网口与站机交换机互联。根据技术标准的要求，车站通信机械室到信号机械室使用光纤通道连接。站机路由器一般使用两个 WAN 口，一个 WAN 口通过光电协议转换器与上行方向车站互联；另一个 WAN 口通过光电协议转换器与下行方向车站互联。当车站节点需要做链路抽头回电务段监测子系统时，车站路由器需要再使用一个 WAN 口，通过光电协议转换器与电务段监测子系统的路由器互联。每隔 5～12 个车站做中间抽头与电务段监测子系统路由器平均分布连接，保证负载均衡。为了提高系统的可靠性，车站节点的中间抽头首站和结尾站与电务段监测子系统的不同路由器连接。

典型工作任务 3　系统网络结构的认知

1.3.1　工作任务

重点掌握铁路信号集中监测系统的网络结构特点和网络设备配置；了解网络安全管理和故障管理；掌握直观、有效的管理手段，具备识别网络状态、保障网络安全、维护网络稳定运行的能力。

1.3.2　知识链接

1. 计算机网络简介

计算机网络是以相互共享资源而连接起来且各自具有独立功能的计算机系统的集合。计算机网络是通信技术与计算机技术密切结合的产物，随着计算机技术和通信技术的高速发展，计算机网络的性能得到了很大提高，其应用深入到了各行各业。铁路运输自提速以来，TMIS、TDCS、调监、信号集中监测都采用了计算机网络技术，使系统的通用性、可靠性、可扩充性得到很大提高。

计算机网络按网络的拓扑结构划分，可分为星形、树形、环形、总线形等几种方式；按网络的覆盖范围划分，可分为广域网、局域网等。

(1)广域网：是指覆盖距离通常在几十千米到几千千米的计算机网络，线路往往采用公共交换线路(如电话网、DDN、X. 25、ISDN 等，通信速率一般在 Mbit/s 以下)。

(2)局域网：以专用线路连接，覆盖范围在 1 km 以内，通信速度在数兆以上。

信号集中监测系统的网络是为了实现各站信号微机监测的互联而建立的，可采用多种拓扑结构，采用专用或通用网络协议，比较适应当前铁路的现状，又面向未来的发展。

2. 铁路信号集中监测系统组网及网络管理

1)组网基本原则

(1)采用成熟技术，提高通信的稳定性和可靠性。

(2)适应性强，能适应各种通道条件，当通道改善时，通信性能自动提升。

(3)具有网络诊断、管理、维护功能。

(4)有较高的通信效率，能满足系统实时性的要求。

2)TCP/IP 协议的优点

铁路信号集中监测系统(包括信号微机监测)的组网采用了 TCP/IP 标准协议,而第一代 TJWX 监测系统采用了自定协议的专用通信系统。表 1.1 是两者的性能对比表。

表 1.1　微机监测与集中监测的性能对比表

比较项目	采用专用通信方式系统	采用 TCP/IP 标准协议方式系统
通信程序	自编专用程序	国际标准,商用成熟软件
通信的可靠性	低	高
通道要求	针对特定通道	适应各种通道
通信与应用程序	互相依赖、耦合度大	松散耦合、独立好
通道改进时	重新编程	性能自动提升、与物理通道无关
开发其他应用	需专门开发	有成熟商用软件可用:远程控制、文件传输、对话、讨论、邮件、音频、视频
网络诊断和维护	专门编程	本身具有,无须开发
初次投入设备费	低	较高

3)广域网通信系统的拓扑结构

对于 TCP/IP 网络,逻辑为对等网,网中任何两台计算机之间均可自由进行 IP 通信。在物理上,标准 TCP/IP 广域网可采用星形或其他形式的拓扑结构,各种通道如:模拟、数字、专线、拨号、光纤等可混合使用。为节省通道,通常采用站—站中继的方式,为提高可靠性,可采用环形网方式,这样当通道中断时,仍能保持通信正常,而在正常工作时,可以提高通信速度,在这种方式中,每一车站设路由器一台,在电务段设一台多口路由器。

4)铁路信号集中监测系统网络管理

铁路信号集中监测系统具有网络管理功能,在任一终端上,均可以图形方式直接显示网络中各节点的连接状态,并可同时显示监测程序的连接状态。为了防止某站发生故障或停电时导致全系统中断,采用以下两种方式予以避免:其一是用电话线短接调制解调器的电话口,当停电时能跳过调制解调器直接连通;另一种是采用迂回通道,构成回路避免。

3. 铁路信号集中监测系统网络结构

铁路信号集中监测系统的网络结构是由车站基层网、电务段管理网和远程访问用户网三部分组成的,以多级监测管理层自下而上地逐级汇接而成的层次型的计算机广域网络系统。车站基层网由沿线各站主机和车间机(领工区)构成;电务段管理网由一台服务器和若干台终端构成局域网,数据库服务器兼作通信服务器和远程访问服务器,负责监测信息的管理并接收终端用户的访问;远程访问用户网可通过拨号网络与电务段服务器或各站工控机连接,索取需要的信息。车间机直接连在基层网中,可以用一台工控机或商用机运行相应软件查询所管辖各站的监测信息。

铁路信号集中监测系统的网络结构是基于铁路的现状而设计的。在铁路沿线,每个段管辖范围往往延伸上百千米,而邻站之间距离仅十余千米,一条铁路线上通信资源往往很有限,如采用星形拓扑结构,不仅占用很多通信资源,而且需要增加线路中继;如果采用总线形,虽然占用资源较少,但仍需要增加线路中继。信号集中监测系统的网络结构是采用串联加环路的方式实现的,即一条线路上的各站仅需要一条通道,该通道站站开口,将沿线各站串联在一起,线路末端站再增加一条通道至电务段，使网络成环。网络上传输的数据到达某个站以后，由该站路由器对数据的传输进行路由选择，确定最佳传输路径并将数据传递给下一站，站站接力，直到目的地。

铁路信号集中监测系统是基于通用协议的网络设计，每个站增加网卡、交换机、路由器等网络设备，利用 Windows NT 的固有联网功能，将所有站的监测系统、电务段的服务器和终端、车间机构成一个大的广域网，所有机器如服务器、站机、车间机在网上处于一个对等的地位，相互之间通过 TCP/IP 协议进行网络传输，所有的路由、校验由操作系统和路由器实现，这样就将 TJWX-2006 系统分为网络和监测两部分。监测软件不针对网络设计，网络的升级也不影响监测软件的运行，其扩充性、可靠性得到了很大的提高，其唯一的缺点是一次性投资比较大。

铁路信号集中监测网络系统具有以下技术特点：

(1)技术先进。客户/服务器模式；计算机远程访问；软件远程下载；硬件多级隔离；系统自诊断、自恢复等。

(2)实用性好。分散、灵活、轻便的监测分机为施工、维护提供方便；全图形中文界面操作简便、易学易用；架构整个电务系统企业内部网。

(3)可维护性强。告警信息实时传递、可视可闻，保证设备故障告警的及时发现并排除；智能判断、故障定位与事故追忆；远程软件在线下载和升级，远程诊断与维修，方便维护人员通过电话网远程访问监测系统，查看数据等。

(4)兼容性完全按照国铁集团已审查过的信号集中监测系统技术条件。

(5)支持多种传输方式，采用树形网络拓扑，选用多协议路由器作为广域网互联设备，具有灵活多样的组网方式(如 PSTN 拨号方式、路由器环方式、专线方式、DDN/X. 25/FR 方式等)；有极强的适应能力，可根据用户的需要，为用户提供灵活适用的网络解决方案，而且网络设备不会因升级而被淘汰。

(6)扩展性方面选用具有良好开放性的 TCP/IP 网络协议和 NT 平台，易于网络的扩充和升级；软、硬件模块化，升级、维护方便，扩展性强。

铁路信号集中监测基础网络结构如图 1.9 所示。

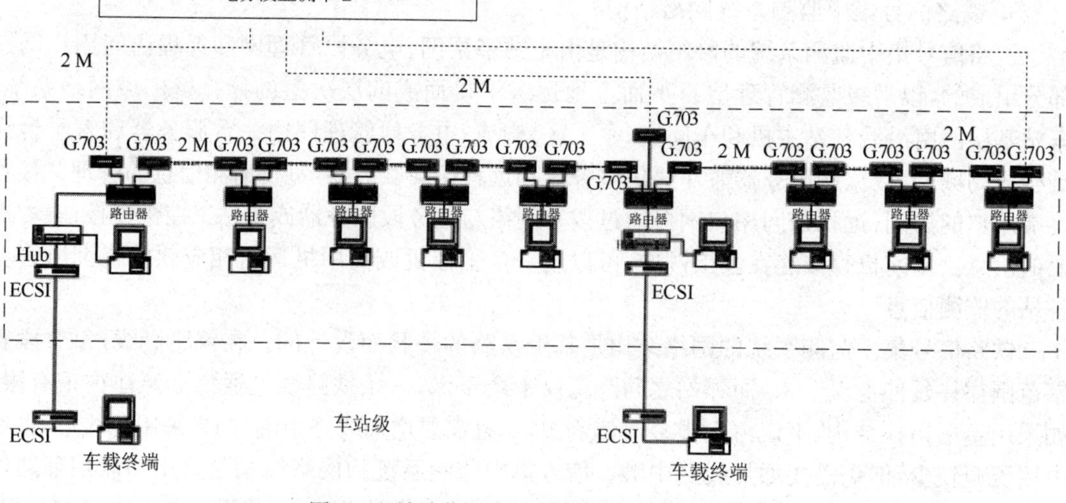

图 1.9　铁路信号集中监测基础网络结构图

项目小结

本项目详细介绍了铁路信号集中监测系统的结构，包括系统配置的层次结构和数据通信的网络结构。

监测系统的层次结构为“三级四层”结构。三级为：国铁集团、铁路局集团公司、电务段。四层为：国铁集团电务监测子系统、铁路局集团公司电务监测子系统、电务段监测子系统、车站监测网。国铁集团电务监测子系统在整个系统中处于最高层，配置通信管理机、国铁集团监测终端。铁路局集团公司电务监测子系统处于第二层，配置应用服务器、监测终端和维护工作站。

电务段监测子系统处于承上启下位置，是CSM系统的中枢部分，是电务段管内各站的集中监测数据和网络通信的管理中心。由数据库服务器、应用服务器、通信前置机、接口服务器、网络管理服务器、防病毒服务器、时钟服务器、维护工作站、监测终端、WEB服务器（预留）及电源部分组成。

车站监测网处于铁路信号集中监测系统最底层，是整个系统的基础，负责数据的采集、分类、处理和存储，实现车站信号设备、区间信号的实时监测、故障分析、诊断和人机对话、显示与查看。车站监测网由站机（上位机）、采集设备和网络设备构成。车站监测网是由两级计算机构成的网络结构，是一个集散系统。

铁路信号集中监测系统的网络结构是由车站基层网、电务段管理网和远程访问用户网三部分组成的，以多级监测管理层自下而上地逐级汇接而成的层次型的计算机广域网络系统，具有技术先进、实用性好、可维护性强、兼容性和扩展性好等特点。广域网数据传输系统基于通用协议的网络设计，完成IP数据包在各计算机间的传输。

复习思考题

1. 铁路信号集中监测系统的层次结构是怎样划分的？
2. 铁路信号集中监测系统电务段监测子系统的作用是什么？
3. 简述铁路信号集中监测系统电务段监测子系统的结构。
4. 简述车站监测网的网络结构。
5. 车站监测网模式是怎样配置的？
6. 采集机按采集对象分为哪些？
7. 常用的采集器有哪些？
8. 简述铁路信号集中监测系统网络的组成。

项目 2 车站监测网功能及界面操作

项目描述

本项目是“铁路信号集中监测”课程的核心内容，主要讲述铁路信号集中监测系统车站监测网的主要功能、站机操作界面和数据调阅的方法。通过该项目学习，掌握车站采集机的功能知识和界面操作技能。

教学目标

1. 能力目标

能掌握界面操作和维护的技能；能通过界面显示调阅报警、数据统计、汇总、存储、回放等功能；能按要求处理报警事件和设置系统参数；能运用数据进行电务维修智能分析与辅助决策。

2. 知识目标

了解车站监测网的功能；掌握采集机的配置和功能实现；熟悉站机界面的构成和菜单的作用；熟悉铁路信号集中监测系统中车站监测网监测采集数据流程。

3. 素质目标

培养理论知识运用能力；培养具备安全意识、数值执行的技术规章和安全规章；具备报表及技术资料编写汇报及实施有效管理、维护系统稳定的能力。

典型工作任务 1 车站监测网采集机功能

2.1.1 工作任务

了解车站监测网采集机功能；熟悉集中监测系统数据采集流程；具备完成对车站监测网采集设备巡视检修的能力。

2.1.2 知识链接

车站监测网主要负责站场基础数据的采集，真实反映外电网、电源屏、列车信号机点灯回路电流、轨道电路、转辙机、集中式移频轨道电路、半自动闭塞、电缆绝缘、电源对地漏泄电流、站(场)间联系电压采集模拟量及站场状态开关量等的实时信息和用电气特性的实时值。CSM 车站监测网的功能如图 2.1 所示。

1. 车站监测网采集机功能

车站监测网采集机主要负责数据的采集，把采集的数据与暂存模拟量或开关量进行预处

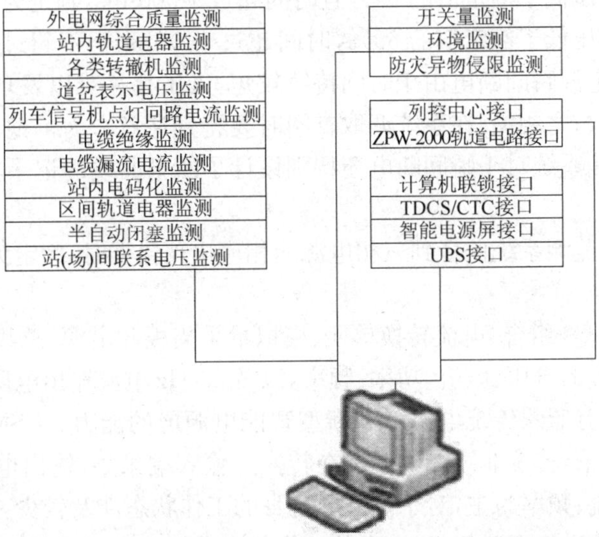

图 2.1　CSM 车站监测网的功能

理后，传送给 CSM 系统站机。采集机还有接受并执行 CSM 系统站机命令、自检和板级故障有提示及与站机校核时钟的功能。数据采集类内容有：外电网、电源屏、列车信号机点灯回路电流、轨道电路、转辙机、集中式移频轨道电路、半自动闭塞、电缆绝缘、电源对地漏泄电流、环境状态、防灾异物侵限、站(场)间联系电压、站场状态开关量等采集机。

1)外电网采集机

外电网采集机是对涉及电务与电力部门接口的信息进行实时监测，监测主要内容包括外电输入相电压、线电压、电流、频率、相位角、功率等。对于外电网监测点放在"闸刀"(或断路器)处。考虑到专业维护分界和施工的便捷性，在实际操作中将电压的监测点放在电力侧，即闸刀的输入端，而电流的监测点常放在电务侧，即闸刀的输出端。

外电网采集机由外电网隔离采集箱和外电网监测单元两部分组成，就近采用壁挂方式安装在电务闸刀配电箱附近，与站机以 CAN 网络线相连，供电由监测系统提供。外电网采集机采用了单独的壁挂式或座式机箱的结构，采用的结构为隔离箱＋采集箱的双箱式结构，隔离采集箱安装电流采样的电流互感器和电压采样的熔丝和隔离电阻都为无源元件，确保隔离采集工作的稳定型，隔离采集箱外就近安装外电网监测单元完成外电网信息的采集。

监测量程：电压 AC 380 V 的量程范围在 0～500 V 之间，AC 220 V 的量程范围在 0～300 V之间；电流的量程范围在 0～100 A 之间；频率的量程范围在 0～60 Hz 之间；功率的量程范围在 0～30 kW 之间。

监测精度：电压±1%；电流±2%；频率±0.5 Hz；相位角±1%；功率±1%；在监测过程中，外电网监测以巡测的方式周期性变化测试，周期≤1 s，对于断相、错序、瞬间断电等对监测周期要求较高的测试项目，系统的采样速率要求大于 50 ms；对于电压、电流等模拟量信号的采样速率要求不大于 250 ms。

系统对外电网的监测数据进行实时分析处理，按照三个层次进行报警。

当输入电源的电压大于额定值的 15%或小于额定值的 20%时，判定为输入信号超标，进行超标报警。

当输入电源的电压低于额定值的65%且时间超过1 000 ms,判定为输入电源断电报警。

当输入电源的电压低于额定值的65%,时间超过140 ms,但不超过1 000 ms时,判定为电源瞬间断电报警,电源瞬间断电由于时间持续较短,人工往往难以发现,而有些一闪而过的信号设备故障也往往与之相关,在系统调取查阅时要特别注意。为了记录下瞬间断电的全过程,铁路信号集中监测系统对于瞬间断电还特别设计了断电曲线的记录功能,完整记录下2 s的断电曲线。

当铁路信号集中监测系统监督到三相电源的相序出现错误时,判定为电源错序报警。

2)电源屏采集机

电源屏采集机由C0组合、电流转换单元、模拟量采集板和电源、总线板组成,可以实现对电源屏输入/输出信号的电压、电流、功率、频率,以及25 Hz电源输出电压、频率、相位角采集。

电源屏采集机具有监测传统电源屏和新型智能电源屏的能力。CSM系统采集传统电源屏一般使用采集机实采,传统非智能电源屏在转换屏输入端采集,输出电压在熔丝后端采集,采集内容以电压、电流、频率为主,对于电源屏自身的工作状态涉及较少,而新型的智能电源屏自身对输入/输出电源进行了监督,对自身的工作状态是处于实时采集和监控状态,CSM系统采用通信接口方式收集智能电源屏采集的采集与监控信息,实现信息共享。

电压监测量程见表2.1,电流监测量程见表2.2,频率监测量程见表2.3。

表2.1 电压监测量程范围

电压(V)	量程(V)	电压(V)	量程(V)	电压(V)	量程(V)	电压(V)	量程(V)
AC 380	0～500	AC 220	0～300	AC 110	0～200	AC 24	0～50
DC 220	0～300	DC 24	0～50	DC 48	0～80	DC 12	0～30

表2.2 电流监测量程范围

电源屏类型	量程(A)	电源屏类型	量程(A)	电源屏类型	量程(A)
2.5 kV	0～20	10 kV	0～50	驼峰屏	0～100
5 kV·A	0～30	15 kV·A	0～80	30 kV·A	0～100

表2.3 频率监测量程范围

电源类型	量程(Hz)	电源类型	量程(Hz)
50 Hz	0～60	25 Hz	0～30

监测精度:电压±1%;电流±2%;频率±0.5 Hz;相位角±1%,CSM对采集到的信号进行处理,采用的巡测周期≤1 s,以250 ms速率变化测试,当发现电源电压的波动范围超过额定值的3%时,判定为电源电压超标报警。目前对电流、频率和功率的超标暂无相应的报警判断。

3)轨道电路采集机

根据轨道电路制式的不同,轨道采集机分交流连续式轨道电路采集机、25 Hz相敏轨道电路采集机、监测高压不对称脉冲轨道电路采集机、驼峰JWXC-2.3轨道电路采集机,对轨道电路的接收端数据的实时监测。

(1)交流连续式轨道电路监测轨道继电器交、直流电压,监测点在继电器端或分线盘,交流电压监测量程是0～40 V、直流电压监测量程是0～40 V，监测精度均为±1%，采用站机巡测周期≤2 s，以250 ms速率变化测试。

(2)25 Hz相敏轨道电路监测轨道接收端交流电压、相位角，监测点在测试盘侧面端子或二元二位轨道继电器端、局部电压输入端，接收端交流电压监测量程是0～40 V，相位角监测量程是0～360°，电压的监测精度为±1%，相位角的监测精度为±1%，采用站机巡测周期≤2 s，以500 ms速率变化测试。

(3)高压不对称脉冲轨道电路监测接收端波头、波尾有效值电压及电压波形，监测点在译码器相应端子，监测量程是0～100 V，监测精度为±2%，采用站机巡测周期≤2 s，以0.2 ms速率变化测试。

(4)驼峰JWXC-2.3轨道电路监测驼峰JWXC-2.3轨道继电器工作电流，监测点在轨道继电器，轨道继电器工作电流监测量程是0～800 mA，电流的监测精度为±3%，采用站机巡测周期≤2 s，以250 ms速率变化测试。

4)转撤机采集机

转撤机采集机对转撤机的监测功能有：监测转辙机动作电流、功率和时间；监测道岔表示电压。

对于ZD系列转辙机的监测项目有转辙机动作电流、故障电流、动作时间、转换力向。而三相交流转辙机系列的S700K型电动转辙机、ZD(J)9系列电动转辙机、ZY(J)系列电液转辙机的监测项目，除了动作电流、动作时间、转换方向外，还增加了对转辙机功率的测量。

通过监测1DQJ的开关量的状态记录动作电流和动作功率曲线的时间和道岔动作方向。

监测对象的不同，监测点也不同，ZD系列转辙机监测点设置在动作回路，单机动作电流监测量程为0～10 A，单机动作时间0～40 s，动作电流监测精度是±3%，时间≤0.1 s；三相交流转辙机电压监测点设置在断相保护器输入端，电流监测点设置在断相保护器输出端，单机动作电流监测量程为0～10 A，单机功率监测量程为0～5 kW，单机动作时间0～40 s，动作电流监测精度是±3%，时间≤0.1 s，转辙机动作功率的监测精度为±2%；动作电流、功率监测精度是±2% ，时间≤0.1 s。

道岔表示电压是对道岔表示电路中的交、直流电压的监测，监测点在分线盘道岔表示线，监测量程DC为0～100 V、AC为0～200 V，监测精度为1%，采用站机巡测周期≤2 s，以500 ms速率测试。

5)电缆绝缘采集机

电缆绝缘采集机具有对信号设备的各种电缆回线进行绝缘测试的功能。测试所用的电压为DC 500V，监测点在分线盘，其量程为0～20 MΩ，超出量程值时显示“>20 MΩ”，监测精度为±10%。

测试电缆绝缘需要维护人员进行人—机界面操作，在测试前需要拔出防雷元件或断开防雷地线后，还要选择“天窗”点时间内自动或人工启动进行测试(自动是指全测，人工是指单或选择部分测试)。需要特别注意的是，对于耐压低于500 V的设备(如LEU等)不纳入测试。

6)电源对地漏泄电流采集机

电源对地漏泄电流采集机对CSM系统车站电源屏各种输出电源进行对地漏流测试。监测点在电源屏输出端，其量程为AC 0～300 mA，DC 0～10 mA，监测精度为±10%。

在测试过程中需要将被测电源接地，来判断测量对象是否存在接地或绝缘，所以必须在“天窗”点内人工启动测试。CSM 系统用 1 kΩ 和 50 Ω 的电阻对直流和交流电源进行测量。

7)列车信号机点灯回路电流采集机

列车信号机点灯回路电流采集机对列车信号机点灯回路中的电流状态进行实时监测，CSM 系统通过测量每个列车信号机的 DJ 和 2DJ 的工作电流监督列车信号机的点灯回路，其量程为 0～300 mA，监测精度为±2%。

8)集中式移频轨道电路采集机

集中式移频轨道电路采集机主要监测：站内电码化设备；集中式有绝缘移频自动闭塞设备；集中式无绝缘移频自动闭塞设备。

目前现有移频轨道电路对于监测有两种：有监测带接口和无监测接口两种。对于有监测带接口移频轨道电路，CSM 系统通过通信接口的方式将采集信息收集过来，实现信息共享；对无监测接口的移频轨道电路，CSM 系统用采集机进行。

站内电码化设备的监测内容为：站内发送器功出电压、发送电流、载频及低频频率。监测点在发送器功出端。

集中式有绝缘移频自动闭塞设备的监测内容为：发送端功出电压、发送电流、载频及低频频率，接收端限入电压、移频频率及低频频率。

集中式无绝缘移频自动闭塞设备的监测内容为：区间移频发送器发送电压、电流、载频、低频；区间移频接收器轨入(主轨、小轨)电压，轨出 1、轨出 2 电压，载频，低频；区间移频电缆模拟网络电缆侧发送电压、接收电压、发送电流。

监测量程：

(1)发送电压 0～200 V(电气化区段)，0～50 V(非电气化区段)；接收电压 0～5 V，发送电流 0～5 A。

(2)既有移频载频率。载频 0～1 000 Hz；低频 0～35 Hz；频偏 55 Hz。

(3)ZPW-2000(UM)系列无绝缘轨道电路频率。载频 1 650～2 650 Hz；低频 0～30 Hz；频偏 11 Hz。

(4)监测精度。电压±1%；电流±2%；载频±0.1 Hz；低频±0.1 Hz。

9)半自动闭塞采集机

半自动闭塞采集机监测半自动闭塞线路的直流电压、电流及硅整流输出电压。监测点为分线盘半自动闭塞外线、硅整流输出端。

CSM 系统在采集过程中一般对闭塞按钮变化的状态进行过滤，对没有参考意义的电流曲线进行屏蔽。

监测量程：电压±(0～200) V，电流±(0～500) mA。

监测精度：电压±1%；电流±1%。

10)环境状态采集机

环境状态采集机完成对信号机械室、电源屏室、计算机室及 TDCS 车务终端机柜内的温、湿度和关键设备表面温度监测，以及电源室、计算机室、机械室等处的烟雾、明火、水浸、门禁、玻璃破碎等报警开关量信息的采集。模拟量用于监测温、湿度模拟量信息，开关用于监测烟雾等报警开关量信息。环境采集机的信息采集都使用工业标准传感器对各种信息完成采集。

空调监控器监测民用空调电压、电流、功率，同时自动根据设定或由站机控制空调的启停，来对室温进行调节。空调器电压和电流的采样方式与外电网的采样基本相同,只是量程要小一些,功率可通过对电压和电流的计算得到。对空调的控制可以通过对空调遥控器的控制来实现。

在高速铁路,环境状态监测纳入动力环境监控系统,并向 CSM 系统提供接口。

11)防灾异物侵限采集机

防灾异物侵限采集机的功能是监测 YWJ(异物侵限继器),反映防灾异物侵限设备的状态,同时对 YWJ 的工作电压进行实时监测,监控防灾系统与信号系统接口的电气特性。

监测点在分线盘,监测量程为 40 V,监测精度为±1%。

12)站(场)间联系电压采集机

站(场)间联系电压采集机是对 CSM 系统的监测,监测内容为联系线路直流电压、场间联系电压、自动闭塞方向电路电压、区间监督电压。监测量程为 200 V,监测精度为±1%。

13)站场状态开关量采集机

站场状态开关量采集机采集站场状态按钮、道岔及信号机表示、轨道电路表示、关键继电器等状态。这些信息一般都以开关量形式存在。CSM 系统通过对站场状态的监测,可以记录、掌握站场的行车状态。

典型工作任务2 车站监测网站机功能

2.2.1 工作任务

了解车站监测网站机功能及整体实现,站机与采集机功能上的衔接和数据传输流程,熟知报警事项管理和环境监测功能的实现,为下一步进行站机界面操作和数据调阅打下基础,保证设备的正常运行。

2.2.2 知识链接

铁路信号集中监测站机作为一个车站的集中管理机,集中处理各种采集机采集的实时信息,并进行显示和存储,同时又为操作人员提供人—机界面。根据对信号设备监测的结果,人—机界面实现车站作业状态及设备运用状态的实时显示和各种数据的查询功能。站机可将本站监测信息传送到服务器,为实现远程监测和管理提供条件。

车站监测网站机软件具备以下功能。

1. 模拟量测试功能

包括电源、轨道电路、道岔、列车信号机等。

1)模拟量实时信息测试功能

模拟量的实时信息用电气特性的实时值反映给用户。当实时值在标准范围内时,实时值字体为黑色;当实时值在标准范围外时,实时值字体为红色,表示电气特性超标。

2)模拟量日报表信息功能

选择各设备的日报表主界面,选中“日报表”选项,同样可以进入各设备的日报表界面。日报表显示“最大值” “最小值”和“平均值” 等。

模拟量日报表是统计该模拟量一天的情况，对于超出报警线的数值，以红色显示，维护人员需要特别注意。

3)模拟量日曲线信息功能

日曲线主要是描绘模拟量历史变化情况，可以详细记录一天中任何时刻的数值。选择各设备的日曲线主界面，可以设定时间，进行查看所选时间的日曲线信息。

4)模拟量趋势曲线信息功能

趋势曲线包括日趋势、月趋势和年趋势。日趋势是指模拟量一天中的变化趋势，以曲线形式展示，直观反映模拟量一天的记录情况；月趋势记录模拟量一月中的变化趋势，以曲线形式展现；年趋势记录模拟量一年中的变化趋势，以曲线形式展现。

选择“功能菜单”中的子菜单，可以进入日趋势、月趋势和年趋势曲线主界面。

5)道岔设备的动作曲线信息功能

选择主菜单进入道岔动作曲线主界面；查看本站内所有道岔的动作曲线；可以设置参考曲线；在查看道岔动作曲线时，与参考曲线比较，辅助判断道岔工作状态。

2. 电缆对地绝缘测试功能

该功能需要手动选择测试，单测试电缆绝缘时，首先进入绝缘测试界面，需要输入用户名及密码。选中需要测试绝缘的设备，单击“开始测试”进行绝缘测试，进度栏显示绝缘测试和绝缘测试进度。

测试完成后，绝缘测试表格中会显示绝缘值及测试时间。绝缘测试数值最大显示“$>20\ \mathrm{M\Omega}$”，当显示红色字体时，表示绝缘超标，需要进行排查。

3. 电源漏流测试功能

该功能需要手动选择测试，选择进入电源漏流测试主界面，进入电源漏流测试界面需要输入用户名及密码。选中需要测试漏流的设备，单击“开始测试”进行漏流测试，进度栏显示漏流测试进度。

测试完成后，漏流测试表格中显示漏流值及测试时间。当电源漏流测试数值显示红色字体时，表示漏流超标，需要进行排查。

4. 车站实时报警信息功能

当有报警发生时，界面会弹出实时报警框，在工具栏会有报警闪红灯提示。

实时报警框中可以显示报警名称、报警内容、发生时间、恢复时间、报警级别等关键内容，通过查看可以了解报警的简要信息。单条报警还具备“回放”功能，通过操作可以查看“回放”信息。

5. 车站历史报警信息功能

进入历史报警查询主界面，选择通过报警类型、报警时间等查询，分别对所有报警信息按照一、二、三级及预警级别分类。

1)一级报警

属于一级报警的有挤岔报警、列车信号非正常关闭报警、故障通知按钮报警、火灾报警防灾异物侵限报警、6502 电气集中车站 SJ 锁闭封连报警。

(1)挤岔报警

6502 电气集中车站挤岔的报警条件：控制台道岔挤岔灯亮，某组道岔定、反位均由有表示变为无表示且对应道岔区段占用超过 13 s，则报警。

计算机联锁车站挤岔的报警条件：道岔定、反位均无表示（或联锁系统送对应道岔的挤岔报警信息）且对应道岔区段占用超过 13 s，则报警。

恢复条件：挤岔报警后，只要定位表示或反位表示恢复，则报挤岔恢复。

(2)列车信号非正常关闭报警

报警条件：除了以下两种列车信号正常关闭的情况外，其他情况均提示信号非正常关闭报警。

列车信号正常关闭有两种情况，一是人工取消进路造成信号机关闭，即列车信号关闭时，对应的“总人解”“总取消”按钮按压过和信号机“始端”按钮按压过；二是正常行车造成信号机关闭，即列车信号关闭时，该信号机的接近区段和内方第一区段曾经占用过。

(3)故障通知按钮报警

报警条件：当检测到“故障通知”按钮开关量状态成立时，则给出报警，记录报警时间。

受理条件：电务人员单击“确认”按钮后，故障受理成功，记录受理时间。

恢复条件：报警发生后，“故障通知”按钮开关状态量不成立，则报警恢复，记录恢复时间。电务人员填写故障通知原因并提交。

(4)火灾报警

CSM 自行采集时的报警条件：当同时存在明火报警和烟雾报警达 10 s 时，给出火灾报警。

与智能系统接口时的报警条件：CSM 收到智能系统报警信息，给出火灾警报。

(5)防灾异物侵限报警

防灾异物侵限报警由列控接口传输给 CSM。

报警条件：车站列控中心维护机向 CSM 站机发送报警发生信息时，报警内容中增加对应电压值。

恢复条件：车站列控中心维护机向 CSM 站机发送报警恢复信息。

(6)SJ 锁闭封连报警（仅限于 6502 电气集中车站）

SJ 锁闭封连报警由采集机以报警开关量的方式发送给 CSM。

报警条件：报警开关量状态成立时，给出报警。其中对于非进路、防护/带动道岔、局部控制、中间出岔等特殊情况，CSM 单独记录，但不报警，其余道岔的 SJ 封连报警既要报警，也要记录。

恢复条件：报警发生后，对应报警开关量状态不成立时，报警恢复。

2)二级报警

属于二级报警的有外电网输入电源断相/断电报警、外电网三相电源错序报警、外电网输入电源瞬间断电报警、电源屏输出断电报警、列车信号机主灯丝断丝报警、熔丝断丝报警、转辙机表示缺口报警、环境监测温度、湿度、明火、烟雾、玻璃破碎、门禁、水浸等报警、计算机联锁报警、列车运行控制系统报警、ZPW-2000 系列无绝缘轨道电路报警、TDCS/CTC 系统报警、道岔无表示报警和智能电源屏报警。

(1)外电网输入电源断相/断电报警

外电网输入电压（含三相及单向电源）低于额定值的 65%且超过 1 000 ms 时，断相断电报警由采集机以报警开关量的方式送给 CSM。

报警条件:报警开关量状态成立则报警。

恢复条件:报警发生后,若该开关量状态不成立则恢复。

(2)外电网三相电源错序报警

当三相电源之间相位差超出 120°±3°时,错序报警由采集机以报警开关量的方式送给 CMS。采集机报警要求必须在三相电源都有的情况下才能报错序。当出现断相时,只报断相,不能报错序。

报警条件:报警开关量状态成立则报警。

恢复条件:报警发生后,若该开关量不成立则恢复。

(3)外电网输入电源瞬间断电报警

对于三相电源的车站,输入电压低于额定值的 65%,时间超过 140 ms,但不超过 1 000 ms,瞬间断电报警由采集机以报警开关量的方式送给 CSM。对于非三相电源的车站,无瞬间断电报警。

报警条件:报警开关量状态成立则报警。

恢复条件:报警发生后,若该开关量状态成立则恢复。

(4)电源屏输出断电报警

报警条件:电源屏输出电压低于额定值的 65%且时间超过 1 s 时,报警发生。

(5)列车信号机主灯丝断丝报警

①非智能型灯丝报警单元

报警条件:根据采集机传来的咽喉号和灯丝电阻的测量值判断出是哪一架信号机报警。

恢复条件:报警发生后,根据采集机的数据给出报警恢复。

②智能灯丝报警单元

智能灯丝报警单元上传信号机主、副灯丝断丝转换报警。

报警条件:根据智能灯丝报警单元送上来的咽喉号和序号判断出是哪一架信号机的哪个灯位报警恢复。

③计算机联锁给集中监测传输灯丝断丝报警信息

此时,以报警开关量为准。

报警条件:报警开关量成立则报警。

恢复条件:报警发生后,报警开关量状态不成立则恢复。

(6)熔丝断丝报警

采集机以报警开关量的方式上传给 CMS 站机。

报警条件:采集的开关量状态成立,则报警。

恢复条件:报警发生后,开关量状态不成立,则恢复。

(7)转辙机表示缺口报警

转辙机表示缺口报警来自转辙机缺口监测系统。

报警条件:转辙机缺口监测系统给 CSM 传输报警信息。

恢复条件:报警发生后,转辙机缺口监测系统向 CSM 站机发送报警恢复信息。

(8)环境监测温度、湿度、明火、烟雾、玻璃破碎、门禁、水浸等报警

温度报警条件:收到新的数据后,判断数据是否在设定的范围内,高于上限则超高报警,低于下限则超低报警。

恢复条件:报警发生后,收到新数据如果在设定的范围内,则报警恢复。

湿度报警条件:收到新的数据后,判断数据是否在设定的范围内,高于上限则超高报警,低于下限则超低报警。

恢复条件:报警发生后,收到的新数据如果在设定的范围内,则报警恢复。

湿度报警条件:收到新的数据后,判断数据是否在设定范围内,高于上限则超高报警,低于下限则超低报警。

恢复条件:报警发生后,收到新数据如果在设定的范围内,则报警恢复。

明火报警条件:明火传感器开关量状态成立,并且持续时间超过 10 s,则报警。

恢复条件:报警发生后,烟雾开关量状态不成立,则恢复。

玻璃破碎报警条件:玻璃破碎报警传感器开关量状态成立,并且持续时间超过 10 s,则报警。

恢复条件:报警发生后,玻璃破碎开关量状态不成立,则恢复。

水浸报警条件:水浸报警传感器开关量状态成立,并且持续时间超过 10 s,则报警。

报警恢复条件:报警发生后,水浸开关量状态不成立,则恢复。

门禁报警条件:将门禁红外传感器安装在机械室的入口处检测是否有人进入。当检测到有人进入时,喇叭鸣叫,并将开关量状态传输给 CSM。

站机同时查看 1 min 内是否有按键信息输入,若没有则报警。

(9)计算机联锁系统报警

主要包括计算机联锁系统自身设备状态报警、联锁系统与其他系统间的通信报警。计算机联锁系统以开关量报警的方式将对应设备报警发送给 CSM 站机。

报警条件:报警开关量状态成立,则报警。

恢复条件:报警发生后,报警开关量状态不成立,则恢复。

(10)列车运行控制系统报警

主要包括列车运行控制系统自身设备状态报警 、列控系统与其他系统间的通信报警。列控系统直接将报警信息发送给 CSM。

报警条件:收到列车运行控制系统发送过来的报警发生信息,则报警。

恢复条件:收到列车运行控制系统发过来的报警恢复信息,则恢复。

(11)ZPW-2000 系列无绝缘轨道电路报警

主要包括 ZPW-2000 系列无绝缘轨道电路自身设备状态报警、ZPW-2000 系列无绝缘轨道电路与其他系统间的通信报警。ZPW-2000 系列无绝缘轨道电路直接将报警信息发送给 CSM。

报警条件:收到 ZPW-2000 系列无绝缘轨道电路发送过来的报警发送信息,则报警。

恢复条件:收到 ZPW-2000 系列无绝缘轨道电路发送过来的报警恢复信息,则恢复。

(12)TDCS/CTC 系统报警

主要包括 TDCS/CTC 系统自身设备状态报警、TDCS/CTC 系统与其他间的通信报警。TDCS/CTC 系统直接将报警信息发送给 CSM。

报警条件:收到 TDCS/CTC 系统发送过来的报警发生信息,则报警。

恢复条件:收到 TDCS/CTC 系统发送过来的报警恢复信息,则恢复。

(13)道岔无表示报警

通过检查相应道岔的定位、反位表示和1DQJ的条件来处理报警。

报警条件:满足下面的其中一个条件,则报警。若1DQJ没有动作,对应道岔的定位表示、反位表示码位都没有,则立即报警;若1DQJ没有动作,对应道岔的定位表示、反位表示码位都没有且超过40 s,则报警。

恢复条件:报警之后,对应道岔的表示状态恢复,则恢复。

(14)智能电源屏报警

主要包括智能电源屏自身设备状态报警及供电情况报警。智能电源屏以开关量的方式将报警信息发送给CSM。

报警条件:报警开关状态量成立,则报警。

恢复条件:报警发生后,报警开关量状态不成立,则恢复。

3)三级报警

属于三级报警的有各种模拟量的电气特性超限报警、轨道电路长期占用报警、GSM与计算机联锁、TDCS/CTC、车站列控中心、ZPW-2000系列无绝缘轨道电路、智能电源屏(UPS)、智能灯丝等系统通信接口故障报警、CSM采集板和采集器通信故障报警。

(1)各种模拟量的电气特性超限报警

报警条件:收到新的数据后,判断是否在设定的范围内,高于上限则超高报警,低于下限则低于报警。

恢复条件:报警发生后,收到的新数据如果在设定的范围内,则恢复。

(2)轨道长期占用报警

轨道长期占用报警主要针对站内区段。

报警条件:轨道连续占用72 h后开始报警,之后每隔24 h循环报警一次。

恢复条件:报警发生之后,轨道出清,报警立刻恢复。

(3)CSM与计算机联锁、TDCS/CTC、车站控制中心、ZPW-2000系列无绝缘轨道电路、智能电源屏(UPS)、智能灯丝等系统通信接口的故障报警

报警条件:CSM与对应智能系统通信中断,则报警。

恢复条件:报警发生后,通信恢复,则报警恢复。

(4)CSM采集板和采集器通信故障报警

①采集板报警

报警条件:CSM与对应采集板通信中断时,则报警。

恢复条件:报警发生后通信恢复则报警。

②采集器报警

由对应的采集器以开关量报警的方式传给CSM。

报警条件:报警开关量状态成立时,则报警。

恢复条件:报警发生后,报警开关量状态消失,则恢复。

4)预警

属于预警的有各种设备模拟量变化趋势、突变、异变波动预警和道岔运用次数超限预警。

(1)各种设备模拟量变化趋势、突变、异常波动预警

变化趋势预警条件:模拟量平均值在一段时间内(7 h),变化幅度超过一定数值,则认为趋势变化报警。

突变预警条件:模拟量突然变化(3 s)内,变化幅度超过一定数值且不超过上、下限,则报突变预警。

异常波动预警条件:模拟量日报表中,当天最大值时,则报异常波动预警。

(2)道岔运用次数超限预警

预警条件:累计道岔运用的次数,当大于或等于设定的次数限制时,则预警提示。

6. 历史回放功能

单击“回放”菜单,进入回放选择界面。在回放选择界面,可以选择是否需要“模拟量”回放和选择开始回放的时间及回放的长度,这时可以进入回放操作界面,此时站场图显示回放开始时刻的信息;回放站场信息根据时间慢慢变化,真实再现历史站场信息。还可以单击查看“开关量”“模拟量”等信息,并且通过单击“暂停”“加速”“减速”等按钮,按需求进行播放。

7.“天窗修”设置及查看功能

在主菜单可选择进行“天窗修”设置及历史“天窗修”查询。

(1)“天窗修”设置:选择“天窗修”的开始时间,填入检修内容、检修人等信息。

(2) 通过“天窗修”历史查询,可以查看历史“天窗修”情况。

(3) 通过“天窗修”设置,在“天窗修”期间产生的报警信息中会增加“检修状态”标记。

8. 模拟量参数修改功能

(1) 模拟量参数修改包括修改模拟量的上、下限,标调模拟量的系数等功能。

(2) 通过单击“功能菜单”中的模拟量参数设置菜单,可以进入参数修改主界面。

(3) 人工修改上、下限后,系统保存最新的模拟量。

(4) 当出现模拟量测试数据与实际测试数据不一致时,可以标调模拟量的系数。

9. 查看运用统计信息功能

统计类型主要包括:设备故障统计、按钮运用统计、信号机开放统计、轨道占用次数统计、破封按钮运用次数统计、道岔动作次数统计等。

10. 通信状态查询功能

(1) 选择“通信状态图”和在站场图上单击右键,选择“通信状态图”都可以进入通信状态主界面。

(2) 查看“智能接口状态”“采集器状态”和“站内系统间状态”。

“智能接口状态”为站机与服务器及各个接口之间的通信状态,红色线代表通信中断;绿色线代表通信正常。

“采集器状态” 为站机与接口通信分机所连的各个采集器的通信状态,红色圆圈代表通信中断;绿色圆圈代表通信正常。

“站内系统间状态”为车站内各个信号子系统间的通信状态。红色线代表两个子系统间通信中断;绿色线代表两个子系统间的通信正常;红色方框代表信号设备与 CSM 站机通信中断;绿色框代表信号设备与 CSM 站机通信正常。

典型工作任务 3　站机界面操作方法

2.3.1　工作任务

熟悉站机界面的构成及菜单功能，能根据界面图形、线条等要素形态判断信号设备和监测系统的工作状态，掌握系统启动、登录、设置、浏览、回放、报警事项处理等基本技能，熟记操作规范和工作流程，完成信号维修岗位设备巡视、界面操作等工作任务。

2.3.2　知识链接

站机系统应用软件是一个多任务系统，其功能是从采集机取得数据，同时完成本站数据分类、逻辑分析、报警、数据统计、汇总、回放等功能，并从站机显示和操作界面查看所有采集数据。软件满足最新技术条件的要求，实现车站作业状态及信号设备质量状态的实时监测和各种数据的查询功能。

1. 站机监测系统

站机操作有三个主界面，分别为设备状态图界面、站场图界面和分析报告界面，其他界面以子窗体的形式显示。系统启动时，设备状态图界面为默认主界面，系统启动后默认显示界面如图 2.2 所示。

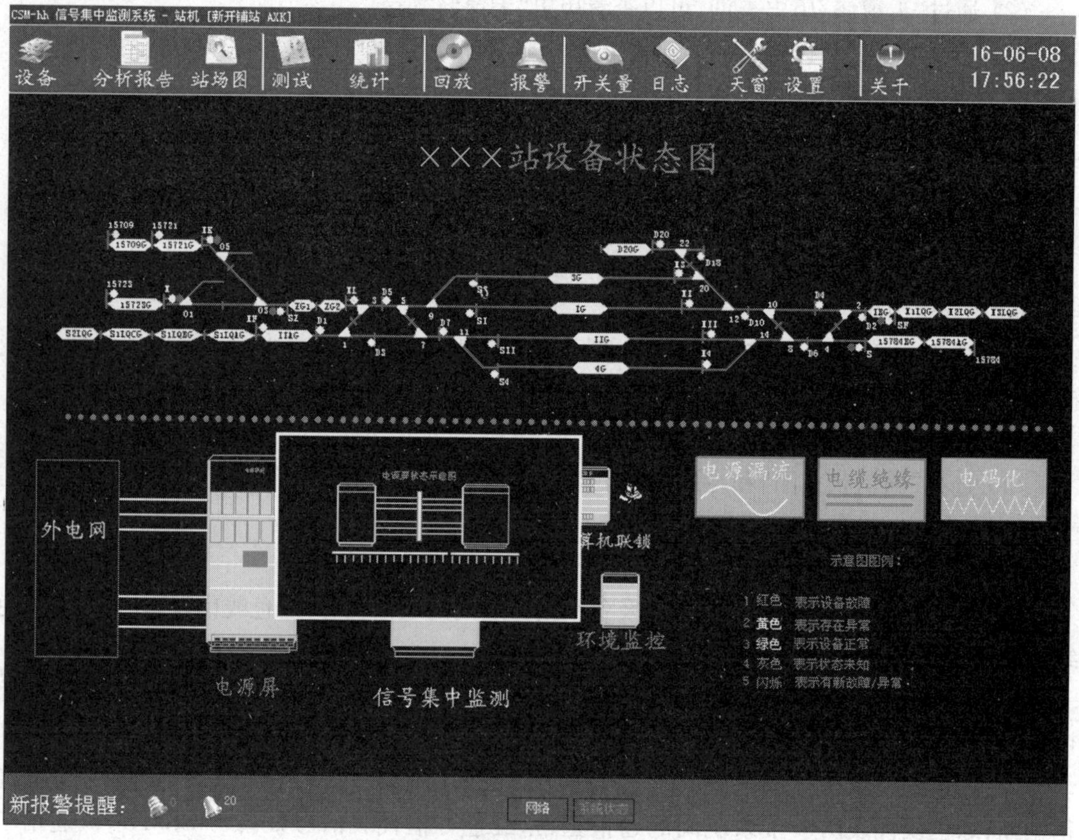

图 2.2　设备状态图界面图

1）菜单栏

菜单栏如图2.3所示。

图2.3　菜单栏

(1)设备状态：以图形化的方式展现站场设备的实时状态，包括室外信号机、道岔、轨道等设备和室内电源屏、列控、联锁等设备的运行状态。

(2)站场图：站场图用来实时显示站场中的列车运行情况和关键设备的运行状态。

(3)分析报告：设备分析报告用来向用户集中展示设备故障发生的总体情况、设备报警情况，以及对报警信息的分析统计情况、车站日志浏览记录等内容。

(4)日常测试：日常测试包括测试的对象和测试的内容等。测试的对象包括电源、信号机、道岔、区段、区间、电缆绝缘、环境监控、电源漏流、外电网、电码化。测试的内容包括实时值、实时曲线、日报表、日曲线等。

(5)统计：对关键设备运用的次数和关键事件发生的次数进行统计。

(6)回放：用来回放监测历史数据，可以直观地重现车站现场的设备运行情况和查看设备的历史数据。

(7)报警(查询)：对历史报警信息进行查询。

(8)开关量：提供对开关量实时值查看、打印和导出等功能。

(9)日志(记录)：提供对车站运行记录、操作日志、报表浏览记录等信息的查看。

(10)设置：提供对系统的设置和相关资料的查看等。

(11)关于："关于"菜单项是对系统的简要介绍；另外单击"关于"菜单下的"帮助"子菜单，可打开系统的操作手册，主要介绍了信号集中监测系统的基本功能和使用方法。

(12)当前时间：显示当前时间的年月日小时分钟秒。

2）状态栏

状态栏显示的主要是CAN通信状态和网络通信状态。状态栏如图2.4所示。

网络：显示监测站机与监测服务器的连接状态。

系统状态：显示监测分机与站机CAN的连接状态。

红色代表"连接中断"；绿色代表"连接正常"。

3）实时报警

实时报警如图2.5所示。

图2.4　状态栏

图2.5　实时报警

单击"报警提醒"铃铛,可以查看相应的报警信息。下面以报警为例,介绍实时报警处理的常用操作。单击"报警"铃铛,打开报警"新报警提醒"窗口如图 2.6 所示。

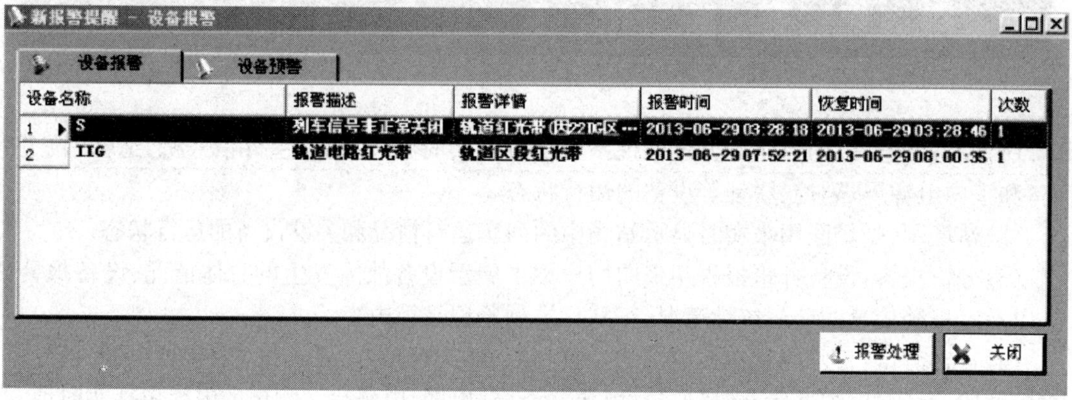

图 2.6　新报警提醒窗口

左键单击选择要处理的报警,单击"报警处理"按钮,打开报警处理窗口如图 2.7 所示。

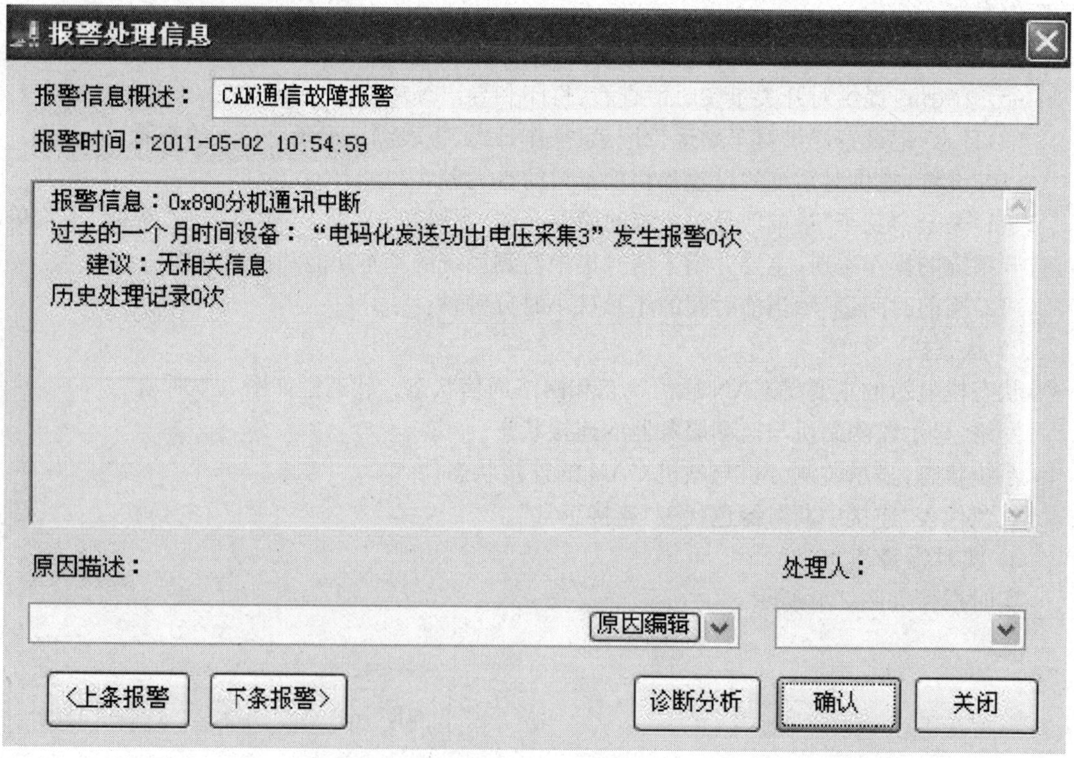

图 2.7　报警处理窗口

单击"原因编辑"按钮,打开"报警原因编辑"对话框,如图 2.8 所示。

输入新建原因,单击"添加"按钮,将新建原因添加到原因列表。如果要移除原因列表中的项,可以左键单击该项,然后单击"移除"按钮,可以将该原因项删除。报警原因编辑窗口,如图 2.9 所示。

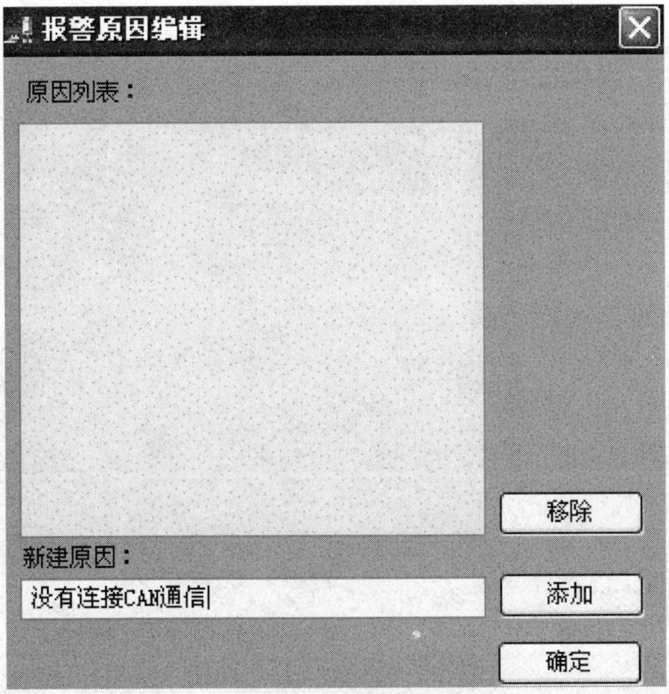

图 2.8　报警原因编辑对话框

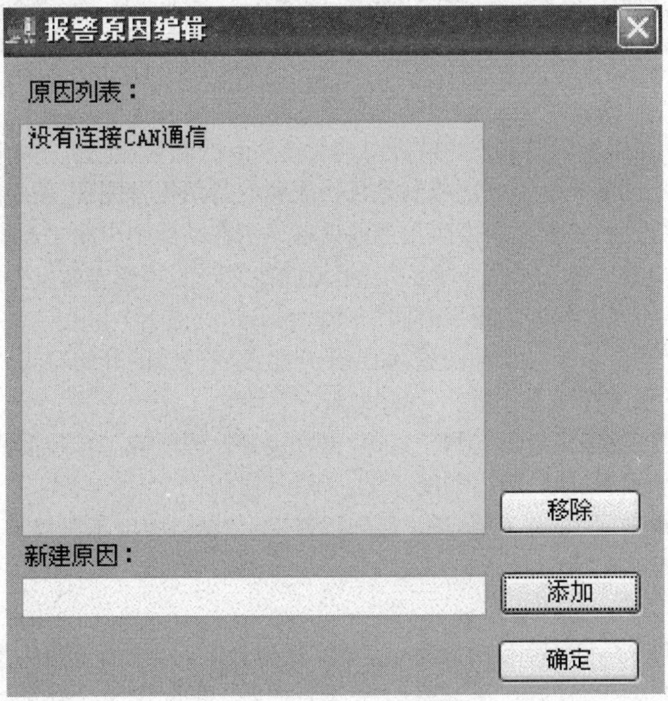

图 2.9　报警原因编辑窗口

当用户想对某一项报警当时的现场信息进行查看,更清楚地了解发生故障前后的情况时,单击“诊断分析”按钮,可以进入诊断分析界面,如图 2.10 所示。

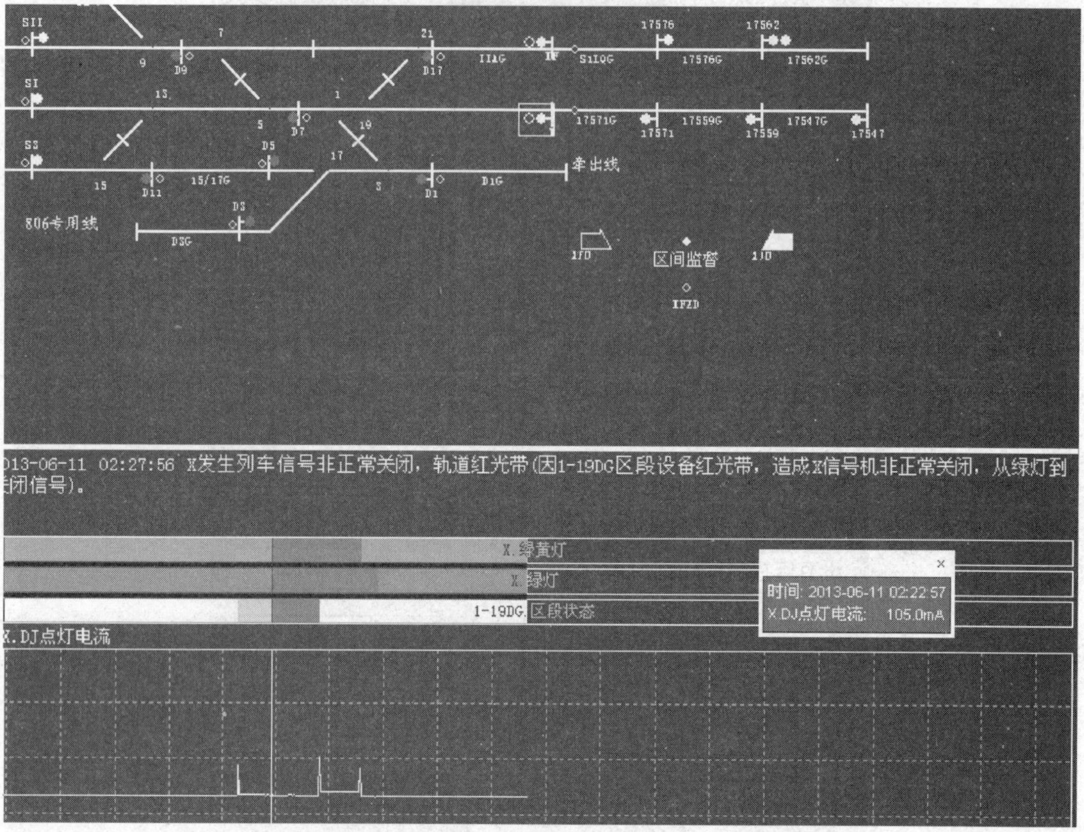

图 2.10 诊断分析界面

在诊断分析界面里可以回放发生故障时前后 2 min 的站场信息。站场图及曲线部分同实时站场状态界面,不同的是加了回放控制条且将故障设备用黄框圈住,便于查看。当回放界面处于非自动缩放状态时,该界面将发生报警的设备显示在站场图中间,方便用户快速找到报警设备;在道岔类故障发生时工具栏中增加了“电流曲线”按钮,用于查看发生故障时道岔动作电流曲线。红色竖条所在时间即为报警时间。

单击“开始回放”后系统会自动回放,如果用户想改变回放的开始时间,可以手动拖动白色竖条下面的白色方框进行任意查看。

单击“设备预警”按钮且单击“报警”铃铛,可以接着处理预警。打开报警“新报警提醒”,三级报警和预警的“新报警提示”窗口如图 2.11 所示。

选择报警项,单击“我知道了”按钮,“最新报警提示”窗口中就不再提示这些预警信息。

4) 设备状态图

(1) 窗口简介

系统状态图显示了车站所有的设备,以分线盘为分割,分线盘上边为室外设备的运行状态,分线盘下边为室内设备的运行状态。室外设备中,三角形图形元素表示道岔设备;圆形图形元素表示信号机设备;六边形图形元素表示轨道设备。室外设备运行状态图与站场图相对

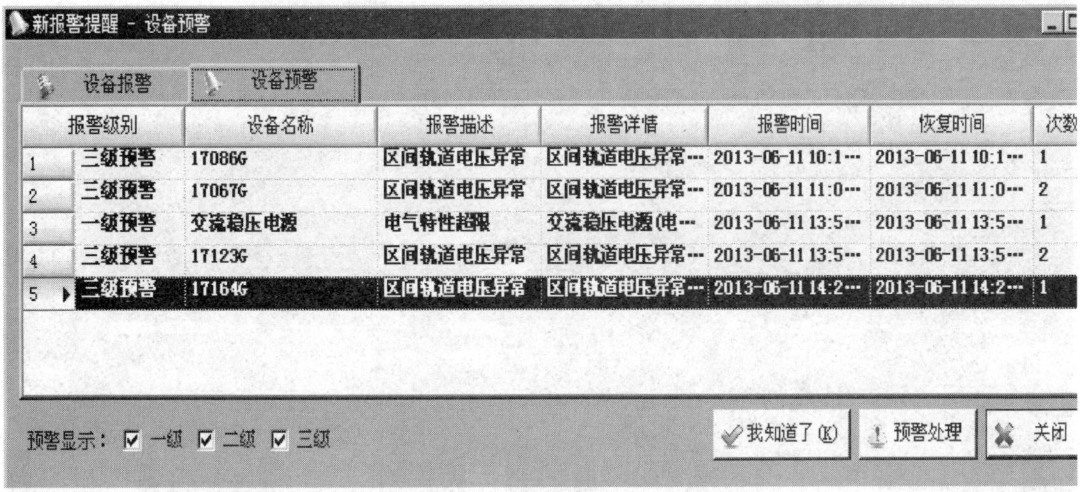

图 2.11　新报警提示窗口

应，每个图形元素对应一个具体的设备，并有符号标识，这样用户就可以对所有室外设备的运行状态有清晰直观的了解。

①系统通过设置不同的颜色来标识具体设备的运行状态。

当设备图形元素颜色为绿色时，表示该设备运行正常。

当设备图形元素颜色为黄色时，表示该设备存在未解决的异常。

当设备图形元素颜色为红色时，表示该设备存在未解决的故障。

当设备图形元素出现黄色闪烁时，表示该设备出现了异常。

当设备图形元素出现红色闪烁时，表示该设备出现了故障。

分线盘下边为室内设备的运行状态图，包括电源屏设备、ZPW-2000 设备、列控设备、微机联锁设备、CTC 设备、临站设备等与信号集中监测系统的连接状态和该设备的运行状态。

②室内设备运行状态图中，通过设置连接线的颜色来表示设备之间的连接状态。

当连接线颜色为绿色时，表示设备连接正常。

当连接线颜色为红色时，表示连接出现故障或异常。

当连接线颜色为灰色时，表示连接状态未知。

用长方形图形元素加文字标识表示具体的设备，如电源屏、CTC 等，通过设置长方形图形元素的颜色来表示具体设备的运行状态。

当长方形图形颜色为绿色时，表示该设备运行正常，处于主机工作状态下（对于具有主、备情况的设备）。

当长方形图形颜色为黄色时，表示该设备处于异常状态，处于备机工作状态下（对于具有主、备情况的设备）。

当长方形图形颜色为灰色时，表示该设备运行状态未知。

当长方形图形出现黄色闪烁时，表示该设备出现了异常。

当长方形图形出现红色闪烁时，表示该设备出现了故障。

用户可以通过左键双击标识不同设备的长方形图形来查看该设备具体的工作状态。这样用户每天只需对发生故障和异常的设备进行查看和分析就能满足日常维护的需要。系统状态图界面如图 2.12 所示。

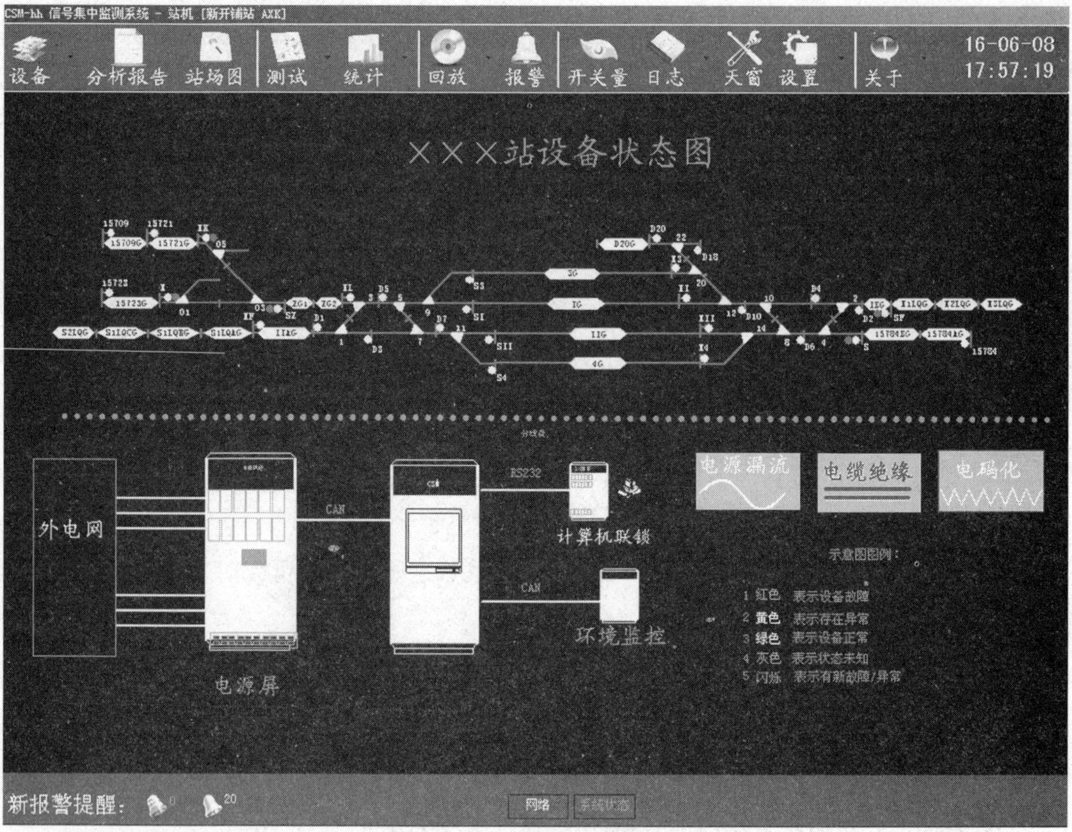

图 2.12　系统状态图界面

(2)操作方法

①状态图放大缩小：设备状态图界面上，用户通过向上、向下滑动鼠标滚轮，可以实现以鼠标为中心进行设备状态图的放大或缩小；按住鼠标左键，移动鼠标，可以实现对设备状态图的拖动操作。

②室外设备属性信息提示：将鼠标移动到室外设备上时，会出现图 2.13 的浮动窗口，提示设备的相关属性信息。

③室外设备详细信息查看：双击室外设备图形元素时，会出现设备详细信息窗口。在设备详细信息窗口中，用户可以通过勾选采集项中的复选框，查看不同采集项的实时曲线、年月趋势曲线、日趋势曲线，如勾选 12G 区段设备的轨道相位角 1 属性，或者同时勾选设备的轨道电压 1 和轨道相位角 1 属性。设备详细信息窗口如图 2.14 所示。

单击“当天报警”按钮，弹出“实时曲线”窗口，如图 2.15 所示。

单击设备详细信息窗口中的“日曲线”按钮，可以打开设备的日曲线窗口，查看该设备的日曲线信息，如图 2.16 所示。

④室内设备运行状态查看：将鼠标移动到室内设备图标上时，鼠标会变为手形形状，同时以浮动窗口的形式显示该室内设备的运行状态。例如将鼠标移动到集中监测设备图标上时，出现图 2.17 所示的浮动窗口。

双击出现浮动窗口的设备图形元素，用户可以查看该设备的具体工作状态。例如双击列控设备的图形元素，查看集中监测设备的工作状态，如图 2.18 所示。

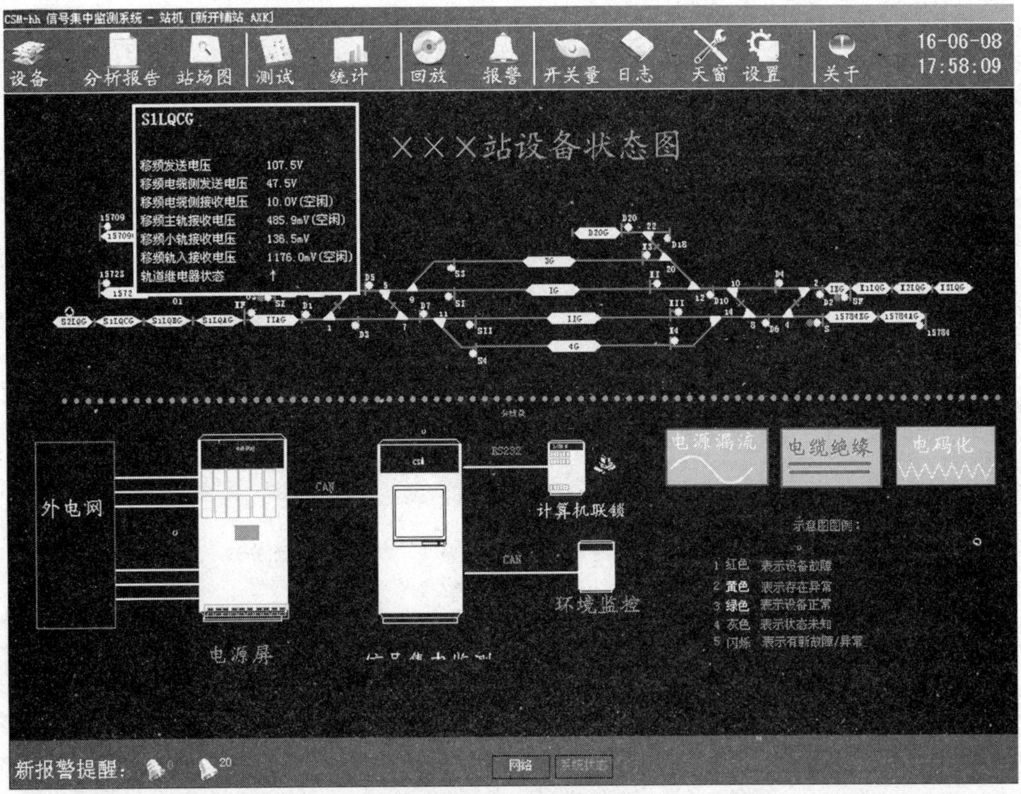

图 2.13　浮动窗口界面

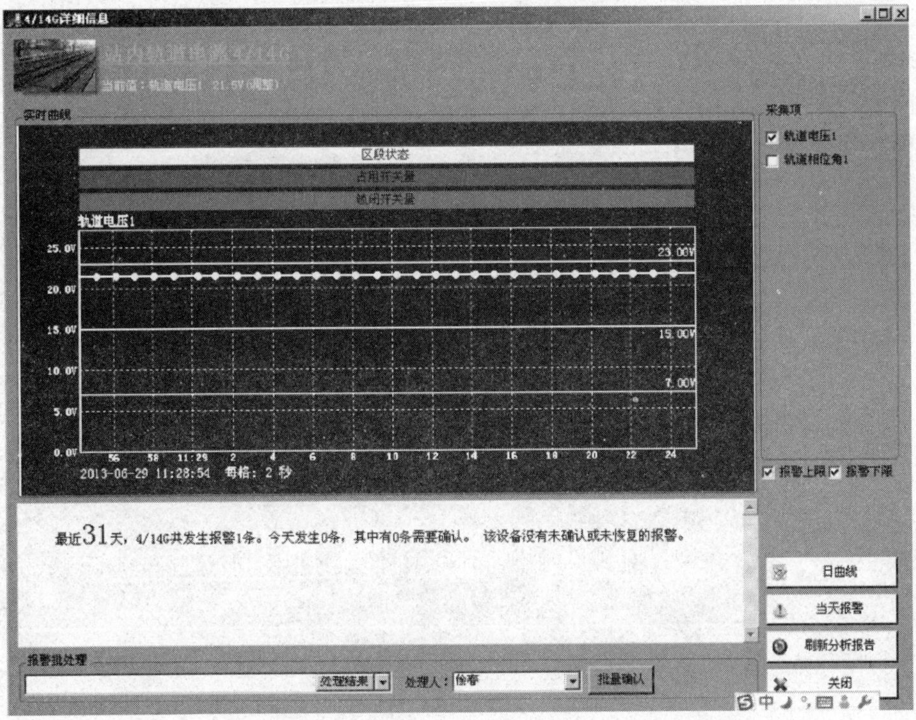

图 2.14　设备详细信息窗口

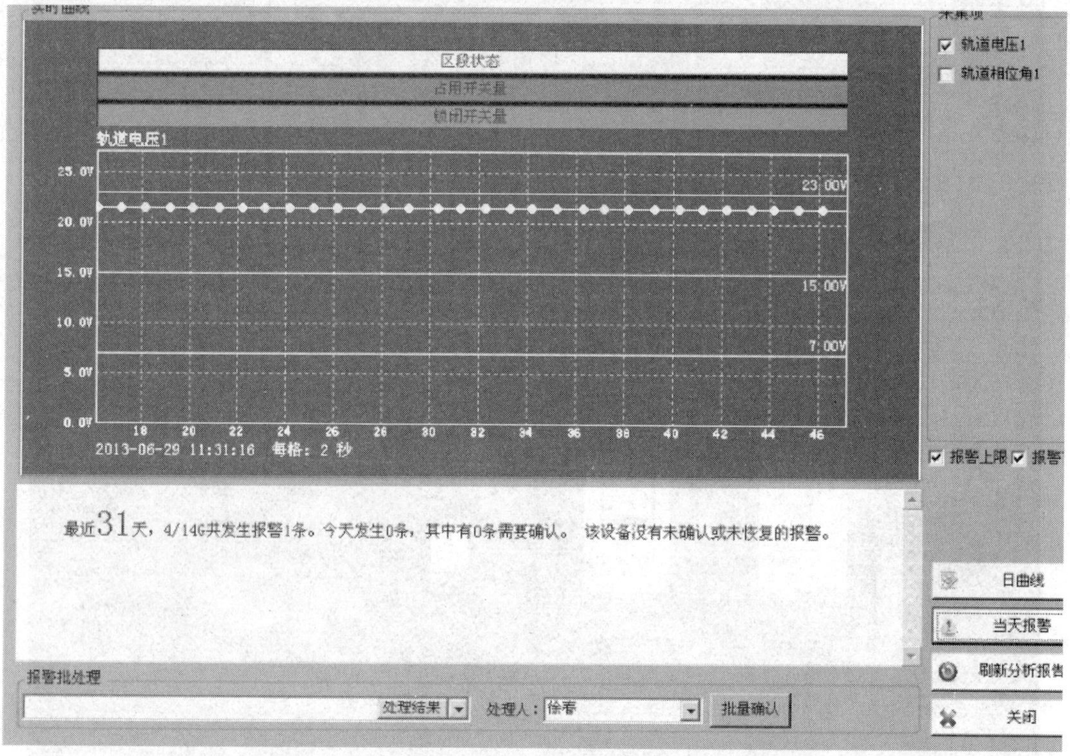

图 2.15　实时曲线窗口

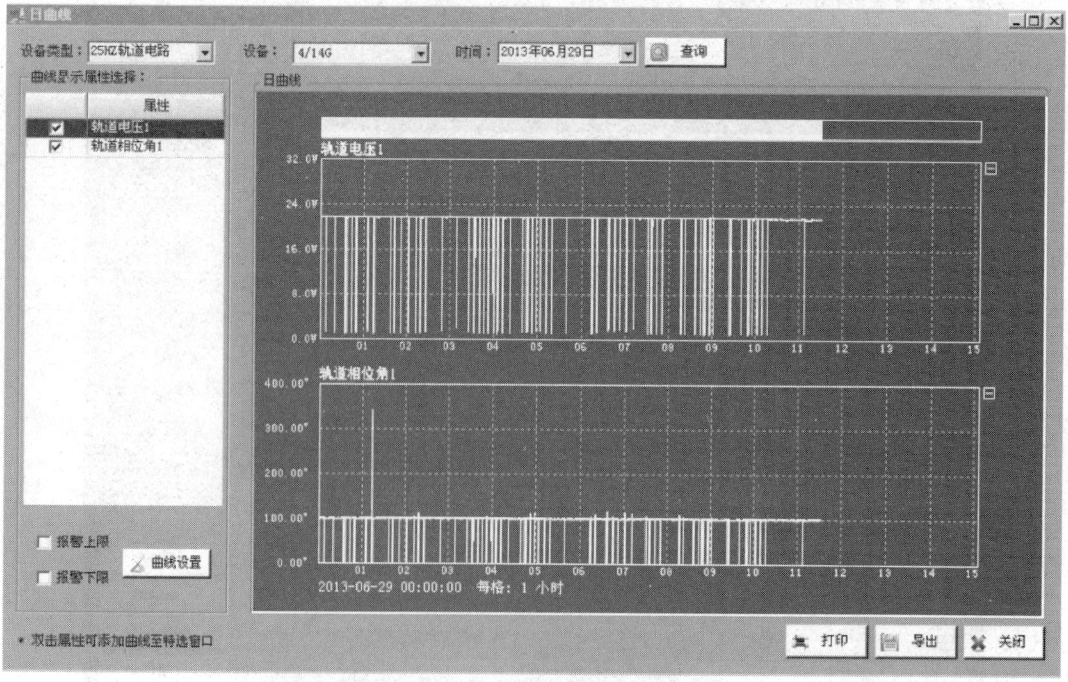

图 2.16　日曲线界面

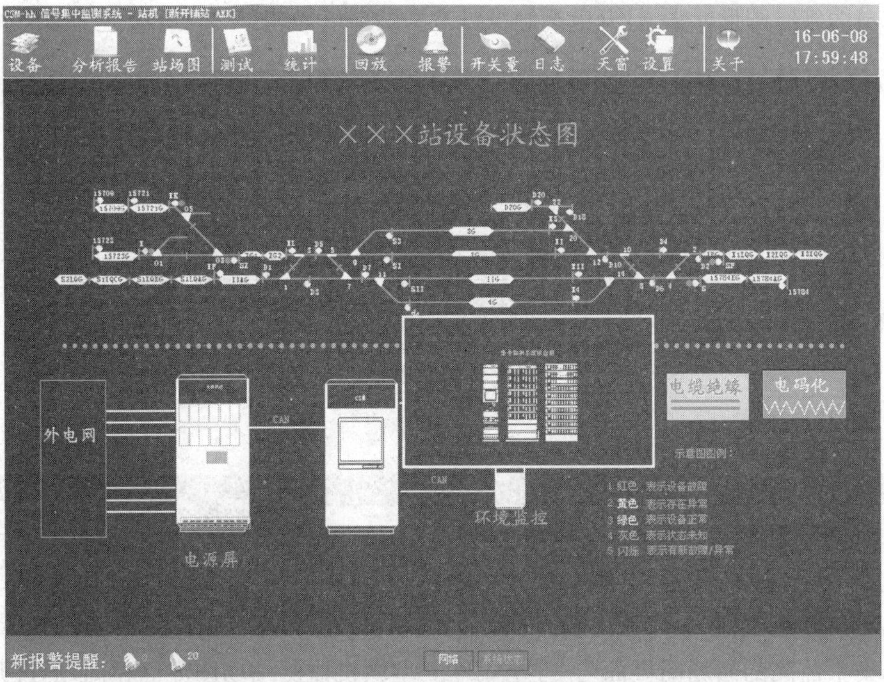

图 2.17 室内浮动窗口

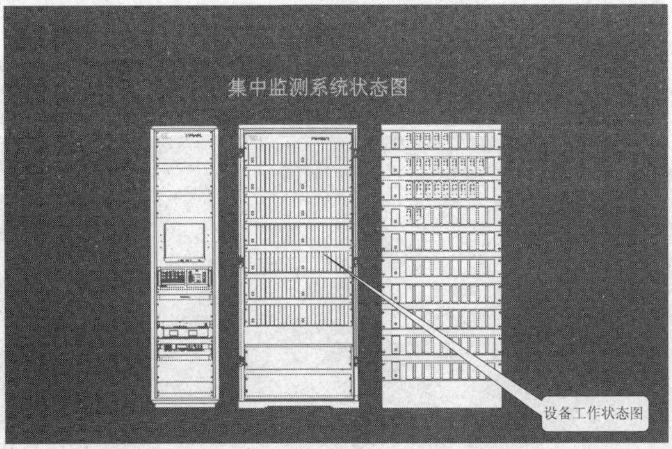

图 2.18 室内设备工作状态

列控状态图窗口的左侧用图形元素表示列控设备的工作状态，生动直观，便于用户一目了然地了解列控设备的工作状态；右侧以表格形式表示具体的列控设备的工作状态，同时窗口右上侧提供了对具体列控设备状态的查询设置；窗口的右下侧提供了对列控设备工作状态的导出和打印工作按钮。其他室内设备的工作状态图与列控设备相似。

⑤重要设备日常测试功能查看：重要设备日常测试窗口如图 2.19 所示，单击室内设备左侧的电缆绝缘、电源漏流等设备图形元素，用户可以打开其日常测试窗口。

图 2.19 重要设备日常测试窗口

单击电缆绝缘图形元素，打开电缆绝缘日常测试窗口，如图 2.20 所示。

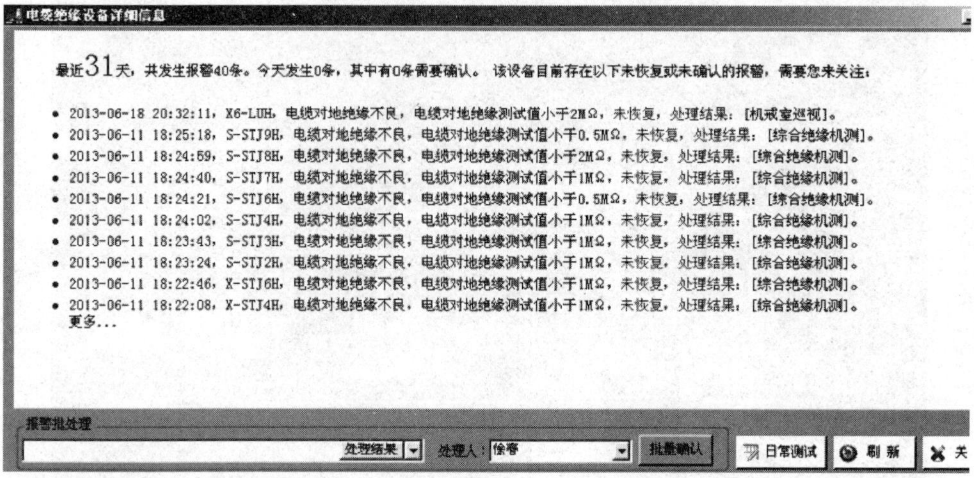

图 2.20　电缆绝缘日常测试窗口

5）站场图

信号集中监测的站场图界面与 TJWX-2006 型微机监测站场图界面相同，通过开关量状态来显示道岔、信号机、轨道等设备的状态，以及排进路等信息。站场图界面如图 2.21 所示。

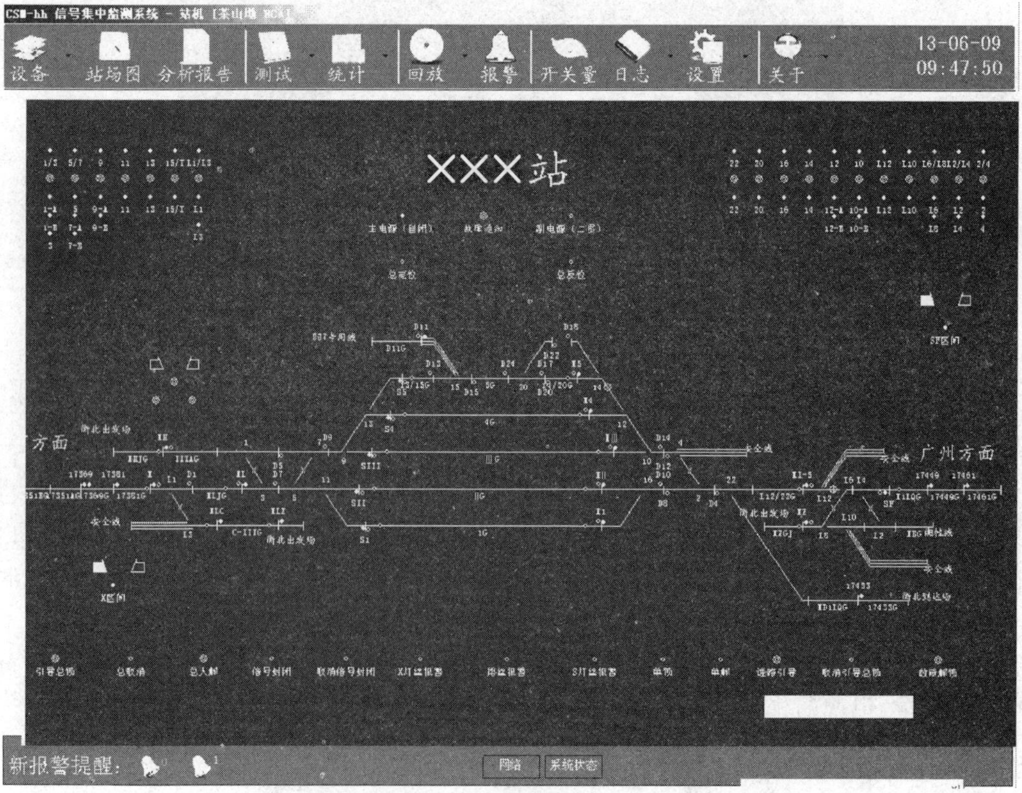

图 2.21　站场图界面

在站场图界面上，当用户想拖动站场图仔细查看某一部分时，可以使用鼠标对站场图方便地进行上、下、左、右拖动。用户可以根据自己的习惯选择是否对站场图进行自动缩放。取消“自动缩放”后（单击“自动缩放”按钮，在选中自动缩放和取消自动缩放间进行切换，注意按钮底色的变化），之前由灰色不可用状态的“放大”“缩小”“还原”按钮都变为可用状态，站场图处于非自动放缩状态时站场图的大小不会随着显示区域（可以用鼠标放在站场图界面与下面的曲线显示界面交接处时，当鼠标变成可以上、下拖动符号后单击左键进行上、下拖动）的变化而放大或缩小。在非自动放缩状态下，通过单击这些菜单对站场图进行放大、缩小或还原。再切换到自动缩放状态后，站场图就会随着显示区域而放大或缩小，也可以使用鼠标的滚轮来放大和缩小站场图。

站场图操作方法如下：

将鼠标移动到轨道电路图形元素上，单击鼠标右键，出现图 2.22 所示的右键菜单。

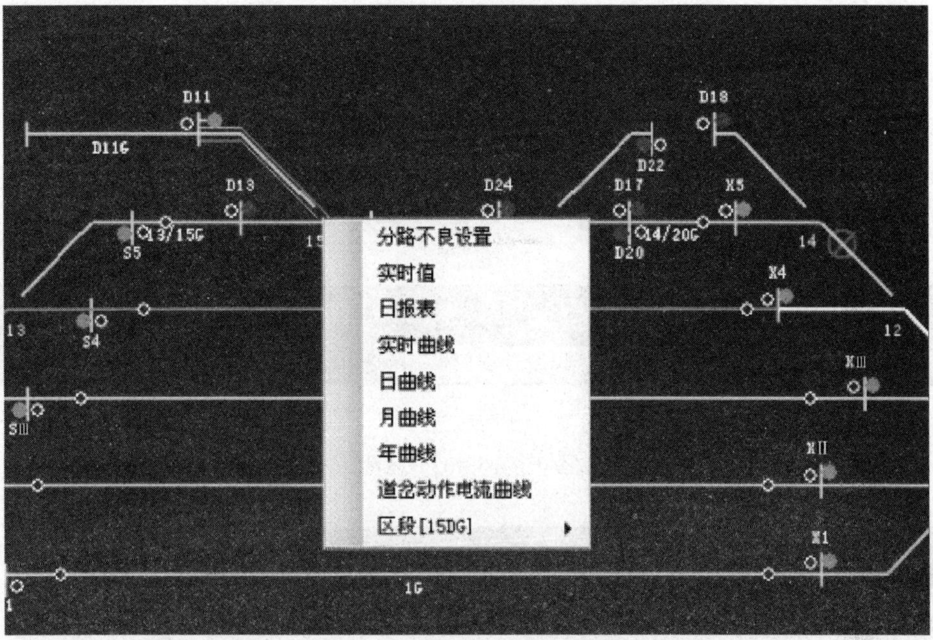

图 2.22　轨道电路右键菜单

单击“分路不良设置”选项，可以设置该区段的分路不良状态，如图 2.23 所示。

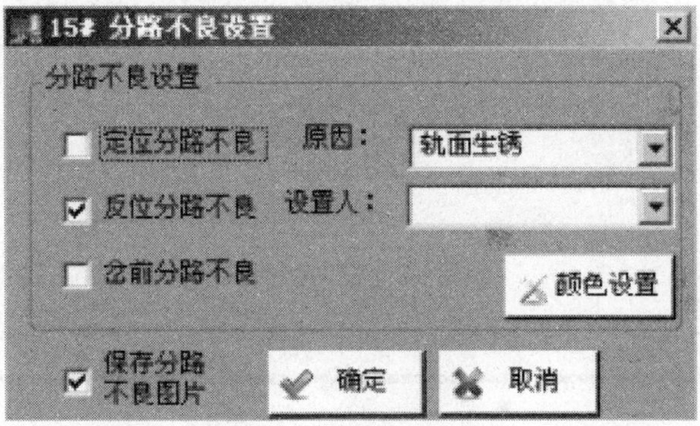

图 2.23　分路不良设置

勾选相关选项复选框，把颜色设置好，填写原因和设置人，单击“确定”按钮，设置设备的分路不良状态，在站场图中该设备会以两条红线环绕的形式标识为分路不良状态，如图 2.24 所示。

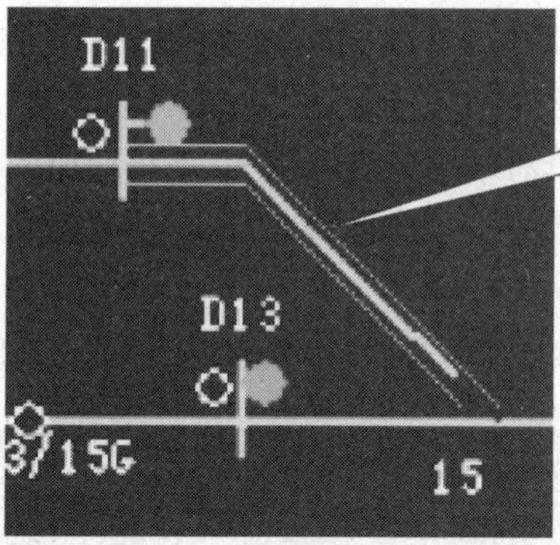

图 2.24　设置好的分路不良标识

6）分析报告

(1)分析报告界面如图 2.25 所示。

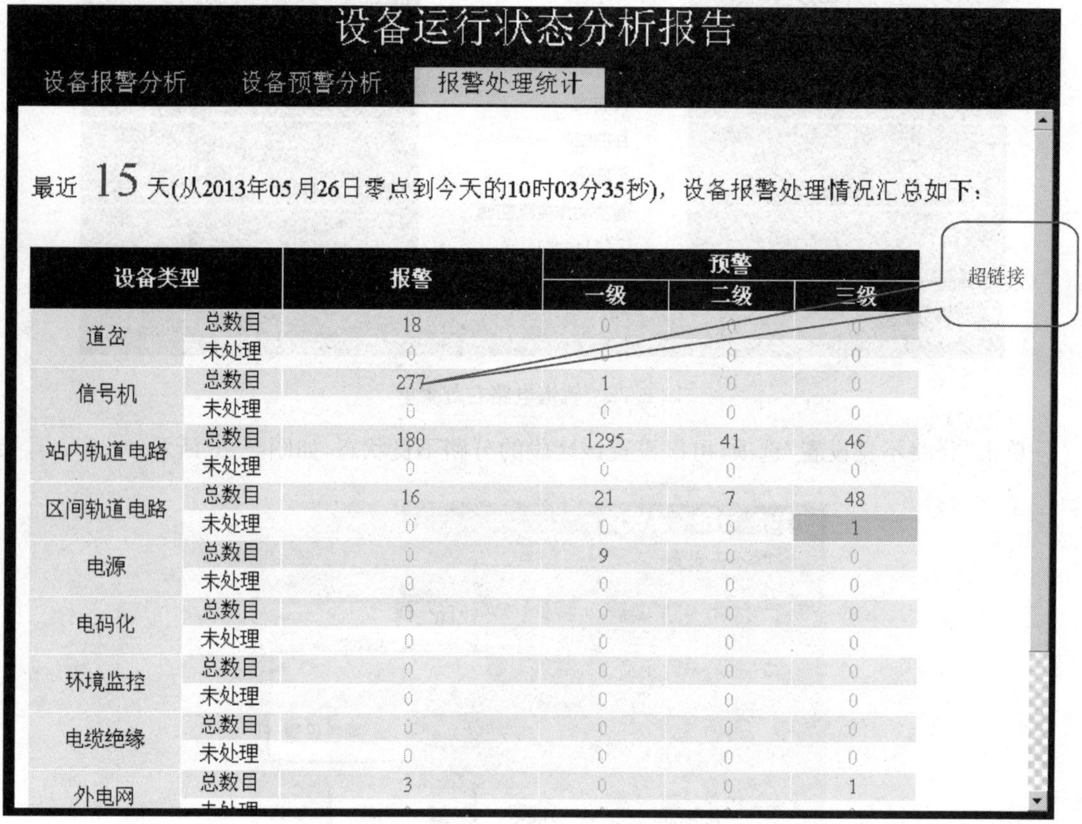

最近 15 天(从2013年05月26日零点到今天的10时03分35秒)，设备报警处理情况汇总如下：

设备类型		报警	预警		
			一级	二级	三级
道岔	总数目	18	0	0	0
	未处理	0	0	0	0
信号机	总数目	277	1	0	0
	未处理	0	0	0	0
站内轨道电路	总数目	180	1295	41	46
	未处理	0	0	0	0
区间轨道电路	总数目	16	21	7	48
	未处理	0	0	0	1
电源	总数目	0	9	0	0
	未处理	0	0	0	0
电码化	总数目	0	0	0	0
	未处理	0	0	0	0
环境监控	总数目	0	0	0	0
	未处理	0	0	0	0
电缆绝缘	总数目	0	0	0	0
	未处理	0	0	0	0
外电网	总数目	3	0	0	1

图 2.25　分析报告界面

分析报告界面是对系统运行状态和工作人员对系统操作记录的汇总，包括对设备报警情况、设备电气特性超限情况、分路不良情况和报表浏览记录等信息。

(2)操作方法如下：

①报警信息查看：将鼠标移动到报警信息超链接上，单击可以查看，可以查看"报警列表"窗口，如图 2.26 所示。

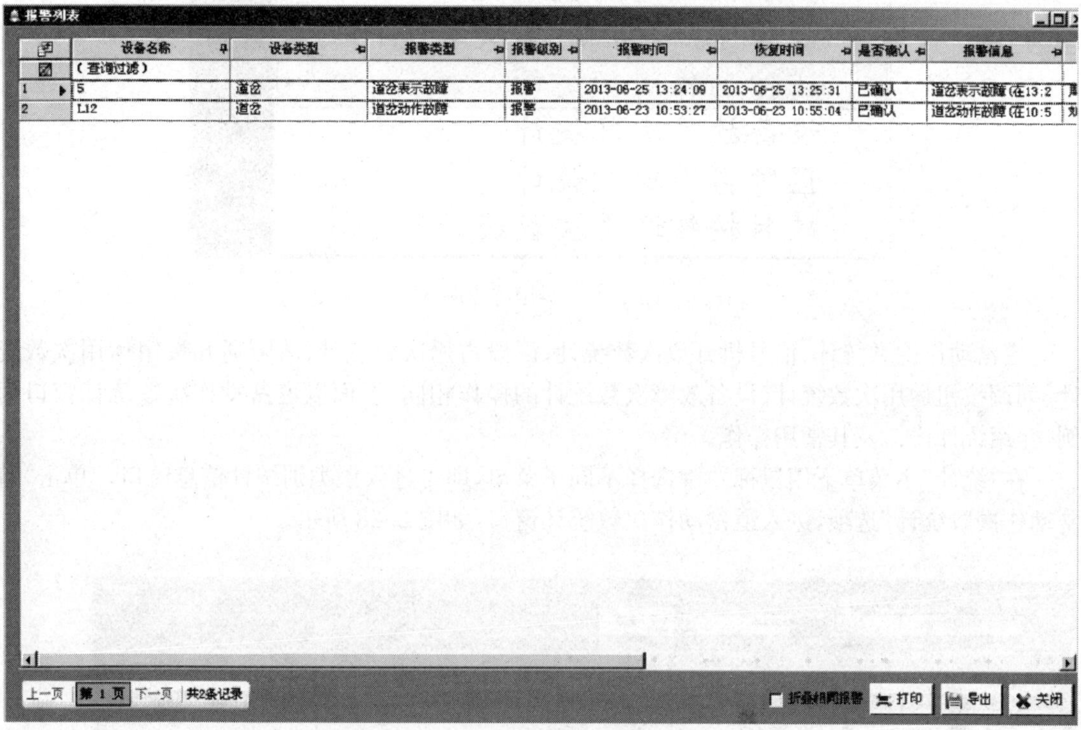

图 2.26　报警列表

报警列表窗口列出了发生报警的设备、报警类型、报警级别、报警时间、报警恢复时间等报警信息，并可以通过单击打印、导出按钮实现对报警信息的打印和导出。

②电气特性超限信息查看。

③分路不良信息查看。

④报表浏览记录信息查看：将鼠标移动到蓝色超链接字体表示上，鼠标会变为手形形状，单击查看相应信息。单击未浏览过的报表数目超链接，可以查看已浏览过的报表。

7）日常测试

日常测试的设备包括铁路电务部门日常需要测试的项目，如道轨道电路等。

8)运用统计

统计功能主要用来统计关键设备使用次数，从侧面反映出设备使用的情况来判断设备状态，间接指导维护设备依据。主要的统计功能有：道岔动作次数统计、信号机开放次数统计、区段占用次数统计、故障通知按钮运用次数统计、列调按钮运用次数统计、设备故障次数统计、破封按钮运用次数统计。

单击"运用统计"的菜单及子菜单，出现运用统计窗口，如图 2.27 所示。

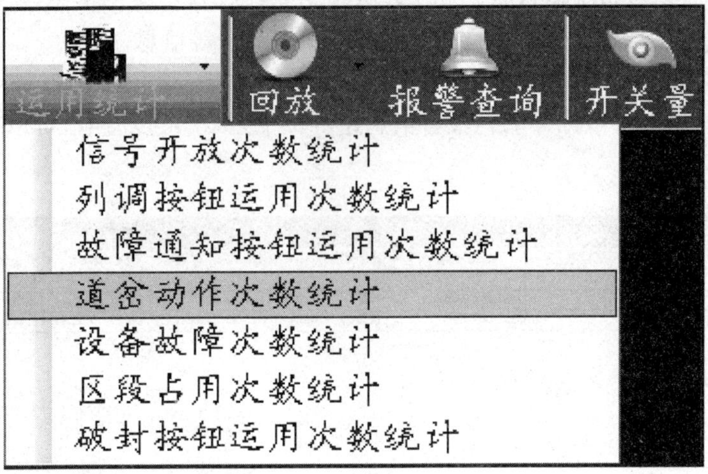

图 2.27　运用统计窗口

道岔动作次数统计、信号机开放次数统计、区段占用次数统计、故障通知按钮运用次数统计、列调按钮运用次数统计、设备故障次数统计的操作相同，下面以道岔动作次数统计窗口为例，介绍统计窗口及其常用操作。

在“统计”主菜单下用鼠标左键选择不同子菜单，即可进入该类别统计信息窗口。单击“道岔动作次数统计”选项，进入道岔动作次数统计窗口，如图 2.28 所示。

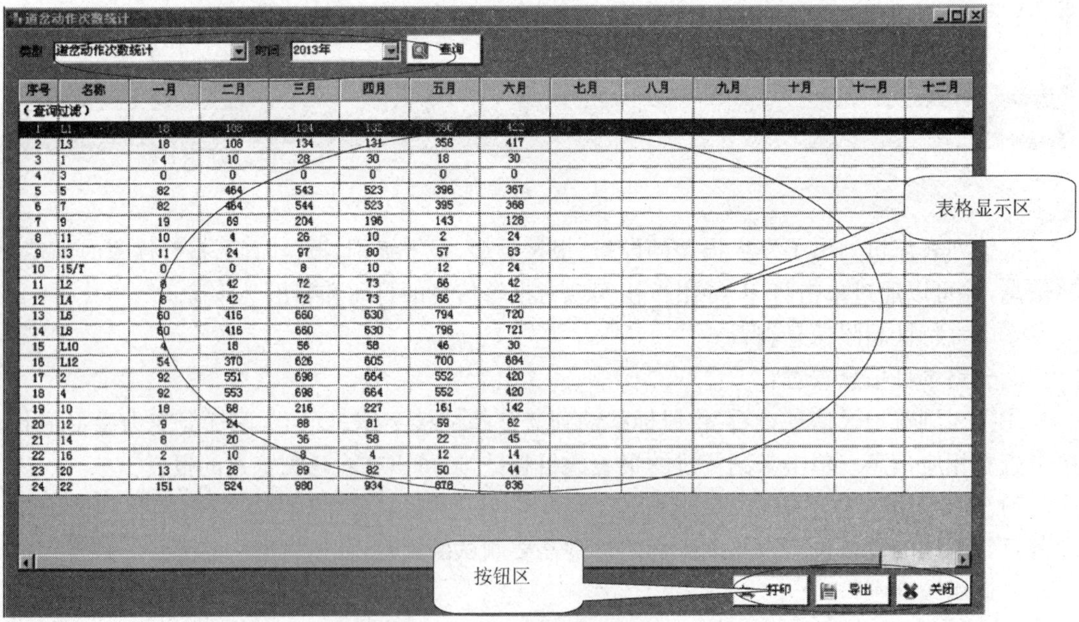

图 2.28　单项设备统计

(1)窗口简介

统计信息对话框以年为单位显示各设备每月统计信息。统计窗口由属性区、表格显示区、按钮区组成。

属性区包括：窗口名称、“类型”下拉框、“时间”下拉框。“类型”下拉框用来选择不同的统计类型；“时间”下拉框用来选择不同的历史年份。

表格显示区的第一行为表头，第二行为查找输入行，其他为数据区。数据区每行内容依次为每路设备相应的设备名称、各月份测试值、合计值。

按钮区包括“打印”“导出”“关闭”等按钮，分别用来实现统计信息的打印、导出功能和窗口的关闭。

(2)操作方法

①统计类型切换：在窗口左上方统计类型窗口进行切换，可切换到其他类型的统计信息窗口。统计类型切换窗口如图 2.29 所示。

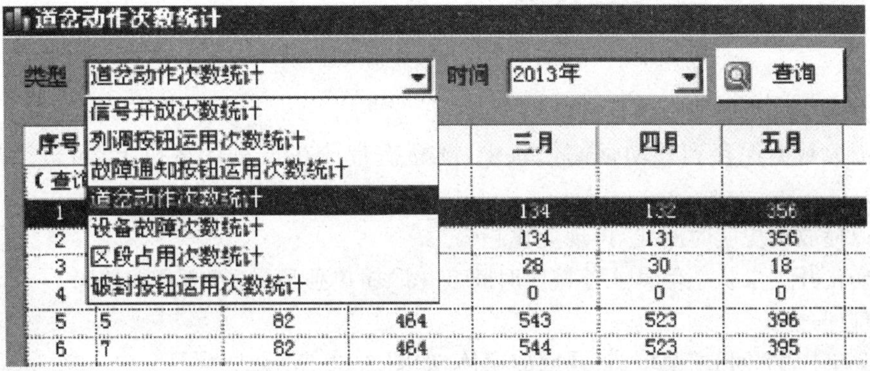

图 2.29　统计类型切换窗口

②时间切换：在窗口上方的时间窗口进行切换，可切换到历史年份的统计信息。统计时间切换窗口如图 2.30 所示。

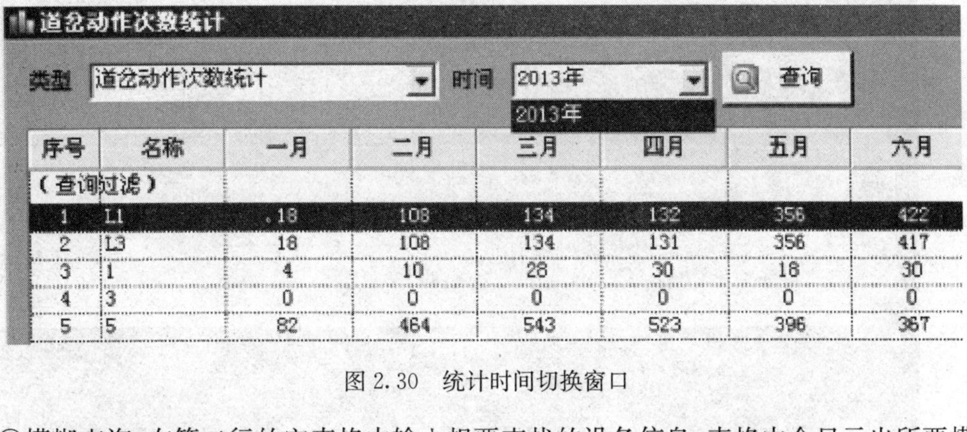

图 2.30　统计时间切换窗口

③模糊查询：在第二行的空表格中输入想要查找的设备信息，表格中会显示出所要模糊查询的信息。模糊查询信息如图 2.31 所示。

9) 回放

回放功能作为信号集中监测系统重要的组成部分对故障分析有着举足轻重的意义，主要功能如下：

①将历史时刻站场平面状态信息、设备电气参数测试信息可以进行同时再现。

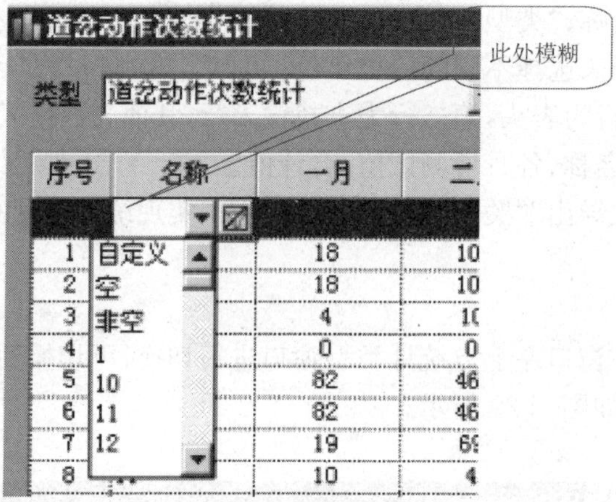

图 2.31　模糊查询信息

②将几个关联设备所有信息进行组合调看。

③对故障数据保存到移动存储设备中,随意携带放在任意计算机上,可进行历史信息回放。

④可以播放历史实时曲线,再现变化趋势。

⑤对变化开关量状态信息能够按照时间变化顺序单独显示,方便查找故障。

(1)窗口简介

单击菜单栏中"回放"菜单,打开回放窗体,如图 2.32 所示。

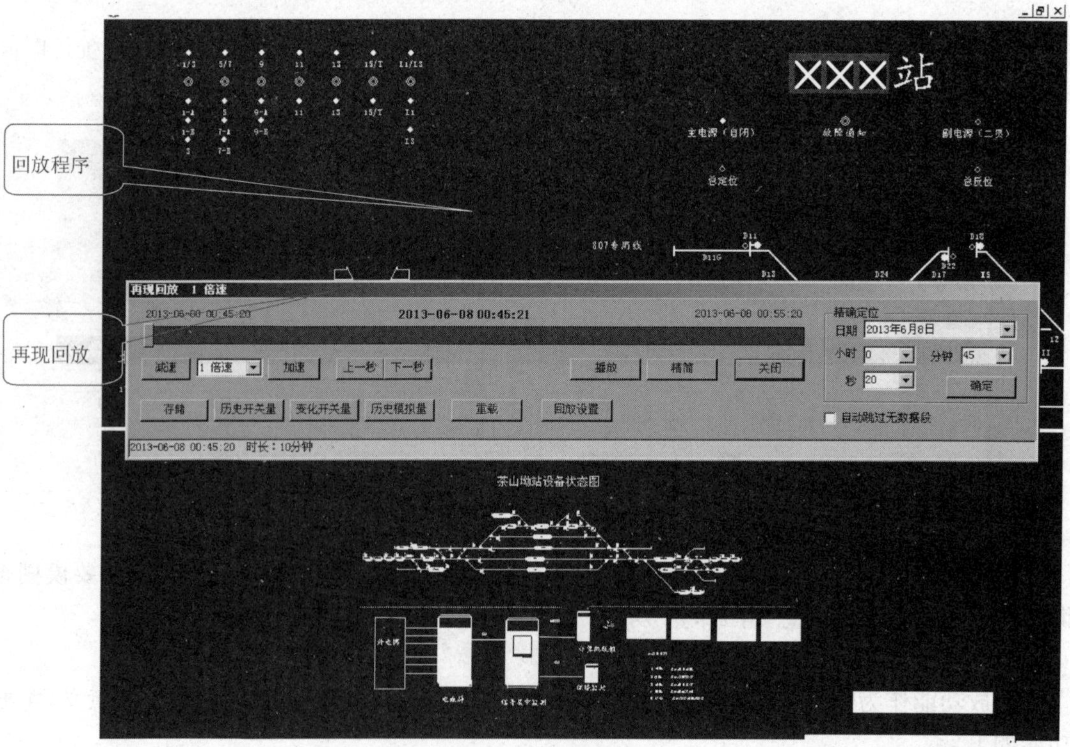

图 2.32　回放窗体

回放由“回放程序”和“再现回放”两个窗体组成，“回放程序”窗体用来显示站场图界面和设备状态界面；“再现回放”窗体是控制窗体，实现对回放的控制。

(2)操作方法

①时间设置：选中回放时间显示框中的某个时间，如图 2.33 所示选中“小时”，一种方式是通过键盘输入将其修改为 3 点，另外一种方式是单击向上的箭头，则此时回放 3 点时刻的数据，如果输入的时间超过了可回放的时间，则不能成功设置。

	名称	类型	状态	分机号	分机内序号
	(查询过滤)				
1	ZDY-L	其他灯	↑	271	8
2	FDY-U	其他灯	↓	271	9
3	RS-H	熔丝报警开关量	↓	271	10
4	XDS-H		↓	271	11
5	SDS-H		↓	271	12
6	GDTD1		↑	271	20
7	GDTD2		↑	271	21
8	XGBJ		↑	271	22
9	SGBJ		↑	271	23
10	XJD-U	其他灯	↑	271	24
11	XFD-L	其他灯	↓	271	25
12	XJQD-H	其他灯	↑	271	26
13	XFZD-B	其他灯	↓	271	27
14	XFZDS		↓	271	28
15	SFJD-U	其他灯	↓	271	32
16	SFFD-L	其他灯	↑	271	33
17	SFJQD-H	其他灯	↑	271	34
18	SFFZD-B	其他灯	↓	271	35
19	SFFZDS		↓	271	36
20	XHJLB		↓	271	40
21	XHJUB		↓	271	41
22	XHJHB		↓	271	42
23	XHFLB		↓	271	43
24	XHFUB		↓	271	44

图 2.33　全体开关量窗体

②站场图、状态图查看：当打开回放窗口，即可看到站场图，选择某个历史时间，即可查看站场历史状态。单击鼠标右键，可进行站场图“放大”“缩小”及“还原”操作，当把鼠标放在某个设备上时，即可显示设备名称，此外，站场图可进行上、下、左、右拖动。在回放窗体主界面为站场图窗口时，单击回放窗体中的“设备状态”按钮，即可查看设备状态图回放窗体，回放窗体中设备状态图的操作与程序正常模式下的设备状态图操作相同。

③播放：设置完回放时间后，单击“播放”按钮，窗口中即开始回放设置时间的数据；可以通过单击“加速”“减速”按钮来实现回放速度的控制。

④开关量查看：单击“历史开关量”按钮，打开“全体开关量”窗体，如图 2.33 所示。

开关量窗口中的“状态”显示的是开关量的当前状态，向上的箭头表示设备状态有效(用绿色表示)，向下的箭头表示设备状态无效(用蓝色箭头表示)。

用户双击某路开关量，可以将其加入“用户特选窗口”中，如图 2.34 所示。该“全体开关量”窗口中的其他操作与开关量实时值窗口中的操作相同。

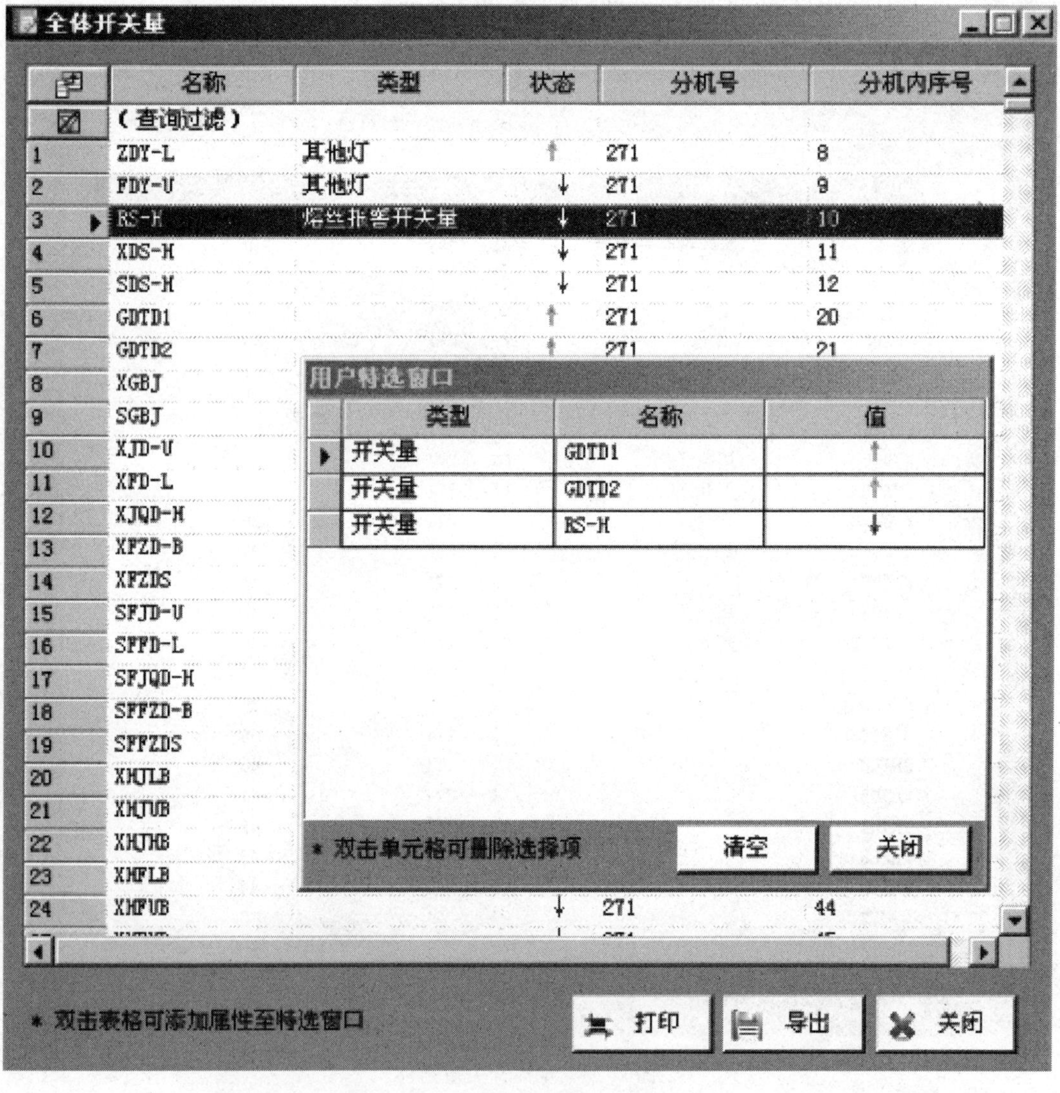

图 2.34　全体开关量用户特选窗口

⑤模拟量查看：单击“历史模拟量”按钮，打开“回放模拟量”窗口，如图 2.35 所示。“回放模拟量”窗口的操作与“模拟量实时值”窗口的操作相同。

⑥回放数据的存储：回放数据可进行再现方式存储和离线文件存储，离线存储文件可进行离线回放，并且离线回放具有和在线回放同样的功能。

设置存储的数据时间(最多可存储 60 min 的数据)，单击“确定”按钮，即可进入回放保存模式选择窗口，如图 2.36 所示，保存模式分为“存储再现文件”和“存储到磁盘”两种模式，当选

图 2.35　回放模拟量

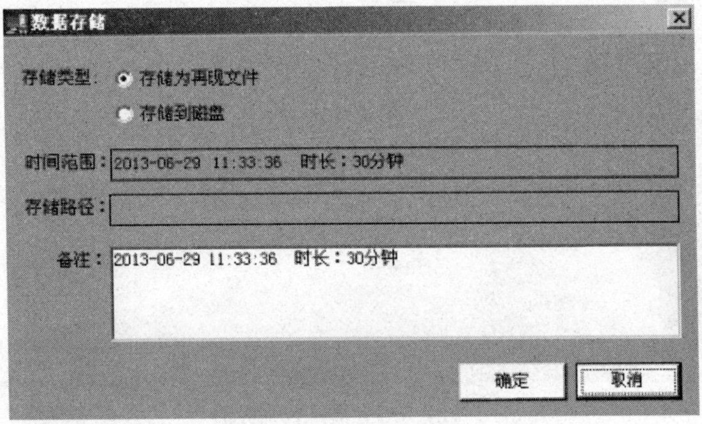

图 2.36　数据存储

择“存储再现文件”时，回放数据就会被保存为再现文件，存储路径为 E:\\station\\XAY\\DAT0\\再现(假设站场为××站，其电报码为×××)，当选择“转储到移动磁盘”时，选择存储路径，即可进行离线文件存储。

从主菜单“回放”菜单下拉菜单中可以看到“回放”和“再现”两个菜单，回放是对存储在站机上的 10 天之内的信息进行回放；再现是对转储为再现文件信息的回放。

10)报警查询

报警功能作为信号集中监测的重要组成部分，主要包括：实时报警、历史报警查询、自定义报警条件、报警跟踪、报警统计等。主要功能有：根据设备故障性质产生三类报警和预警并及时通告，同时具备历史报警查看功能。

(1)三类报警和预警

①一级报警:涉及行车安全的信息报警。报警方式:声光报警,人工确认后停止报警,并通过网络上传到各级终端。

②二级报警:影响行车或设备正常工作的信息报警。报警方式:声光报警,报警后延时适当时间自动停报,并通过网络上传到各级终端。

③三级报警:电气特性超限或其他报警。报警方式:红色显示报警,电气特性恢复正常后自动停报,可通过网络上传到车间/工区终端。

④预警:根据电气特性变化趋势、设备状态及运用趋势等进行逻辑判断并预警。报警方式:预警显示为蓝色,可通过网络上传到车间/工区终端。

(2) 历史报警查询界面(图 2.37)。

图 2.37 历史报警查询界面

操作方法:

①标准查询设置。在窗口的左上角,打开“标准查询”结点,设置查询级别和查询时间,如图 2.38 所示。

单击“查询”按钮,在表格区可以查看查询结果。

②高级查询设置。打开“高级查询”结点,设置高级查询,如图 2.39 所示。

高级查询设置包括查询的开始时间和结束时间、报警处理信息、报警恢复信息、报警确认信息、报警等级、类型和设备类型等的设置,可以实现更精切的报警查询。

单击“查询”按钮,在表格区可以查看高级查询结果。

③关联信息查看。在报警查询结果表格区,右键单击任一查询结果项,弹出右键菜单项,如图 2.40 所示。

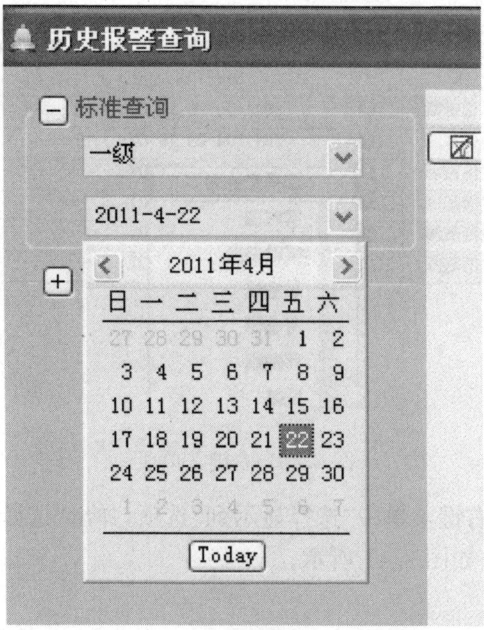

图 2.38　标准查询的设置

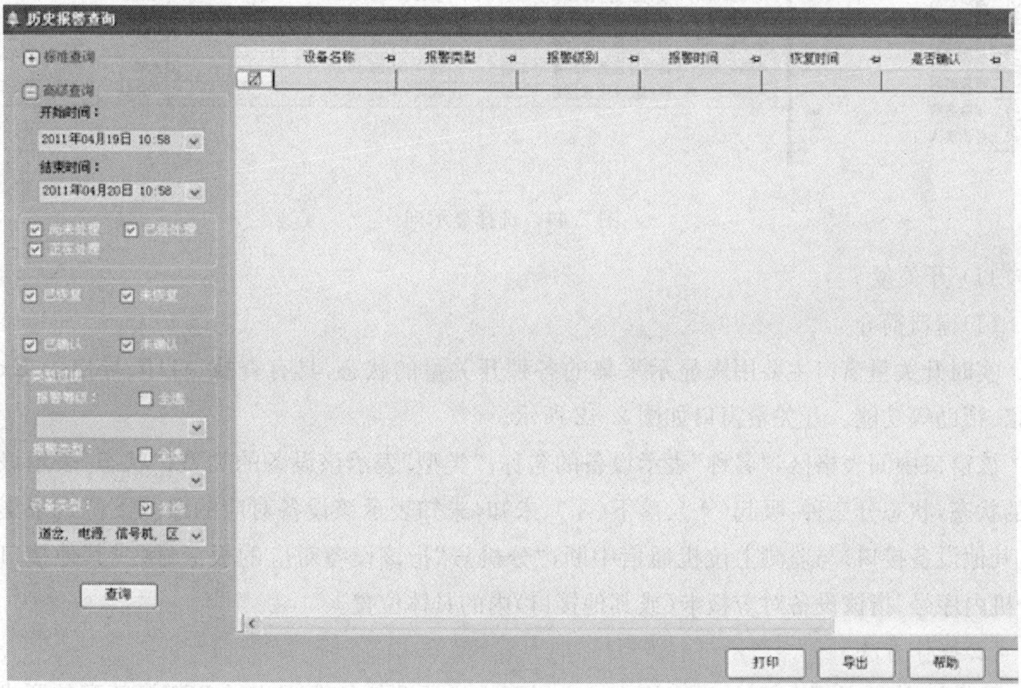

图 2.39　高级查询的设置

选择实时值、实时曲线、日曲线等选项，可以打开与该报警相关设备的实时值窗口、实时曲线窗口、日曲线窗口等。

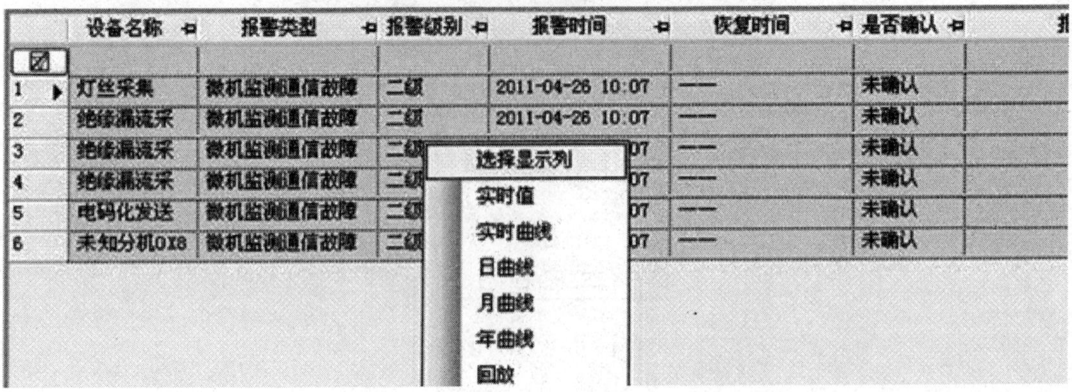

图 2.40　右键菜单项

④选择显示列。选择右键菜单中“选择显示列”选项，弹出“选择显示列”窗口，设置在报警结果显示表格中显示的列，如图 2.41 所示。

图 2.41　选择显示列

11）开关量

(1)窗口简介

实时开关量窗口主要用来显示采集的各种开关量的状态，具有查找、打印、导出为 Excel 表格、帮助等功能。开关量窗口如图 2.42 所示。

该窗口中间表格区，“名称”表示设备的名称；“类型”表示该设备的类型；“状态”表示该设备的状态，状态分三种：吸起(↑)、落下(↓)、未知，未知表示该设备对应的监测下位机采集板卡(其他设备接口)与监测上位机通信中断；“分机号”指该设备对应的板卡号(或其他接口)，“分机内序号”指该设备对应板卡(或其他接口)内的具体位置。

(2)操作方法

①模糊查询：在第二行的空表格中输入想要查找的设备名称，表格会以模糊匹配的形式显示所要查找的设备。查找包含字母“L”的查询结果如图 2.43 所示。

②打印和导出功能：操作方法与其他打印和导出功能相同。

③帮助与关闭：操作方法与其他帮助与关闭相同。

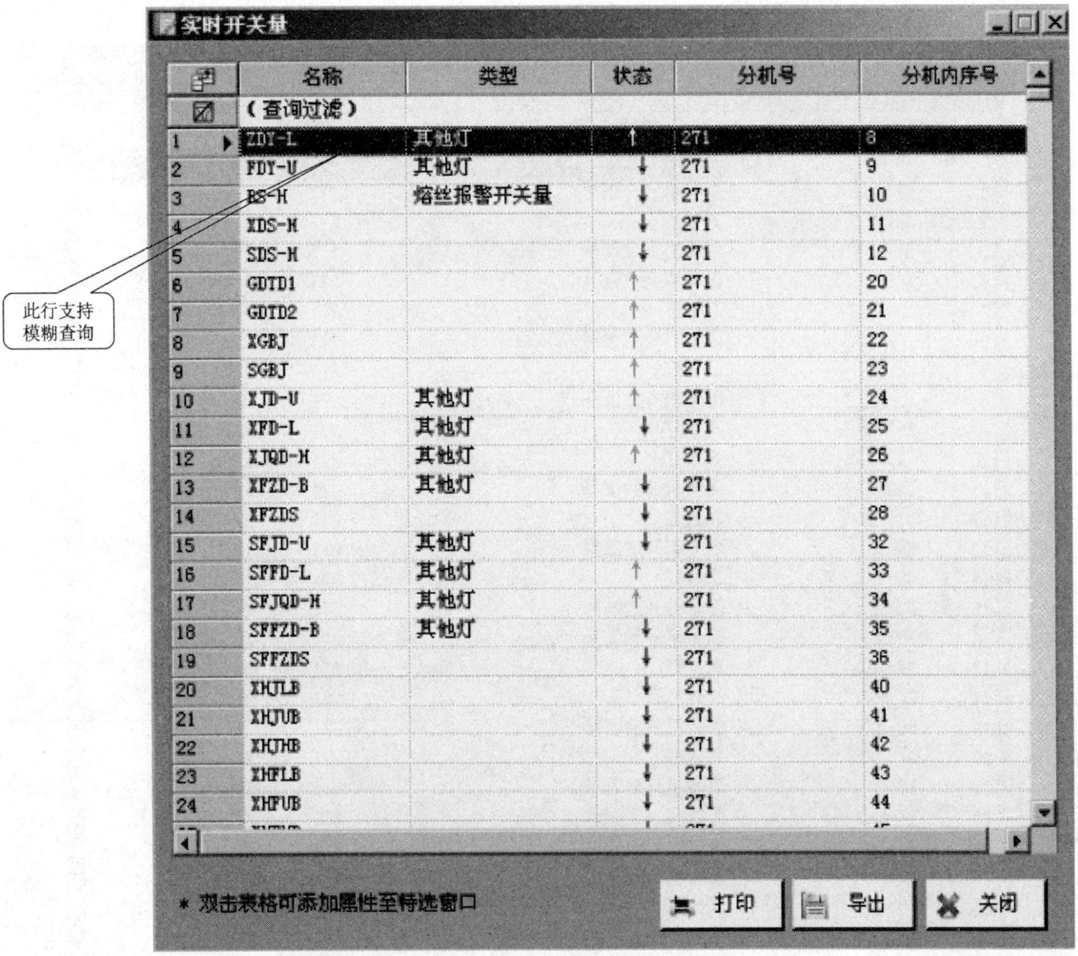

图 2.42　开关量窗口

12) 日志记录

日志记录用于记录系统运行日志、用户操作日志、用户报表浏览记录、控制台按钮运用次数记录、载频切换码等。日志记录菜单及子菜单如图 2.44 所示。

以用户浏览记录为例,介绍日志记录操作:

(1)日浏览记录。单击日志记录子菜单浏览记录下日浏览记录菜单,打开日浏览记录窗口可以查看单日的用户浏览记录,还可以对时间切换查询选择其他日期的浏览记录,在第二行的空表格中输入想要查找的设备名称来模糊查询。日浏览记录如图 2.45 所示。

(2)月浏览记录:单击日志记录子菜单浏览记录下月浏览记录菜单,还可以对对话框上方的时间下拉框选择查询时间切换到其他日期的浏览记录,在第二行的空表格中输入想要查找的设备名称来模糊查询。月浏览记录如图 2.46 所示。

(3)道岔动作电流曲线浏览记录窗口。打开道岔动作电流曲线浏览记录窗口可以查看单日的浏览记录,还可以对对话框上方的时间下拉框选择查询时间切换到其他日期的日浏览记录,在第二行的空表格中输入想要查找的设备名称来模糊查询。道岔动作电流曲线浏览记录窗口如图 2.47 所示。

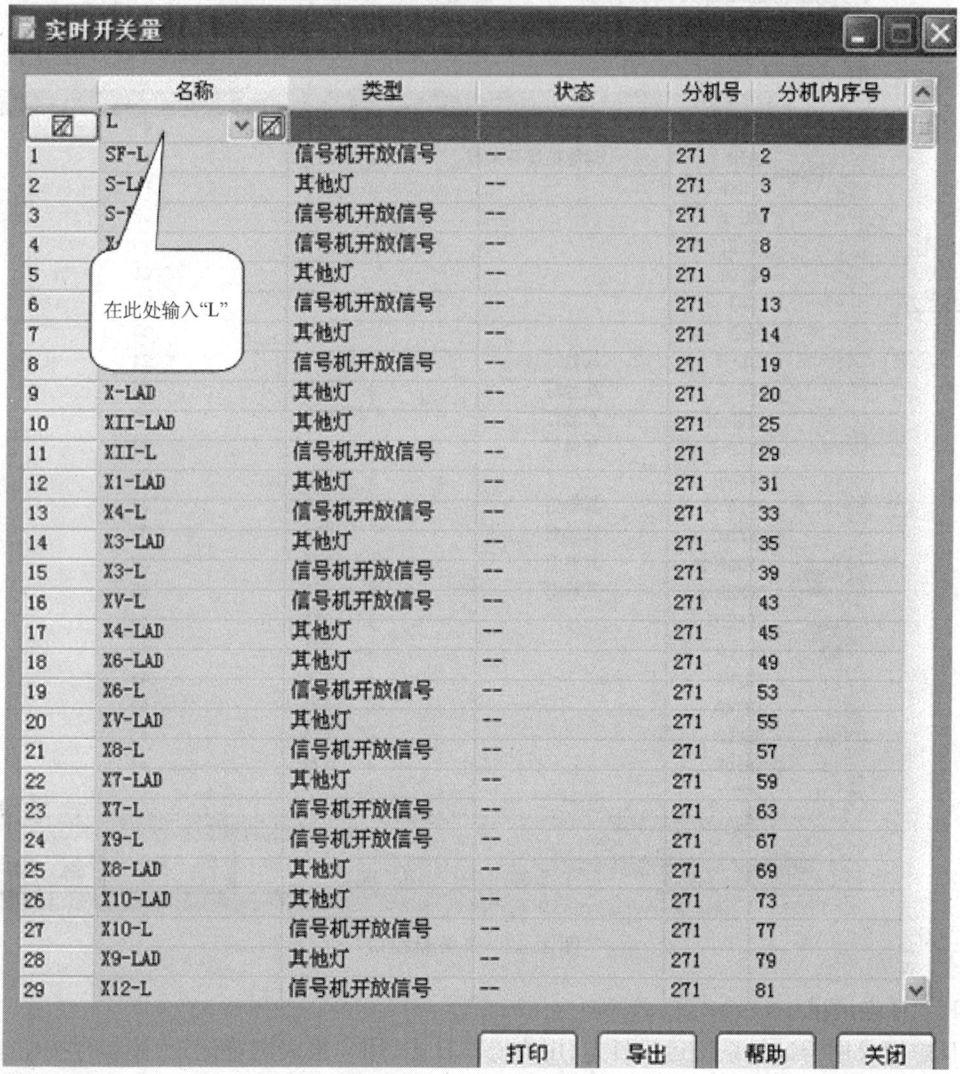

实时开关量

	名称	类型	状态	分机号	分机内序号
	L				
1	SF-L	信号机开放信号	--	271	2
2	[illegible]	其他灯	--	271	3
3	[illegible]	信号机开放信号	--	271	7
4	[illegible]	信号机开放信号	--	271	8
5	[illegible]	其他灯	--	271	9
6	[illegible]	信号机开放信号	--	271	13
7	[illegible]	其他灯	--	271	14
8	[illegible]	信号机开放信号	--	271	19
9	X-LAD	其他灯	--	271	20
10	XII-LAD	其他灯	--	271	25
11	XII-L	信号机开放信号	--	271	29
12	X1-LAD	其他灯	--	271	31
13	X4-L	信号机开放信号	--	271	33
14	X3-LAD	其他灯	--	271	35
15	X3-L	信号机开放信号	--	271	39
16	XV-L	信号机开放信号	--	271	43
17	X4-LAD	其他灯	--	271	45
18	X6-LAD	其他灯	--	271	49
19	X6-L	信号机开放信号	--	271	53
20	XV-LAD	其他灯	--	271	55
21	X8-L	信号机开放信号	--	271	57
22	X7-LAD	其他灯	--	271	59
23	X7-L	信号机开放信号	--	271	63
24	X9-L	信号机开放信号	--	271	67
25	X8-LAD	其他灯	--	271	69
26	X10-LAD	其他灯	--	271	73
27	X10-L	信号机开放信号	--	271	77
28	X9-LAD	其他灯	--	271	79
29	X12-L	信号机开放信号	--	271	81

图 2.43　模糊查询

13) 设置

设置菜单及子菜单窗口如图 2.48 所示。

下面按照设置子菜单顺序依次介绍各项的操作。

(1)参数设置

如果当前有用户登录，而且该用户具有“模拟量参数设置”的权限，单击“参数设置”选项，会打开参数设置窗口。在没有用户登录或登录用户没有“模拟量参数设置”权限时，会弹出“用户信息”窗口，如图 2.49 所示。

输入用户信息和密码，单击“确定”按钮，打开模拟量参数设置窗口，如图 2.50 所示。

在“类型选择”框中选择设备类型和设备属性，如图 2.51 所示。

单击“修改固定参数”按钮，系统将修改配置文件中该设备属性的配置。

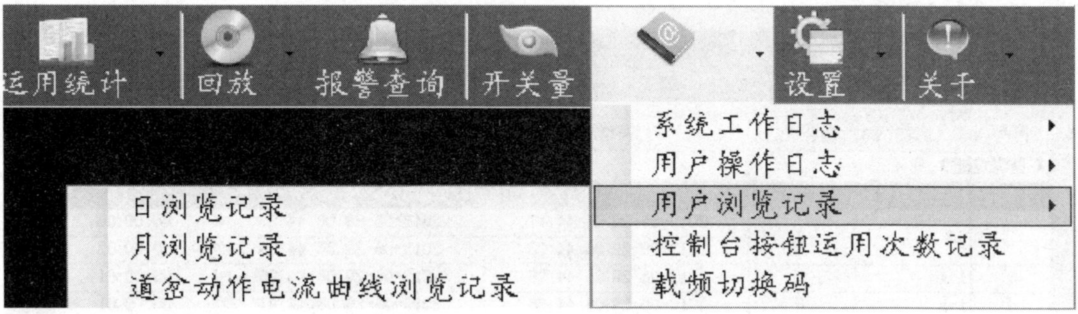

(a) 菜单　　(b) 子菜单

图 2.44　日志记录菜单及子菜单

日浏览记录

时间 2013年06月11日

序号	报表名称	打开时间	关闭时间	持续时间
（查询过滤）				
		2013-06-11 06:19:46	2013-06-11 06:20:49	00:01:03
1	外电网电压实时值	2013-06-11 09:06:02	2013-06-11 09:06:05	00:00:03
		2013-06-11 15:59:43	2013-06-11 15:59:46	00:00:03
		2013-06-11 16:01:29	2013-06-11 16:01:55	00:00:26
		2013-06-11 16:39:04	2013-06-11 16:39:07	00:00:03
2	外电网电压日报表	2013-06-11 06:19:48	2013-06-11 06:19:56	00:00:08
3	外电网电压日曲线	2013-06-11 06:20:16	2013-06-11 06:20:47	00:00:31
		2013-06-11 06:19:46	2013-06-11 06:20:49	00:01:03
		2013-06-11 09:06:02	2013-06-11 09:06:05	00:00:03
4	外电网基波电压实时值	2013-06-11 15:59:43	2013-06-11 15:59:46	00:00:03
		2013-06-11 16:01:29	2013-06-11 16:01:55	00:00:26
		2013-06-11 16:39:04	2013-06-11 16:39:07	00:00:03

图 2.45　日浏览记录

月浏览记录

时间 2013年06月29日

序号	报表名称	打开时间	关闭时间	持续时间
（查询过滤）				
1	外电网电压月曲线			
2	外电网电压年曲线			
3	外电网基波电压月曲线			
4	外电网基波电压年曲线			
5	外电网谐波电压月曲线			
6	外电网谐波电压年曲线			
7	外电网电流月曲线			
8	外电网电流年曲线			
9	外电网基波电流月曲线			
10	外电网基波电流年曲线			
11	外电网谐波电流月曲线			
12	外电网谐波电流年曲线			
13	外电网功率月曲线			

图 2.46　月浏览记录

序号	名称	调看次数	打开时间	关闭时间	持续时间
(查询过滤)					
1	L1	1	2013-06-29 06:44:15	2013-06-29 06:44:17	00:00:02
2	L3	2	2013-06-29 06:44:17	2013-06-29 06:44:23	00:00:06
			2013-06-29 06:44:23	2013-06-29 06:44:25	00:00:02
3	1-A	1	2013-06-29 06:44:25	2013-06-29 06:44:26	00:00:01
4	1-B	1	2013-06-29 06:44:26	2013-06-29 06:44:27	00:00:01
5	3	1	2013-06-29 06:44:27	2013-06-29 06:44:29	00:00:02
6	5	2	2013-06-29 06:44:29	2013-06-29 06:44:30	00:00:01
			2013-06-29 06:44:30	2013-06-29 06:44:33	00:00:03
7	7-A	1	2013-06-29 06:44:33	2013-06-29 06:44:34	00:00:01
8	7-B	1	2013-06-29 06:44:34	2013-06-29 06:44:35	00:00:01

图 2.47　道岔动作电流曲线浏览记录窗口

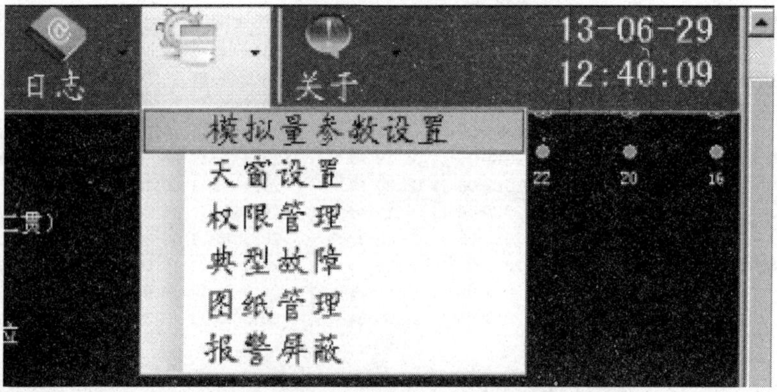

图 2.48　设置菜单及子菜单窗口

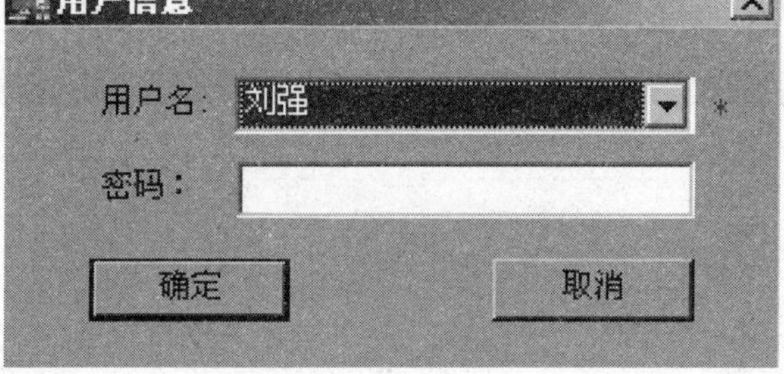

图 2.49　用户信息窗口

设置“测试值”(系统根据测试值自动填写)和“实际值”(人工实际测试的数值),单击“修改系数”按钮,系统将修改配置文件中线性系数的配置。

注意:勾选“此类型所有模拟量”复选框,系统将修改该属性类型所有设备的配置。

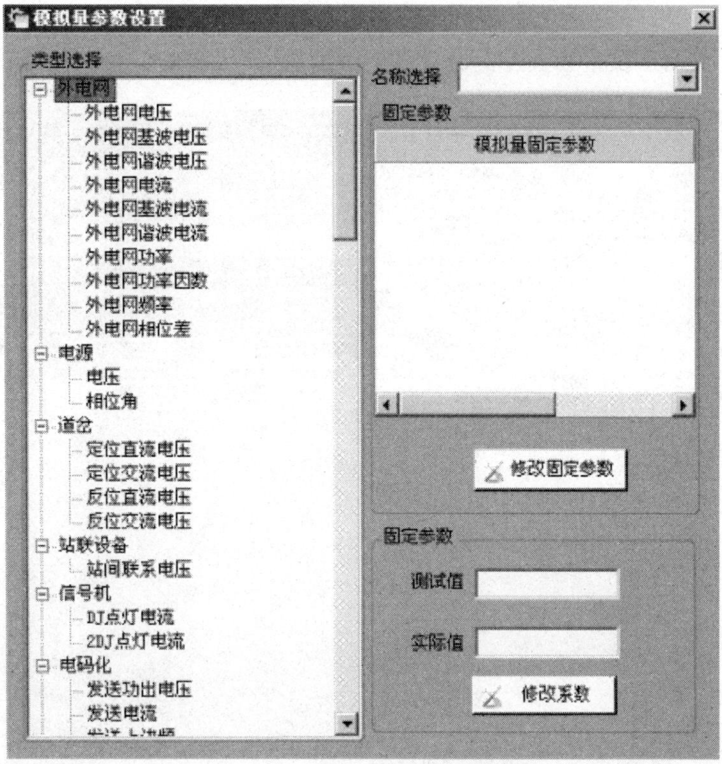

图 2.50　模拟量参数设置窗口

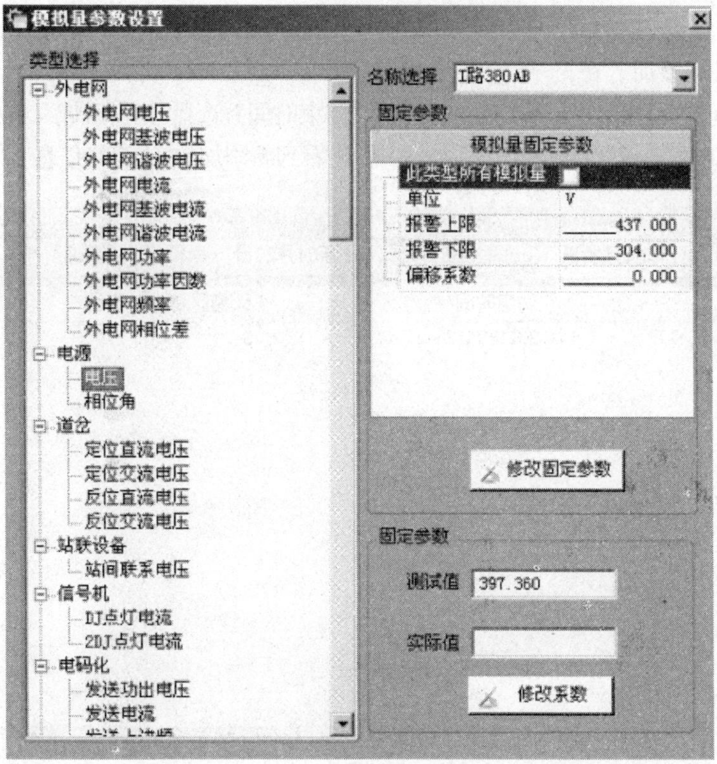

图 2.51　设置模拟量参数

(2)“天窗”设置

“天窗修”设置用于设置和查看“天窗修”记录信息。“天窗修”设置窗口如图 2.52 所示。

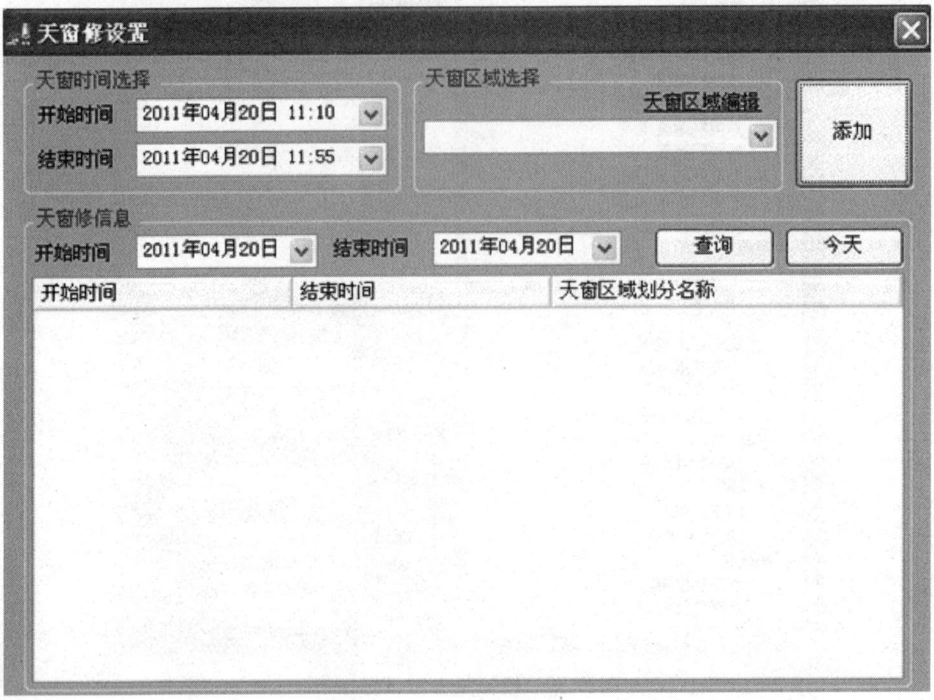

图 2.52 “天窗修”设置窗口

①“天窗”区域添加

在“天窗时间选择”窗口中设置“开始时间”和“结束时间”，选择“天窗区域”，单击“添加”按钮，即完成“天窗区域”的添加，在“天窗修信息”列表中可以看到新添加的“天窗修信息”，如图 2.53 所示。

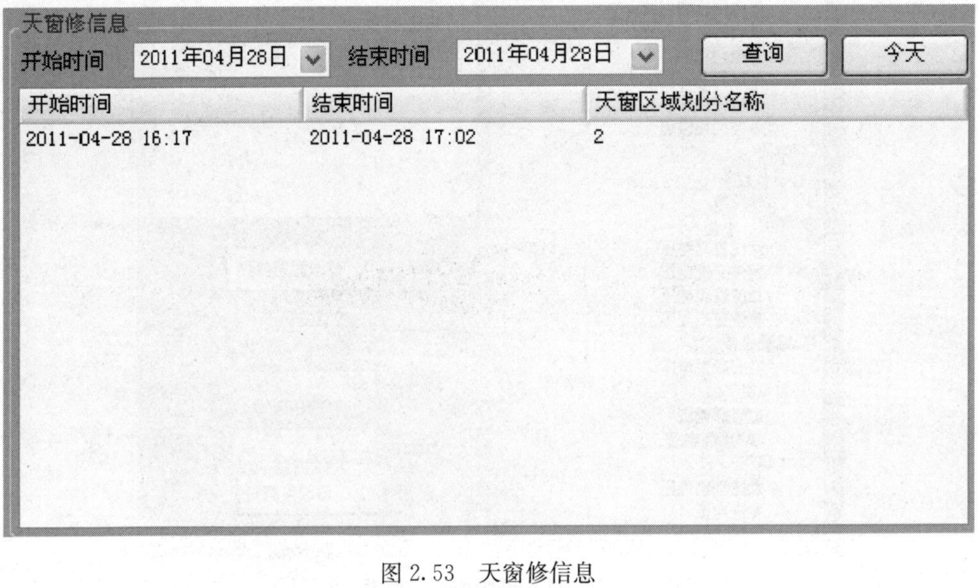

图 2.53 天窗修信息

②"天窗区域"编辑

单击"天窗区域编辑"，弹出"车站天窗区域设置"窗口，继续在"天窗区域"单击鼠标右键，弹出"添加"菜单，单击"添加"，弹出天窗区域添加对话框，如图 2.54 所示。

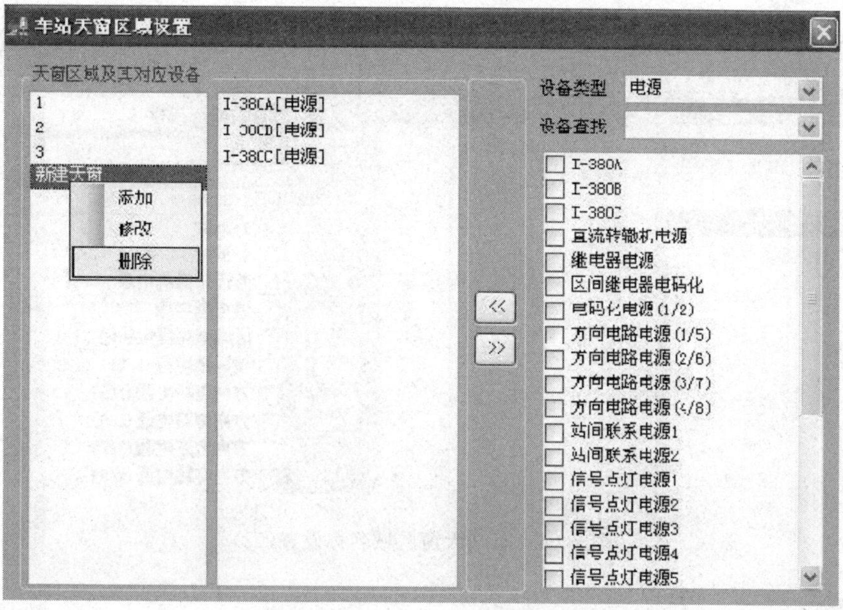

图 2.54　车站天窗区域设置

设置"天窗区域名称"，单击"添加"钮后，完成"天窗区域"的添加，也可以修改或删除；以添加为例介绍，如图 2.55 所示。用户还可以选择"修改"或"删除"选项，即可实现对"天窗区域"的修改和删除操作。

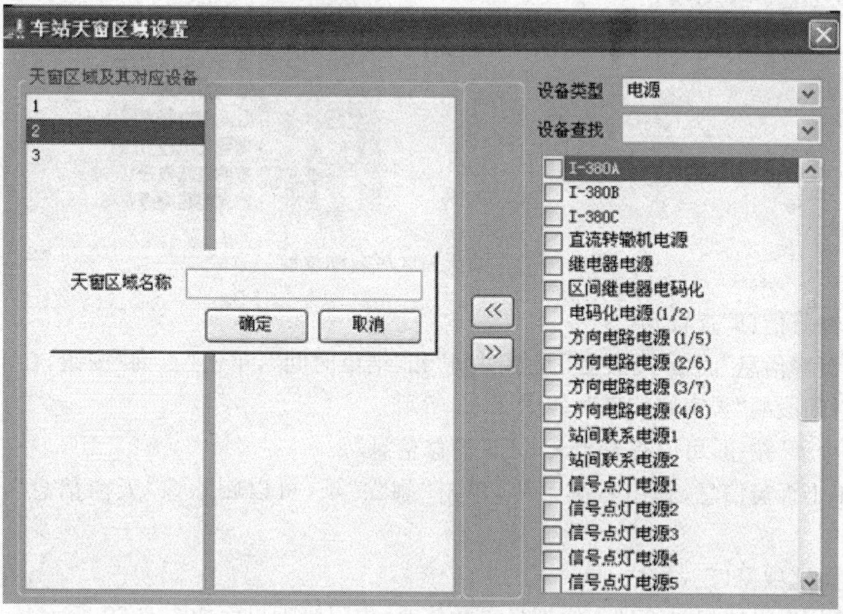

图 2.55　车站天窗区域名称设置(一)

填写“天窗区名称”，再“确定”，完成天窗区域增加。

选择“天窗区域名称”，选择“设备类型”，在设备列表中勾选设备，然后单击“《”按钮，即可将设备添加到天窗区对应设备列表中，如图 2.56 和图 2.57 所示。

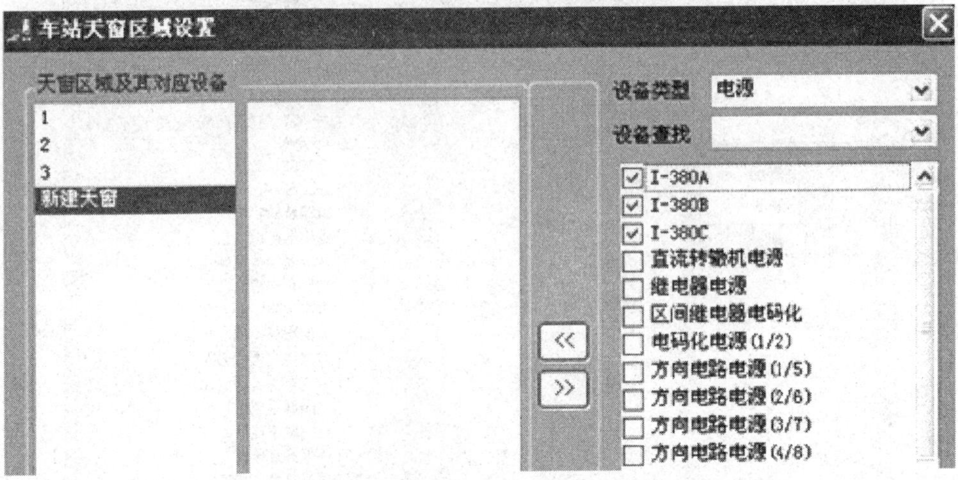

图 2.56　车站天窗区域名称设置(二)

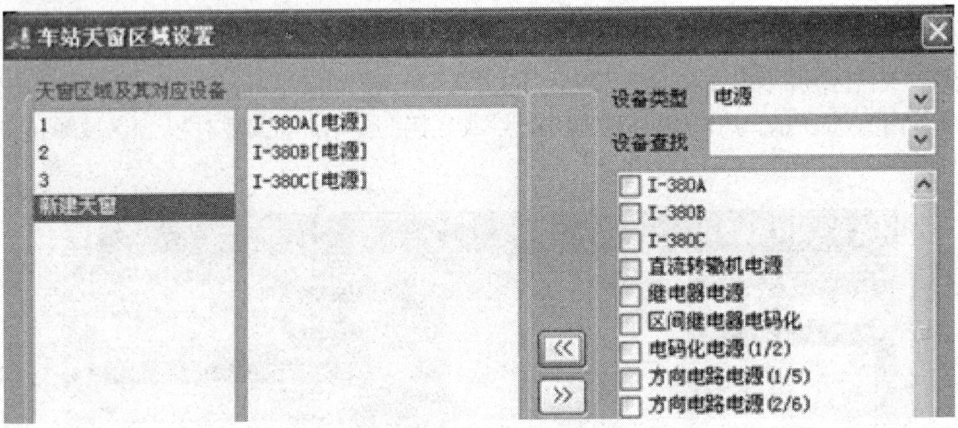

图 2.57　车站天窗区域名称设置(三)

③“天窗修信息”查看

在“天窗修信息”面板中，设置“开始时间”和“结束时间”，单击“查询”按钮，在下边列表中会列出该时间段的“天窗修信息”，如图 2.53 所示。

单击“今天”按钮，可以查看当天的“天窗修信息”。

右键单击天窗信息，弹出右键菜单，单击“删除”项，可以删除该“天窗信息”，如图 2.58 所示。

(3)配置选项窗口

该窗口用来设置权限管理和模拟量参数修改，权限管理界面如图 2.59 所示。

①用户信息管理

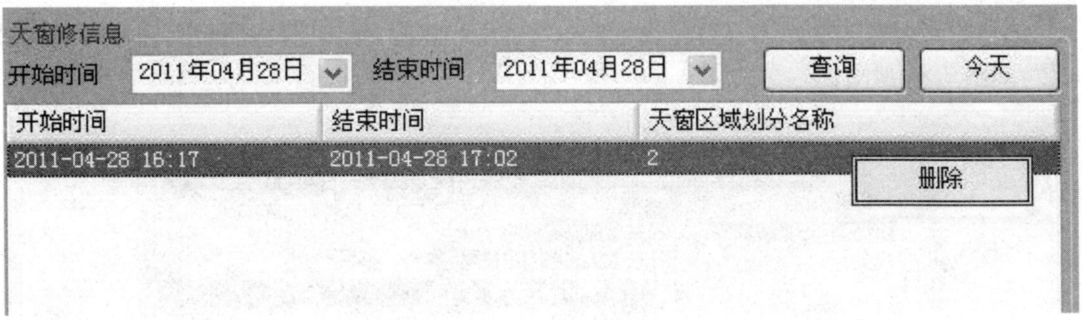

图 2.58　天窗修信息删除窗口

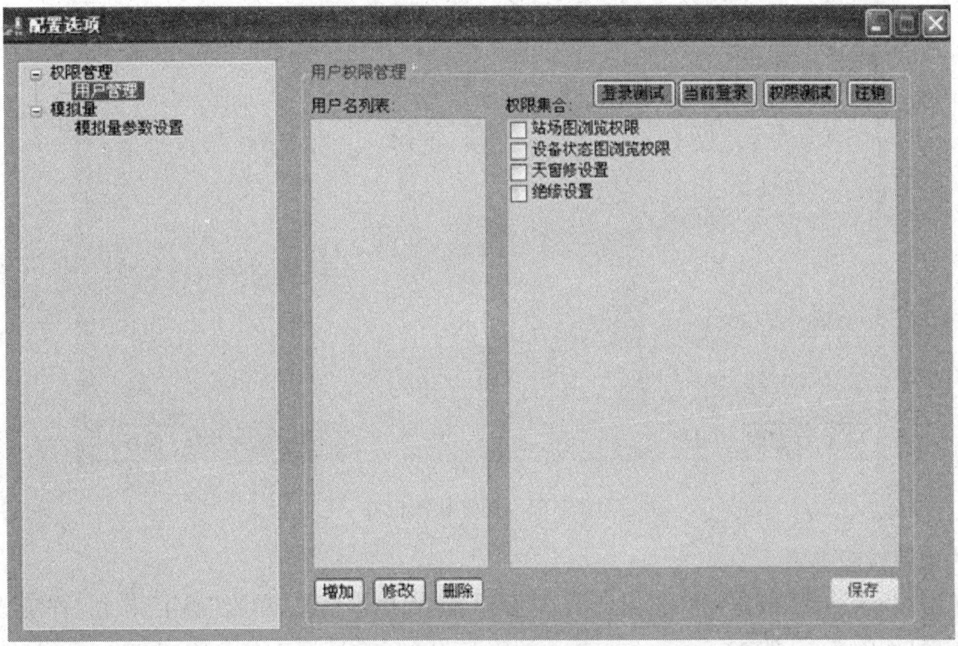

图 2.59　权限管理界面

单击窗口左侧“用户管理”选项，在窗口右侧的“权限管理”区域，单击“增加”按钮，弹出“用户信息”对话框，设置用户信息，会在用户明列表中添加新的用户，如图 2.60 所示。

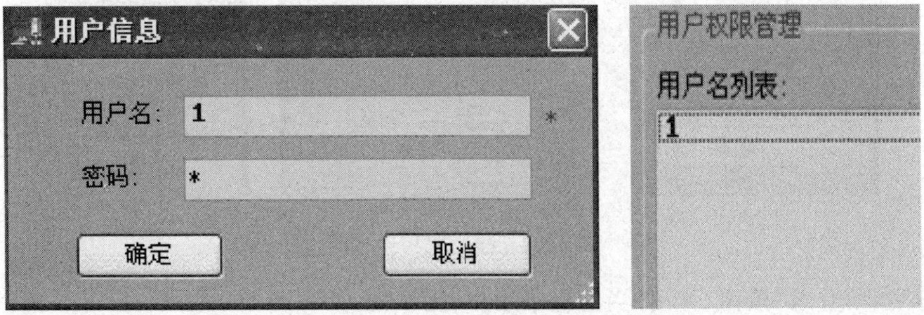

图 2.60　用户信息和用户权限管理

②用户权限设置

选中要设置权限的用户，在权限设置框中勾选用户权限，单击“保存”按钮，完成用户权限设置，如图 2.61 所示。

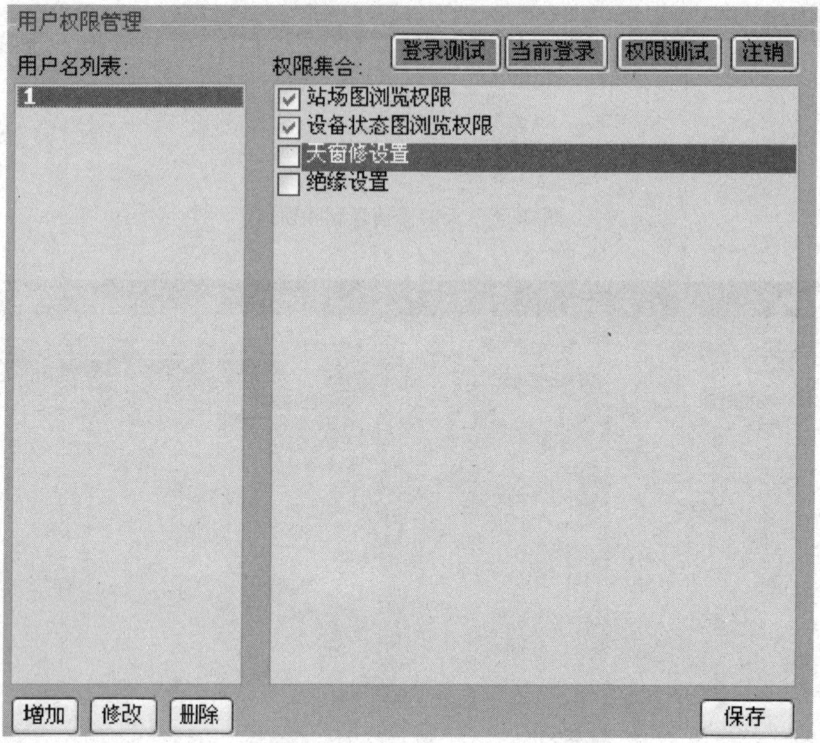

图 2.61　用户权限设置

③用户权限查看

单击“登录测试”按钮，弹出“用户信息”窗口，输入用户信息，单击“确定”按钮，弹出登录成功提示框，如图 2.62 所示。

图 2.62　登录成功提示框

单击“当前登录”按钮，弹出“当前登录用户”提示框，如图 2.63 所示。

单击“权限测试”按钮，弹出“用户权限”提示框，如图 2.64 所示。

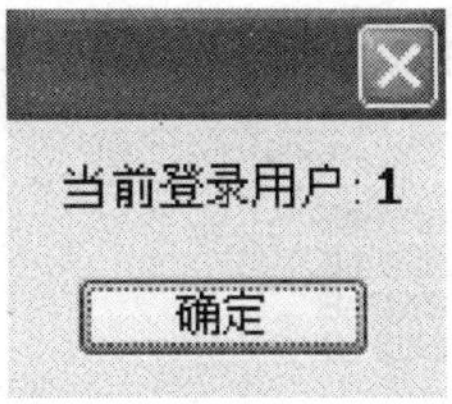

图 2.63 当前登录用户

图 2.64 用户权限提示框

单击“注销”按钮,会注销当前登录用户,再次单击“当前登录”按钮,弹出“无用户登录”提示框,如图 2.65 所示。

图2.65 无用户登录提示框

④模拟量参数设置

如果当前有用户登录,而且该用户具有“模拟量参数设置”的权限,单击“模拟量参数设置”选项,会打开模拟量参数设置。在没有用户登录或登录用户没有“模拟量参数设置”权限,会弹出“用户信息”窗口,如图 2.66 所示。

图 2.66 模拟量参数设置的用户信息

输入用户信息,单击“确定”按钮,打开“模拟量参数设置”选项框,如图 2.67 所示。

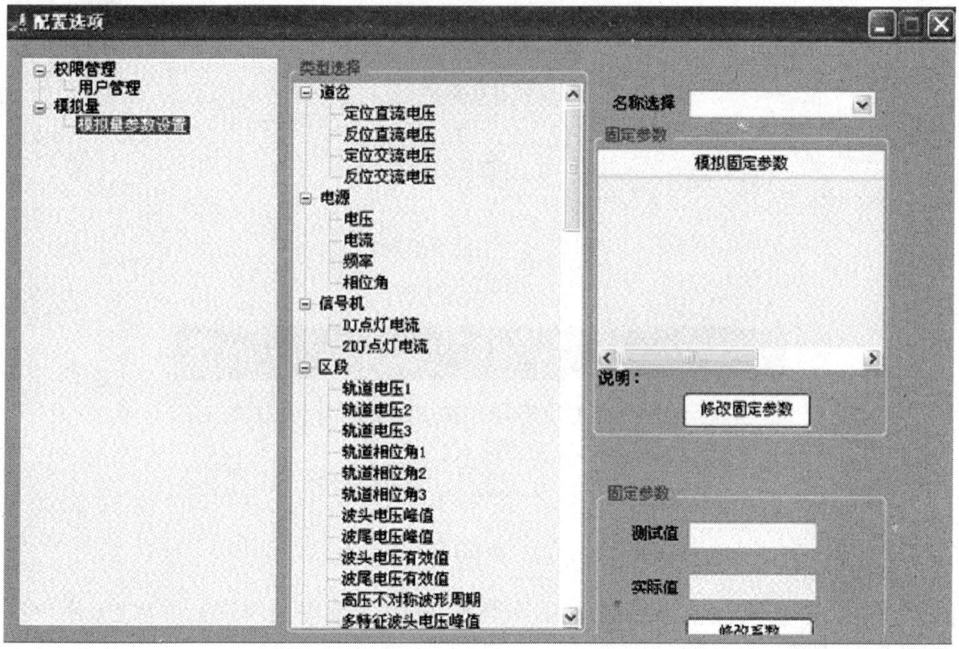

图 2.67　模拟量参数配置选项

在类型选择框中选择设备类型和设备属性，如图 2.68 所示。在窗口右侧参数设置区可以选择具体的设备，修改其参数。

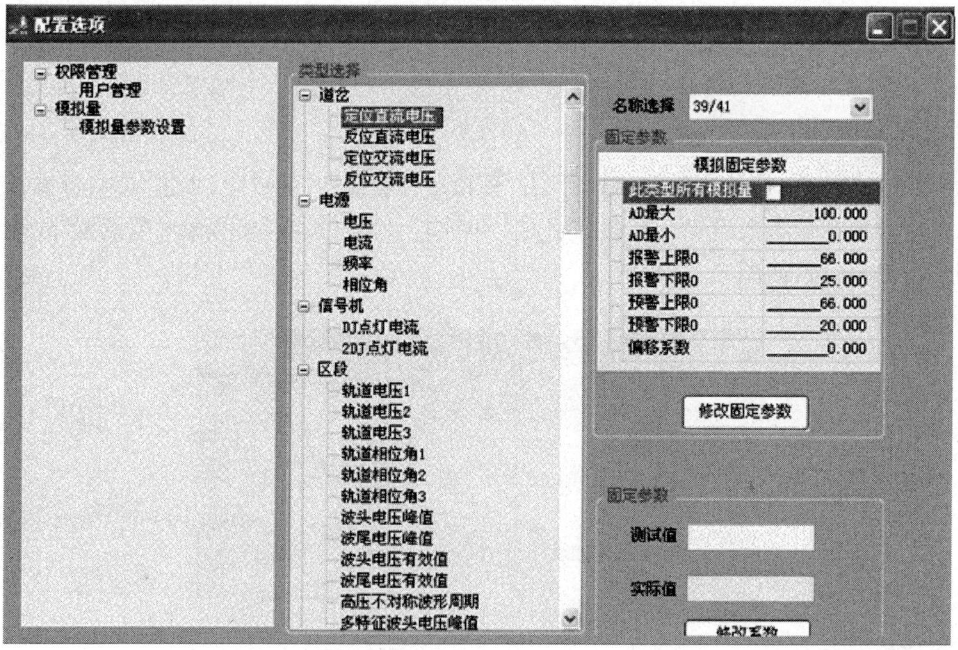

图 2.68　配置选项类型选择

单击“修改固定参数”按钮，系统将修改配置文件中该设备属性的配置。

注意：勾选“此类型所有模拟量”复选框，系统将修改该属性类型所有设备的配置。设置“测试值”（系统根据测试值自动填写）和“实际值”（人工实际测试的数值），单击“修改系数”按钮，系统将修改配置文件中线性系数的配置，如图 2.69 所示。

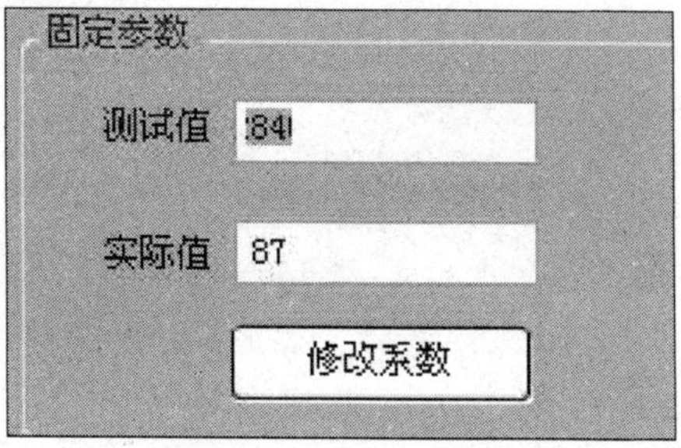

图 2.69　固定参数

（4）自定义报警界面

①新建报警流程

单击“报警流程管理”窗口下侧的“新建报警流程”，或者在“报警流程”列表框中单击鼠标右键，在弹出的快捷菜单中选择“新建报警流程”选项，会在报警流程列表中添加“新建报警流程 1”，同时在窗口右侧出现新建报警流程的设置信息，如图 2.70 所示。

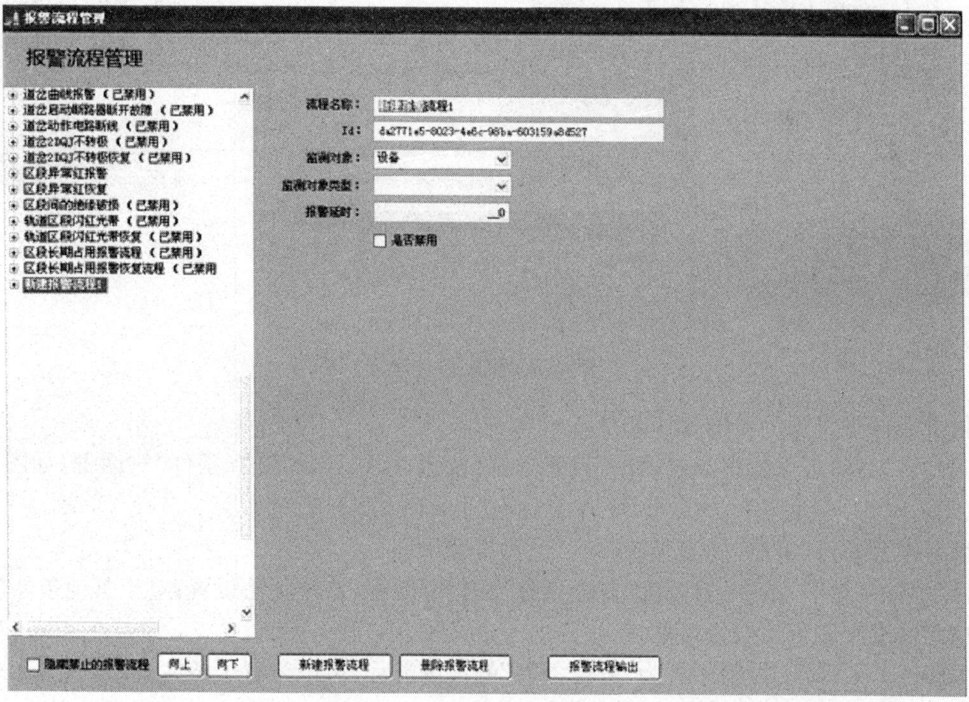

图 2.70　报警流程管理窗口

在窗口右侧设置“流程名称”“Id”“监测对象”“是否禁用”等信息，如图 2.71 所示。

单击新建报警流程下的“报警条件”，可以在窗口右侧设置报警条件，如图 2.72 所示。

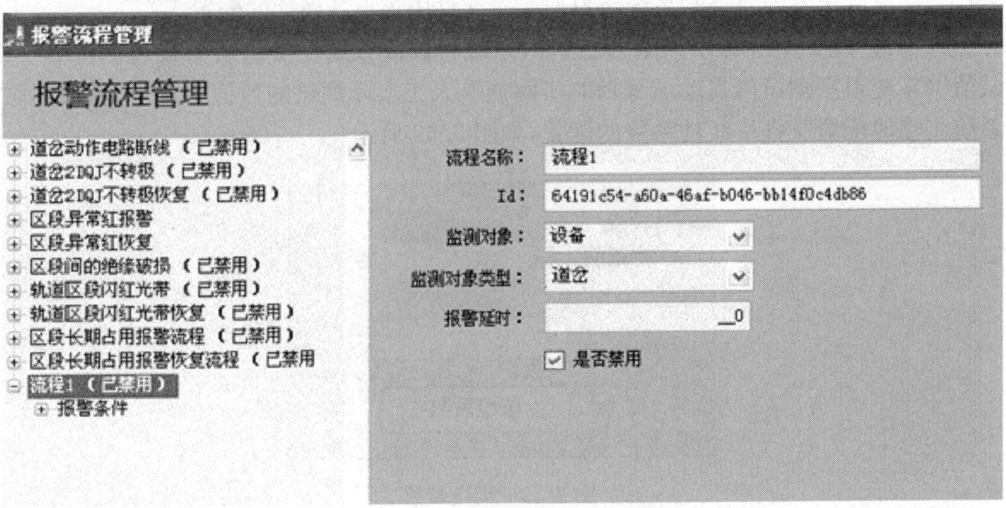

图 2.71　报警流程管理窗口右侧设置

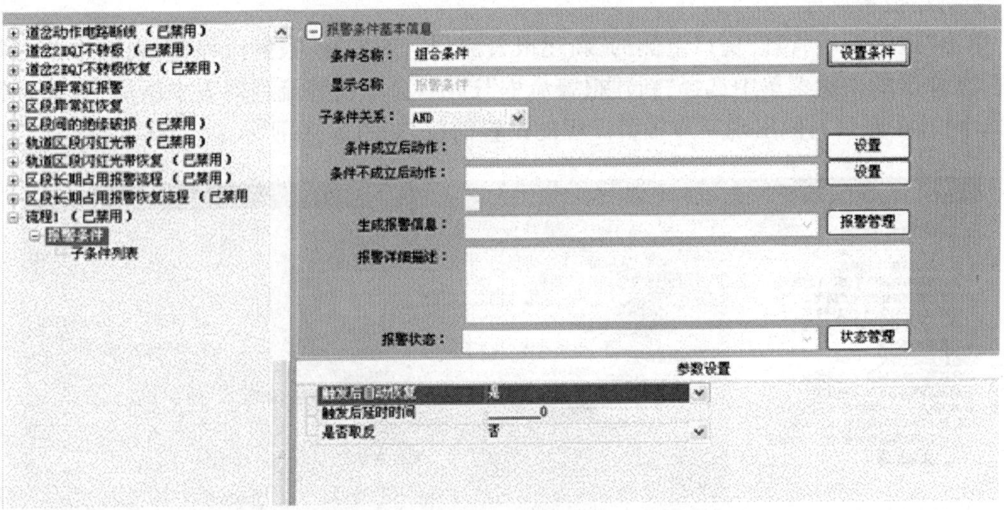

图 2.72　报警条件设置

报警条件中设置各项的操作如下：

条件名称：单击该数据条左侧的“设置条件”按钮，可以打开“选择条件”对话框，如图 2.73 所示。

选择报警条件，单击“确定”按钮即可设置报警条件。

显示名称：对于“条件名称”为“复合条件”的报警流程，该项无法设置；对于其他条件名称，可以在此处设置显示的报警名称。

子条件关系：对于报警条件为“复合条件”的报警流程，可以设置子条件关系，如图 2.74 所示，对于其他报警条件，不设置该项。

条件成立后动作：单击该数据条右侧的“设置”按钮，打开“条件动作”窗口，通过勾选复选框设置条件成立后动作。条件成立后的动作可以是一系列的动作，即可以勾选多个复选框，如图 2.75 所示。

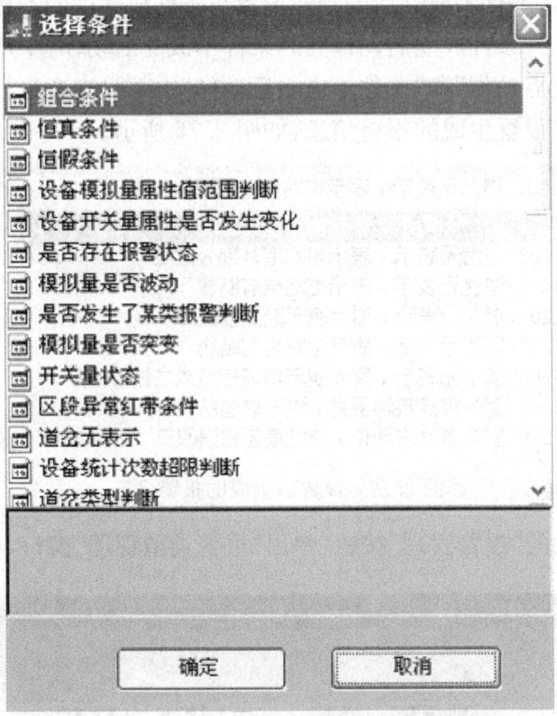

图 2.73　选择条件对话框

图 2.74　子条件关系

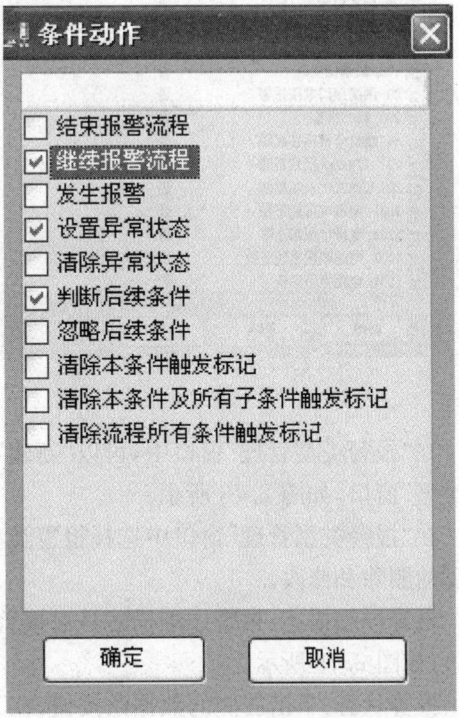

图 2.75　报警条件动作

条件不成立后动作：条件不成立后的动作设置与条件成立后的动作设置相同。

生成报警信息：对于“条件成立后动作”和“条件不成立后动作”中产生报警的流程，可以设置该项，如果“条件成立后动作”和“条件不成立后动作”中都没有产生报警，则不设置该项。

通过右侧的数据条设置生成的报警信息，如图 2.76 所示。

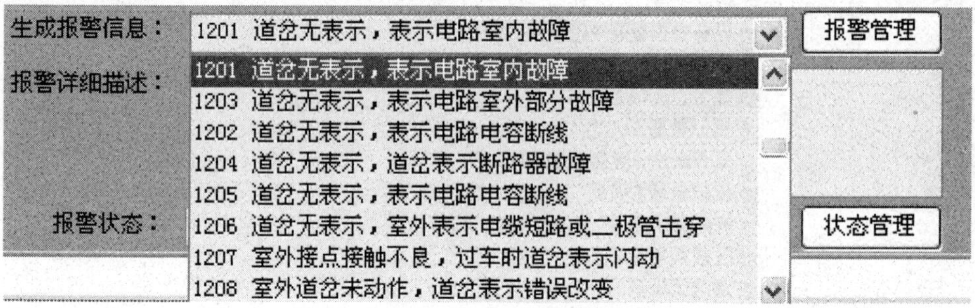

图 2.76　设置后生成的报警信息

单击该数据条右侧的“报警管理”按钮，弹出“报警类型管理”窗口，如图 2.77 所示。

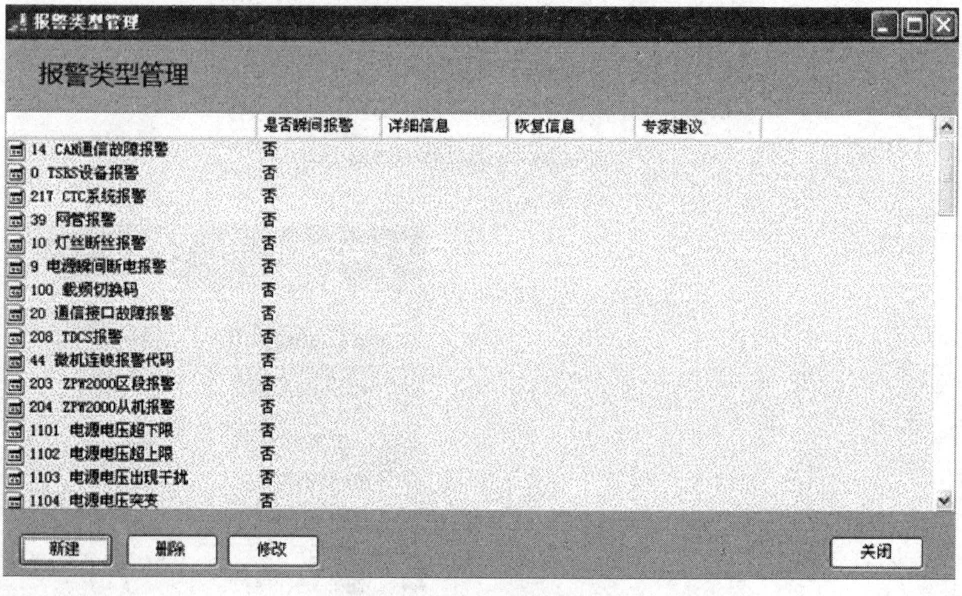

图 2.77　报警类型管理窗口

在“报警类型管理”窗口中，可以“新建”“删除”“修改”报警类型，单击“新建”按钮，弹出“报警类型”窗口，如图 2.78 所示。

在“报警类型管理”窗口中选择报警类型，然后单击“删除”或“修改”按钮，可以实现对报警类型的删除和修改。

报警详细描述：报警详细描述是对报警信息的文字性描述，在文本框中直接输入描述信息即可，如图 2.79 所示。

报警状态：单击右侧的数据条按钮，在下拉列表中设置报警状态，如图 2.80 所示。

单击“状态管理”按钮，弹出“报警状态管理”对话框，可以“新建”“删除”和“修改”报警状态，如图 2.81 所示。

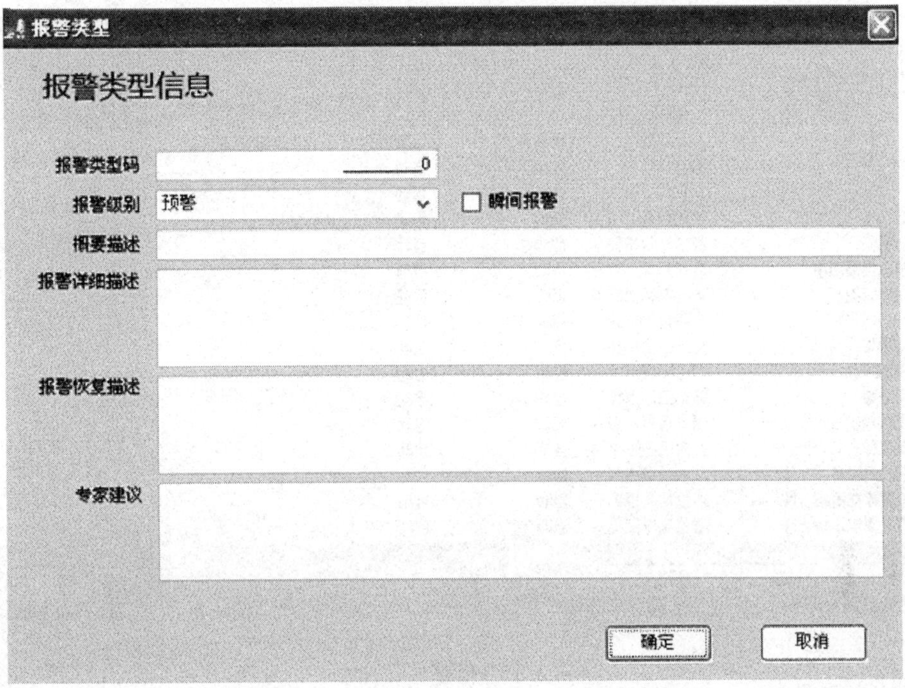

图 2.78　报警类型窗口

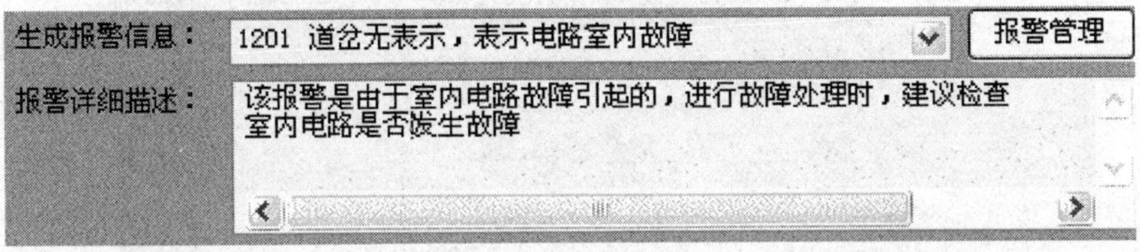

图 2.79　报警详细描述窗口

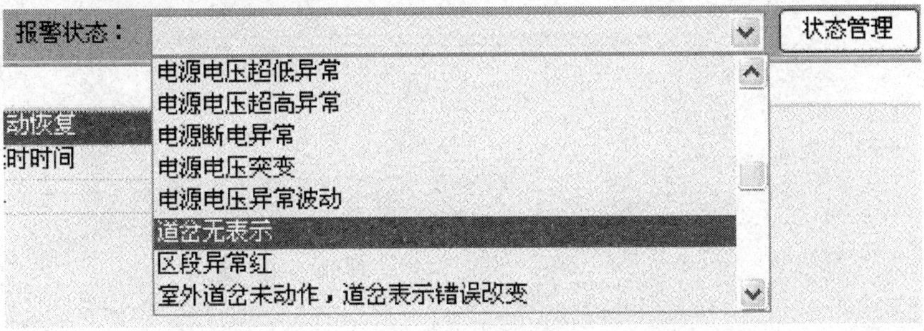

图 2.80　报警状态

单击“新建”按钮，弹出“报警状态模板”对话框，可以设置新的报警状态，如图 2.82 所示。

在“报警状态管理”窗口中，用鼠标左键单击选择要修改的报警状态，然后单击“删除”或“修改”按钮，可以删除或修改报警状态。

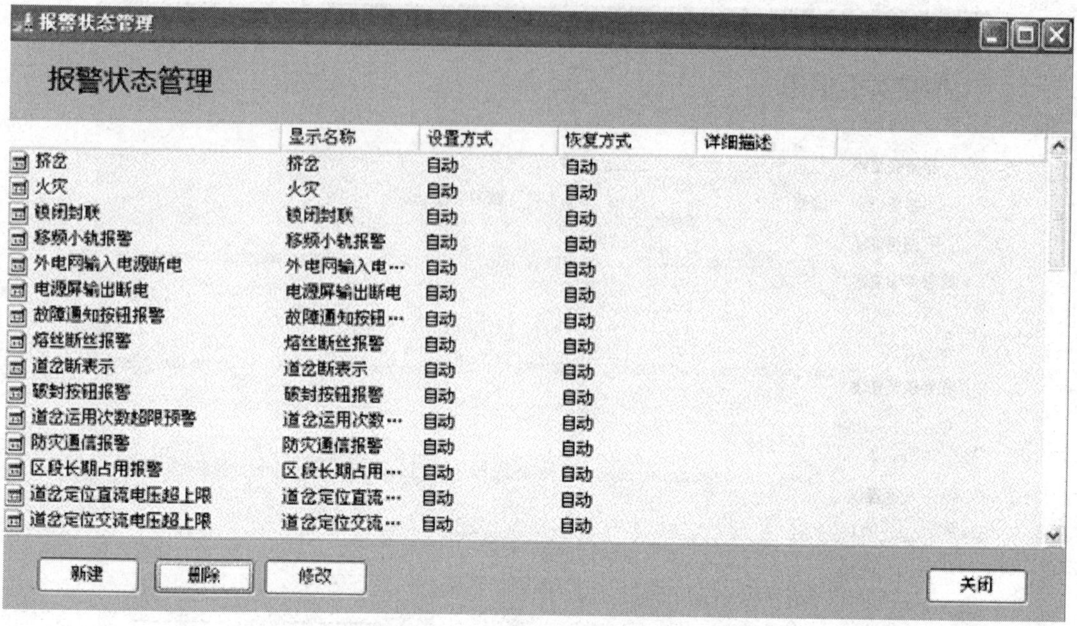

图 2.81　报警状态管理

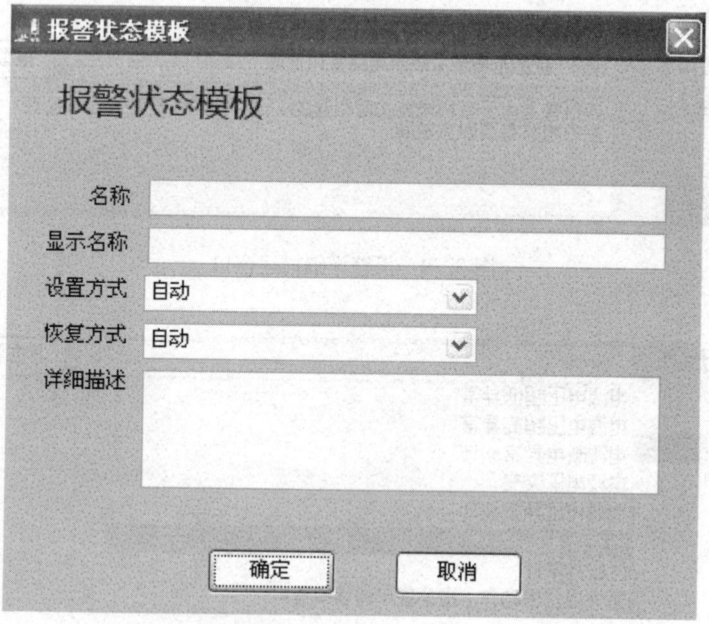

图 2.82　报警状态模板对话框

右键单击“子条件列表”，在弹出的右键菜单中选择“添加条件”选项，如图 2.83 所示。

在弹出的“选择条件”窗口中，选择子条件，如图 2.84 所示。子条件的设置与报警条件的设置操作相同。

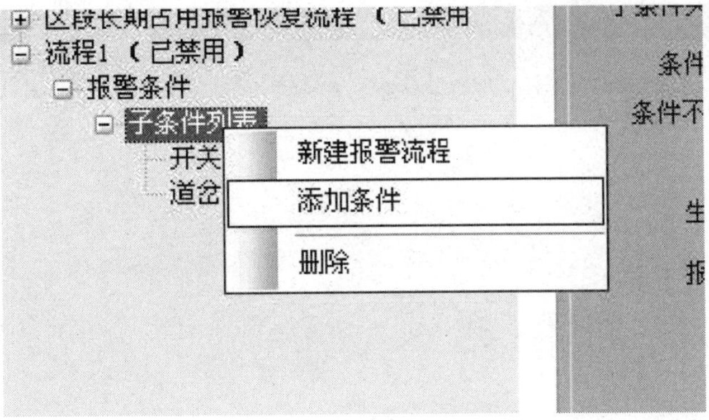

图 2.83 子条件列表

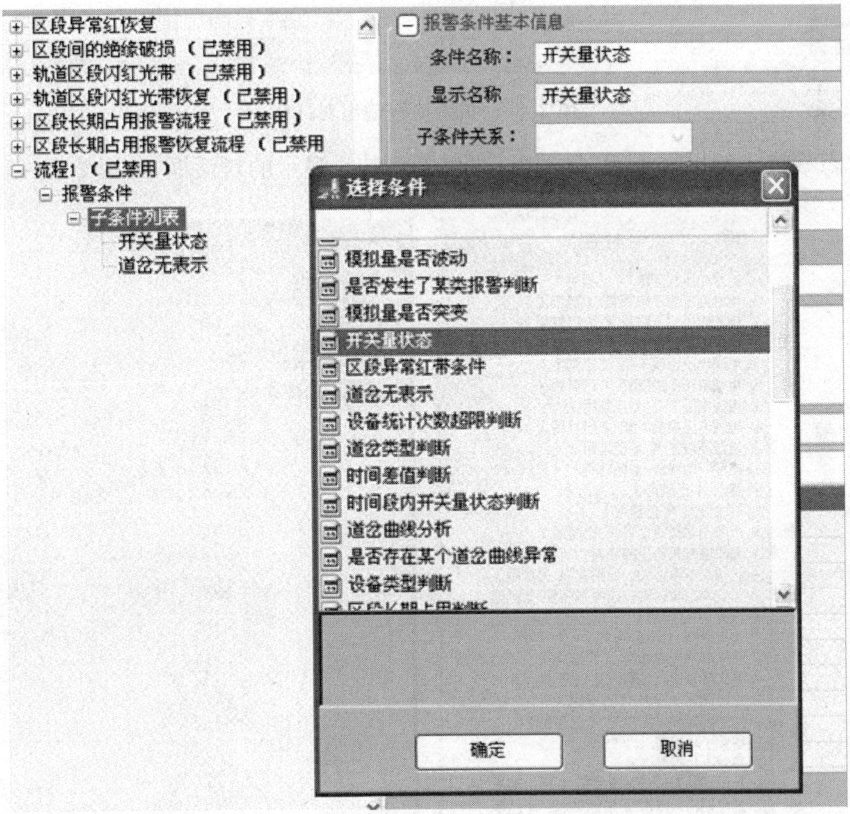

图 2.84 选择条件

②删除报警流程

用鼠标左键在报警流程列表中单击要删除的报警流程，然后单击“删除报警流程”按钮，系统会删除该报警流程。

③报警流程输出

单击“报警流程输出”按钮，弹出“报警流程输出”对话框，如图 2.85 所示。

④隐藏禁止的报警流程

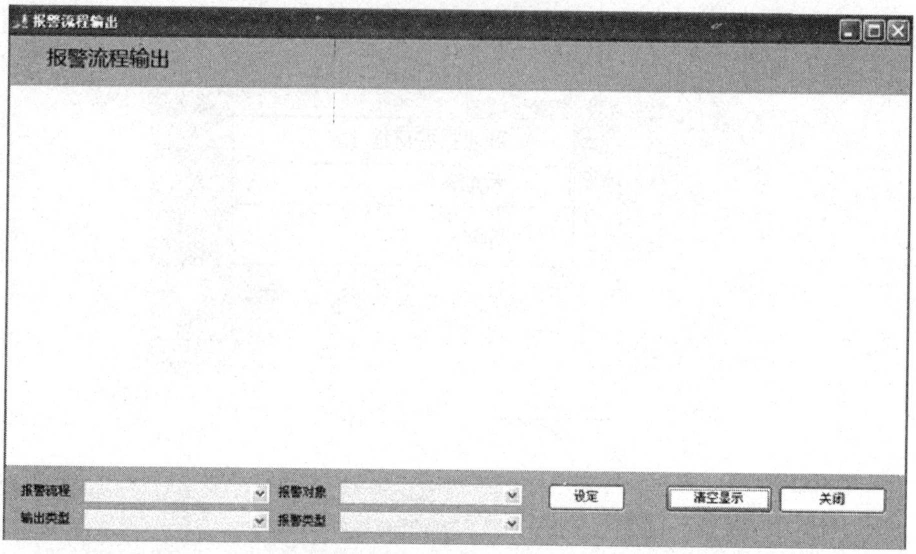

图 2.85　报警流程输出对话框

勾选“隐藏禁止的报警流程”复选框,可以隐藏禁止显示的对话框,如图 2.86 所示。

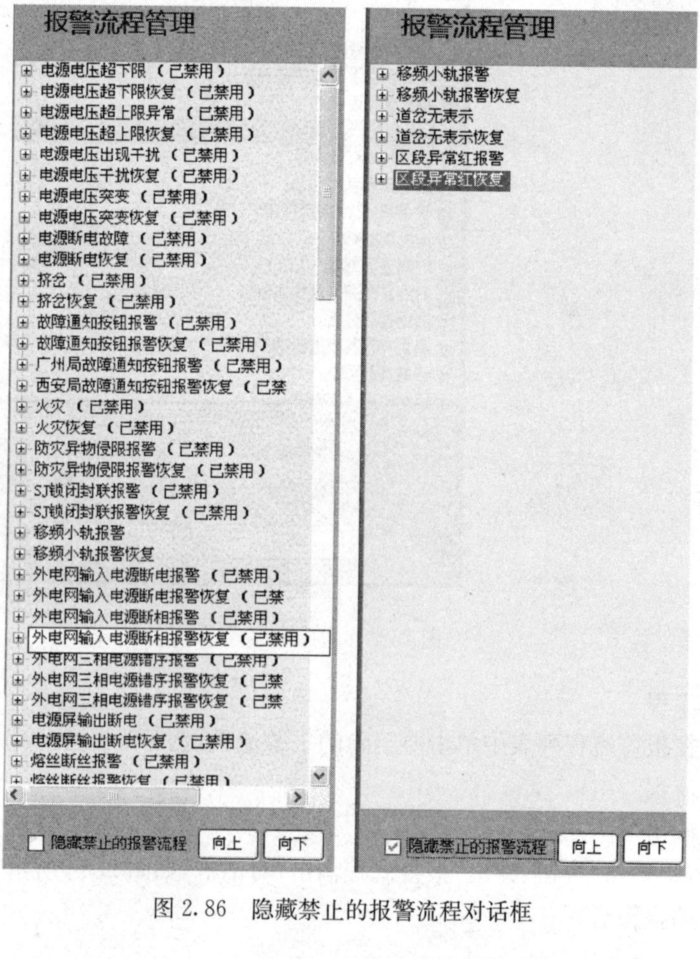

图 2.86　隐藏禁止的报警流程对话框

⑤报警流程排序

用鼠标左键选中要进行排序的报警流程，单击“向上”“向下”按钮，可以设置该报警流程在报警流程列表中的顺序，如图 2.87 所示。

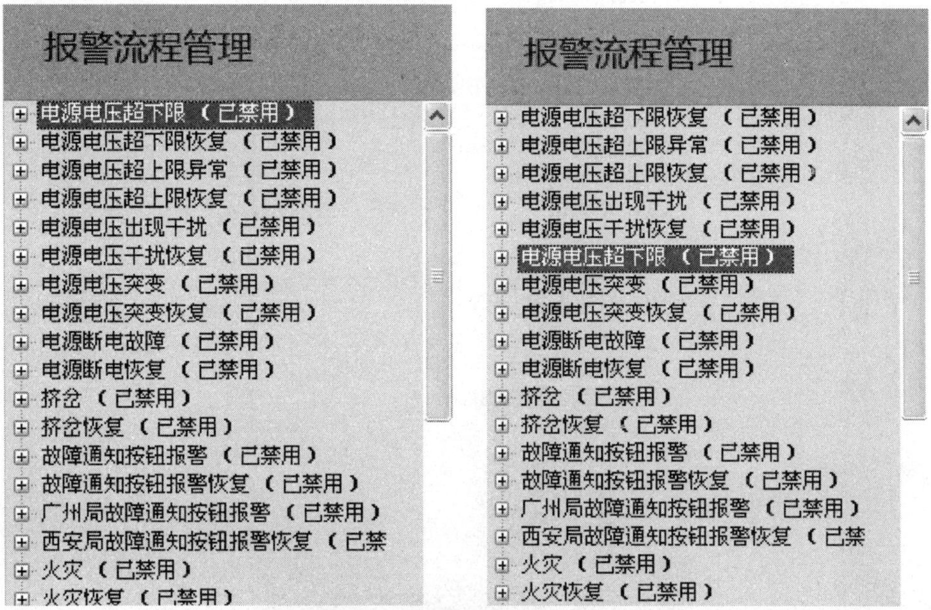

图 2.87　隐藏禁止的报警流程

(5)典型故障管理

典型故障管理可以保存典型的故障(案例)到故障库，供参考和学习，同时可以对典型故障库中的案例进行转储。典型故障管理界面如图 2.88 所示。

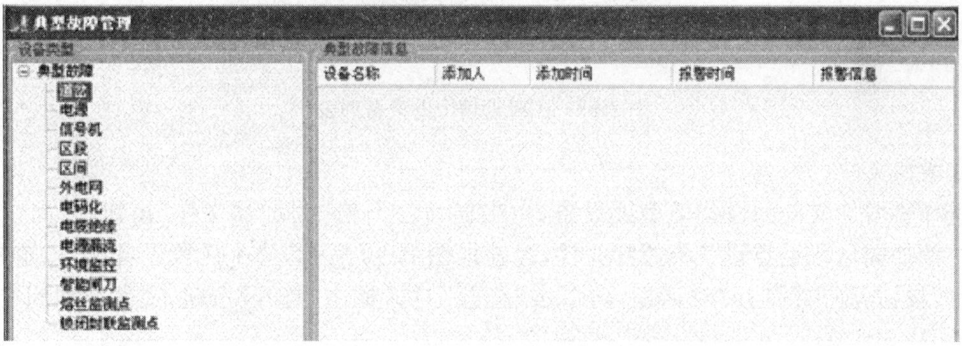

图 2.88　典型故障管理界面

(6)图纸查看

图纸查看用于查看本站存的所有图纸信息，以便及时准确地处理故障。

①图纸查看

打开设备结点下的设备类型结点，可以看到该类型的设备列表，如图 2.89 所示。左键单击想要查看的设备，在文件列表中会出现该设备具有的文件。单击“外电网 .jpg”文件，即可在窗口右侧的显示区查看该设备。

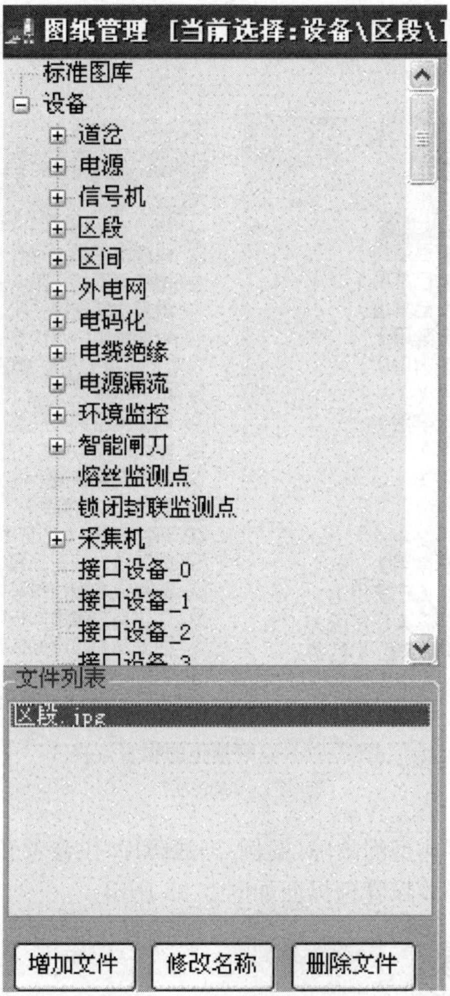

图 2.89　图纸管理中的设备列表

②增加文件

选择要增加文件的设备类型或设备，单击窗口左下侧的“增加文件”按钮，弹出“打开”窗口。例如向区段结点设备下添加文件，过程如图 2.90 所示，选中区段设备结点，单击“增加文件”按钮，弹出“打开”对话框，再单击“打开”对话框中“打开”按钮，文件添加到文件列表中。

③修改文件名称

在文件列表中选中要修改的文件，单击“文件列表”下的“修改名称”按钮，弹出“重命名”对话框，如图 2.91 所示。

设置文件的新名称，然后单击“确定”按钮，即可实现文件名称修改。

④删除文件

选中要删除的文件，然后单击“文件列表”下的“删除文件”按钮，弹出“文件删除确认”对话框，如图 2.92 所示。单击“是”按钮，或者用键盘输入“Y”或“y”即可删除文件。

14) 关于菜单(如图 2.93)

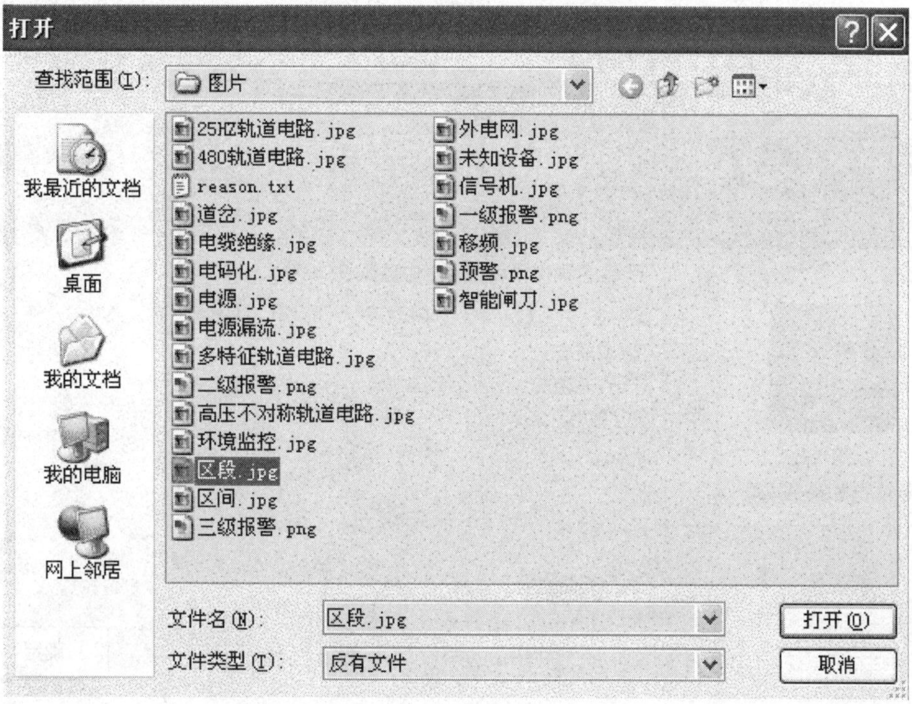

图 2.90　打开窗口

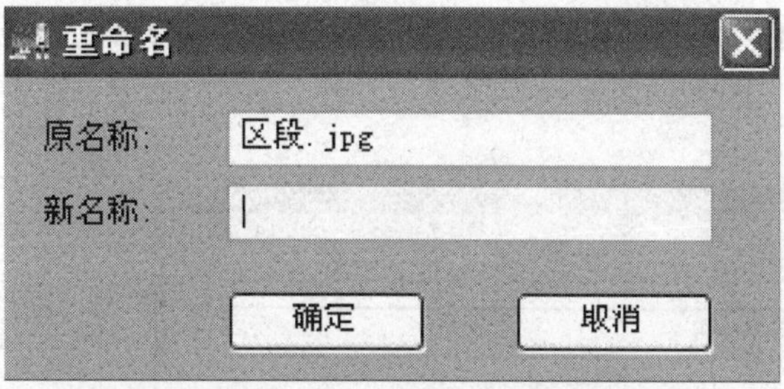

图 2.91　重命名对话框

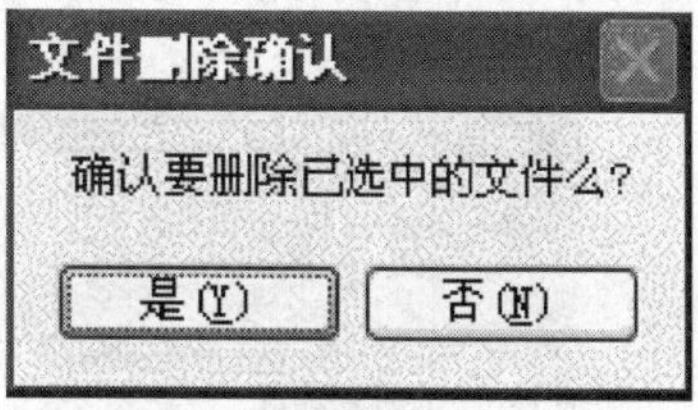

图 2.92　文件删除确认对话框

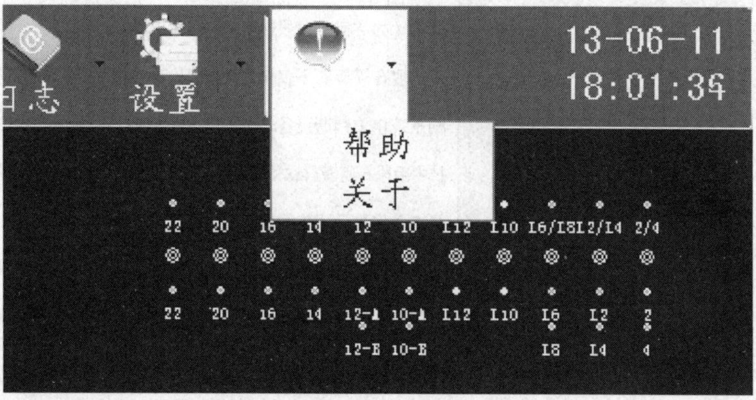

图 2.93　关于菜单

关于:“关于”菜单项是对系统的简要介绍,单击后弹出的窗体如图 2.94 所示。

图 2.94　关于菜单

帮助:单击“关于”菜单下的“帮助”子菜单,可打开系统的操作手册,主要介绍了铁路信号集中监测系统的基本功能和使用方法,如图 2.95 所示。

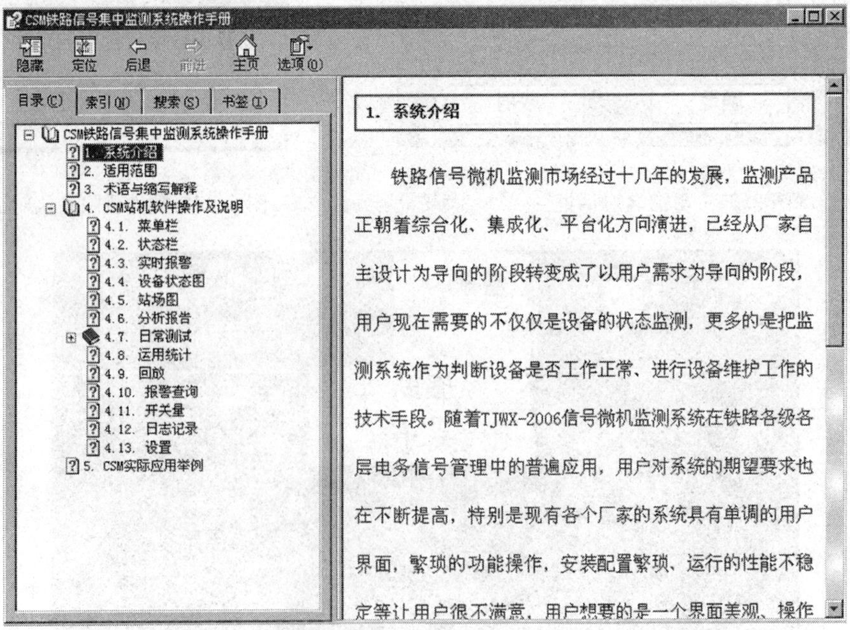

图 2.95　帮助子菜单

典型工作任务4　站机调阅“日常测试”方法

2.4.1　工作任务

能熟悉各类报表、曲线的意义和作用；能熟练运用系统进行数据调阅、报表浏览；能根据趋势曲线分析并判断设备的工作状态及运用质量；能进行简单地故障分析和处理。

2.4.2　知识链接

日常测试是电务部门维修设备和故障处理的一项重要手段，信号设备测试周期有日、月、季、年等测试周期。根据信号设备测试项目，CSM系统日常测试项目包括道岔、电源、信号机、区段、区间、外电网、电码化、电缆绝缘、电源漏流、环境监控、熔丝监测点、锁闭封连、UPS、站联电压、防灾继电器、高压不对称轨道电路等。

单击“日常测试”菜单，打开日常测试窗口，日常测试窗口的主界面默认为道岔设备实时值界面，如图2.96所示。

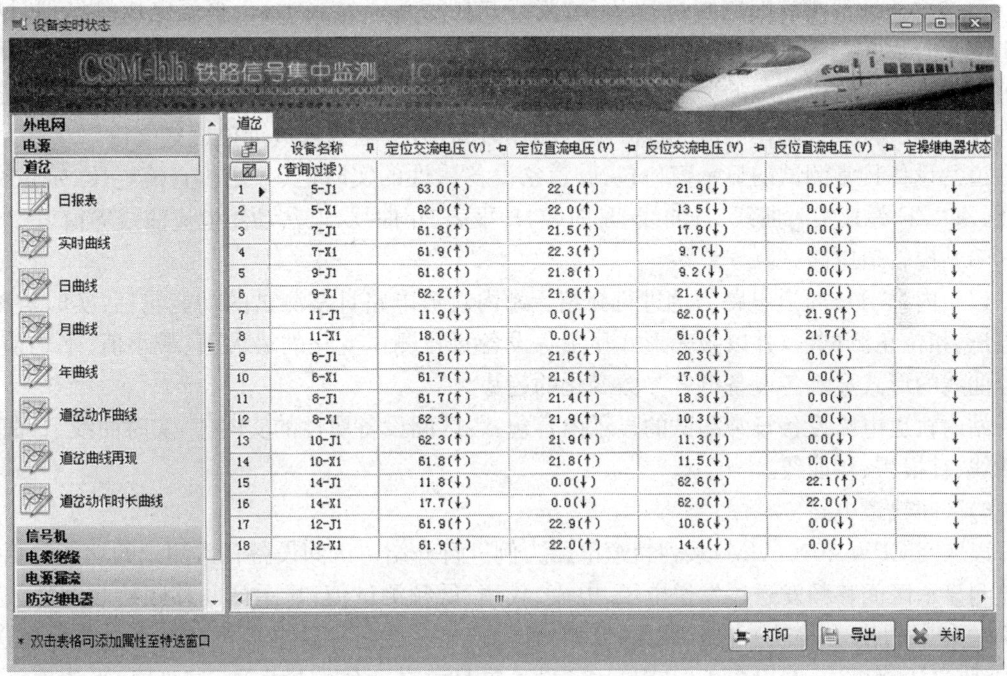

图2.96　道岔设备实时值界面

1. 日常测试设备类型主要功能

1)外电网

外电网设备日常测试的功能包括：实时监测并显示外电网输入电压、电流、频率、相位差、功率等测试值，并以报表形式显示外电网电源每日测试变化的最大值、最小值、平均值，同时以曲线的形式显示电源屏接入前外电网输入变化的趋势。

外电网设备日常测试的显示内容包括:外电网设备属性的实时值、实时曲线、日曲线、月曲线、日报表、年曲线、外电网故障曲线。

2)电源

电源设备日常测试的功能包括:实时监测显示电源屏输入、输出电压、电流、功率、频率、相位角测试值,并以报表形式显示各设备电源每日测试变化的最大值、最小值、平均值,同时以曲线的形式显示各电源设备电气参数变化的趋势。

电源设备日常测试的显示内容包括:电源设备属性的实时值(如电压、电流、功率等)、实时曲线、日曲线、月曲线、日报表、年曲线。

3)信号机

信号机设备日常测试的功能包括:实时监测显示列车信号机的灯丝继电器(DJ、2DJ)工作电流测试值,并以报表形式显示各设备每日测试变化的最大值、最小值、平均值,同时以曲线的形式显示各设备电气参数变化的趋势。

信号机设备日常测试的显示内容包括:信号机设备属性的实时值(DJ、2DJ、黄灯、红灯等)、实时曲线、日曲线。

4)道岔

道岔设备日常测试的内容包括:实时监测并显示各道岔表示交、直流电压测试值,DBJ、FBJ、1DQJ 等的实时状态,并以报表形式显示各道岔设备表示电压每日测试变化的最大值、最小值、平均值,同时以曲线的形式显示各电源设备电气参数变化的趋势。实时监测并记录各道岔转换过程中转辙机动作电流、故障电流、动作时间,方便电务人员维护道岔设备。

道岔设备日常测试的显示窗口包括:道岔设备属性的实时值(如定位直流电压、定位交流电压、ZD、ZF 等)、实时曲线、日曲线、月曲线、日报表、年曲线、道岔动作电流曲线等窗口。

5)站内轨道电路

以站内 25 Hz 轨道电路为例进行介绍。站内轨道电路日常测试的功能包括:实时监测显示电压、相位角测试值,并以报表形式显示各设备每日测试变化的最大值、最小值、平均值,同时以曲线的形式显示各设备电气参数变化的趋势。

站内轨道电路设备日常测试的显示内容包括:区间设备属性的实时值、实时曲线、日曲线、月曲线、日报表、年曲线。

6)区间轨道电路

以区间 ZPW-2000(UM)系列轨道电路为例进行介绍。区间设备日常测试的功能包括:实时监测显示区间移频发送器发送电压、电流、载频、低频测试值;显示区间移频接收器轨入、轨出 1(主轨)、轨出 2(小轨)电压、载频、低频测试值;显示区间移频电缆模拟网络电缆侧发送电压、接收电压测试值,并以报表形式显示各设备每日测试变化的最大值、最小值、平均值,同时以曲线的形式显示各设备电气参数变化的趋势。

区间设备日常测试的显示内容包括:区间设备属性的实时值、实时曲线、日曲线、月曲线、日报表、年曲线。

7)站内电码化

站内电码化设备日常测试的功能包括:实时监测显示站内发送盒功出电压、发送电流、载频及低频频率测试值,并以报表形式显示各设备每日测试变化的最大值、最小值、平均值,同时以曲线的形式显示各设备电气参数变化的趋势。

站内电码化设备日常测试的显示内容包括:道岔设备属性的实时值、实时曲线、日曲线、月曲线、日报表、年曲线。

8)电缆绝缘

电缆绝缘设备日常测试的功能包括:测试车站室外信号电缆芯线全程对地绝缘,并以报表形式显示各信号电缆每次测试绝缘值、测试时间,同时以曲线的形式显示各信号电缆对地绝缘变化的趋势。电缆对地绝缘测试提供两种测试方式:自动测试和手动测试。

手动测试:需要人工干预对手工测试窗口中的信号电缆进行测试,可进行单测、选测和全测。

自动测试:系统会每天按着设定的时间点自动对已设置的信号电缆绝缘进行测试。自动测试窗口同时提供手工测试功能,可进行单测、选测和全测。自动测试的电缆绝缘,到每天固定的时间后会自动地进行测试,减少人工的劳动。

电缆绝缘设备日常测试的显示内容包括:道岔设备属性的实时值月曲线、日报表、年曲线。

9)电源漏流

电源漏流设备日常测试的功能包括:测试车站电源屏各种输出电源对地漏泄电流,并以报表形式显示各种输出电源对地漏泄电流测试值、测试时间,同时以曲线的形式显示各种输出电源对地漏泄电流变化的趋势。

电源漏流设备日常测试的显示内容包括:道岔设备属性的实时值、月曲线、日报表、年曲线。

10)环境监控

环境监控设备日常测试的功能包括:测试车站电压、电流、温度、湿度等,并以报表形式显示各种输出测试值、测试时间,同时以曲线的形式显示各环境监控设备电气参数变化的趋势。

环境监控设备日常测试的显示内容包括:道岔设备属性的实时值、实时曲线、日曲线、月曲线、日报表、年曲线。

2. 实时值窗口

1)窗口简介

设备实时值窗口由左侧按钮区、右侧表格区和下侧按钮区组成,如图2.97所示。

左侧按钮区包括:设备类型按钮、设备类型下的测试内容按钮,如实时曲线按钮、日曲线按钮等。操作人员可以单击日常测试子菜单中的设备类型选项直接查看该设备的日常测试内容,也可以进入日常测试界面后,单击按钮区的设备类型进入到相应设备的日常测试界面。

下侧按钮区包括:打印、导出、帮助和关闭,分别用于打印、导出、察看帮助信息、关闭实时值窗口。

表格区的第一行为表头,第二行为查找输入行,其他为数据区。数据区每行内容依次为每路设备相应的设备名称和各属性测试值。

2)操作方法

(1)实时值显示

对设备各个属性实时值进行显示,如果该设备无某一种属性以“— —”进行显示;如果某个模拟量通信中断,则以“未知”进行显示。

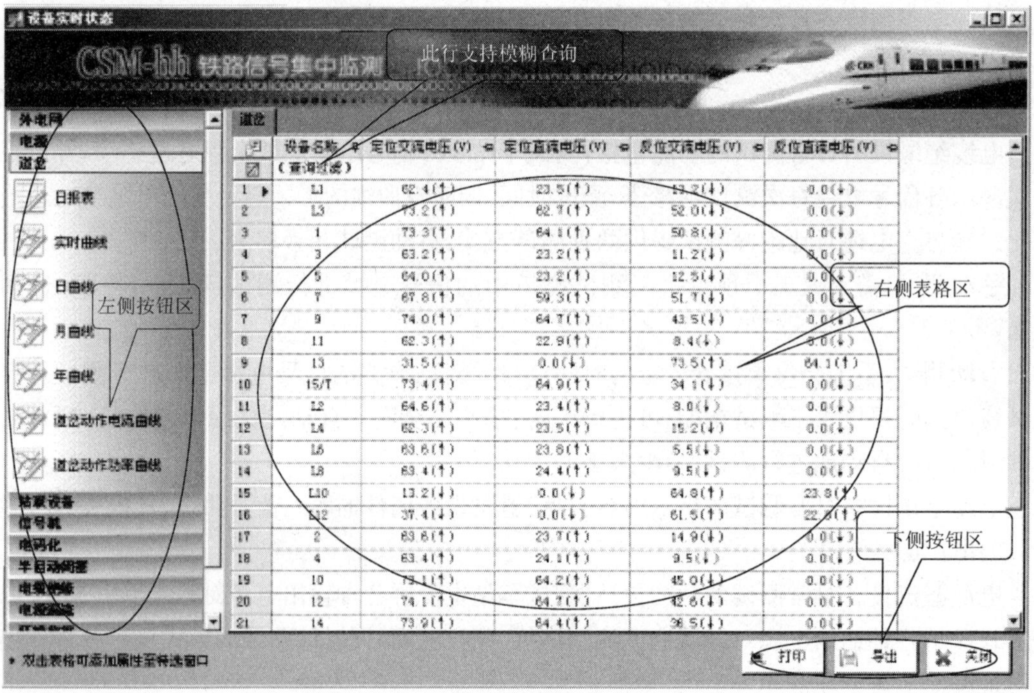

图 2.97　设备实时值窗口

(2)报警提示

表格中的实时测试数据每秒刷新一次，黑色的数字表示测试值在规定的上下限范围内，红色的数字表示测试值超上(或下)限。设备实时状态报警提示如图 2.98 所示。

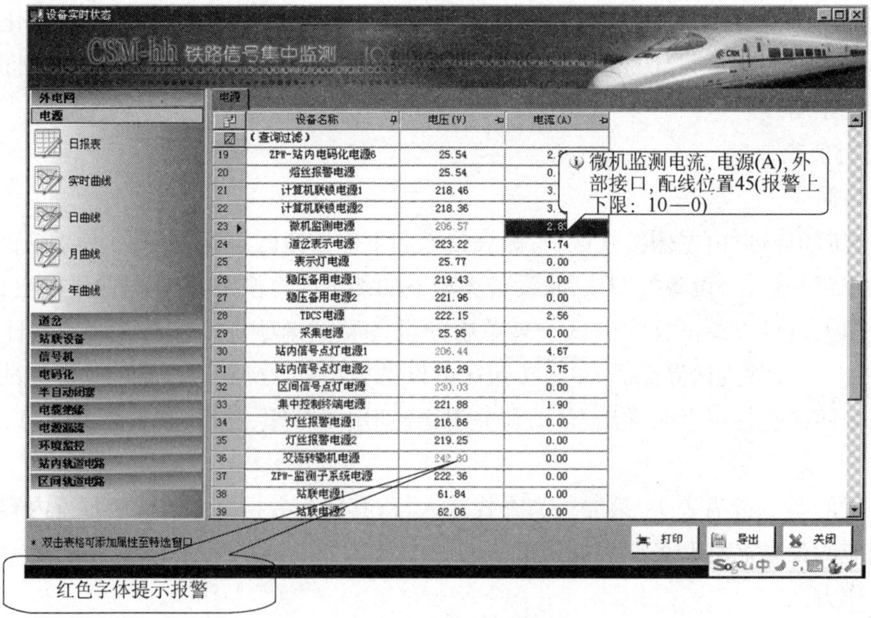

图 2.98　设备实时状态报警提示

(3)模糊查询

在第二行的空表格中输入想要查找的设备名称，表格会以模糊匹配的形式显示所要查找的设备。

(4)信息提示

将鼠标移动到设备的某单元格数据上时，弹出设备名称、设备属性、设备报警、预警设置等信息。例如将鼠标移动到 73/77 号道岔设备的定位直流电压属性实时值单元格上时，出现图 2.99 所示的提示信息。

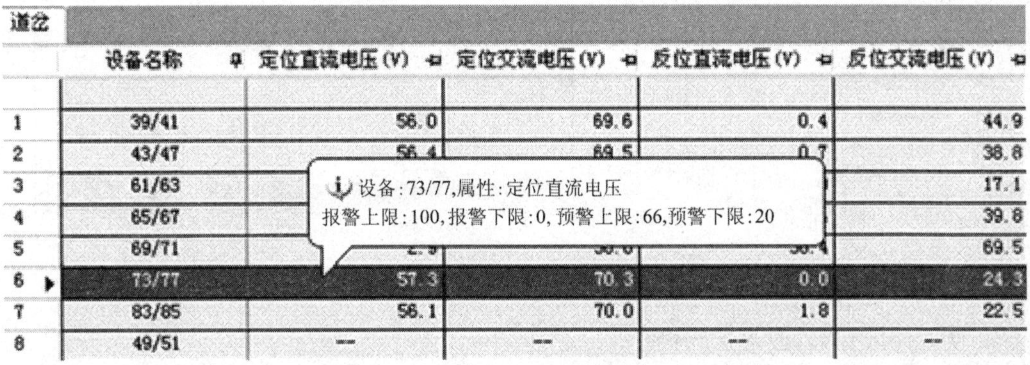

图 2.99　提示信息界面

(5)设备类型切换

单击实时值窗口左侧按钮区的不同设备类型按钮，可以打开该设备类型的实时值窗口。

(6)信息关联

在实时值窗口，用鼠标左键单击表格中的设备，该设备以蓝色突出显示，然后单击道岔按钮下的日曲线、日报表等按钮，会调出该设备的日曲线、日报表等窗口，或者选中设备后，单击鼠标右键调出右键菜单，选择查看的选项，即可调出相应窗口。

(7)选择显示列

单击右键，弹出右键菜单，如图 2.100 所示。

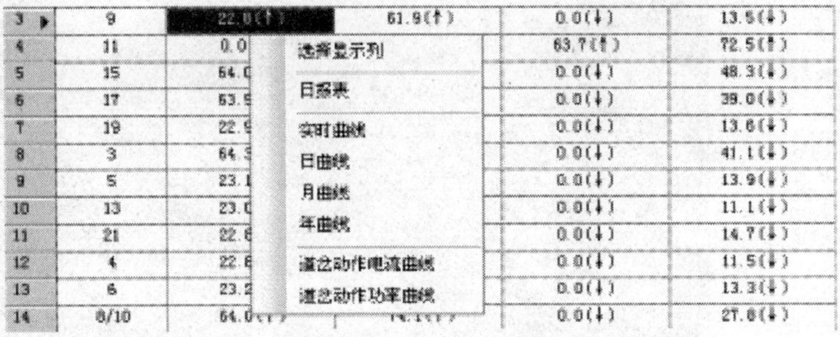

图 2.100　右键菜单

单击“选择显示列”选项，调出选择显示列窗口，设置在显示区域显示的设备属性，如图 2.101 所示。

(8)添加属性到特选窗口

双击表格区设备行，可以将该设备属性添加到用户特选窗口中，如图 2.102 所示。

(9)其他

打印、导出、帮助、关闭与其他操作相同，不再介绍。

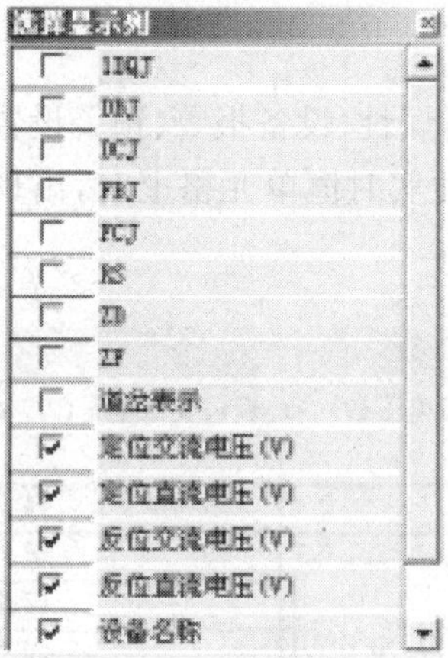

图 2.101　选择显示列信息

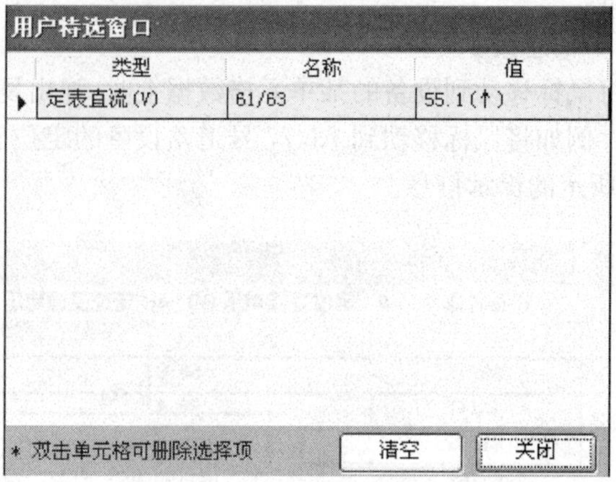

图 2.102　特选窗口

3. 实时曲线窗口(以道岔为例)

1)窗口简介

在设备实时值窗口,单击道岔设备下的实时曲线按钮,或者单击鼠标右键选择"实时曲线"选项,调出实时曲线窗口,如图 2.103 所示。

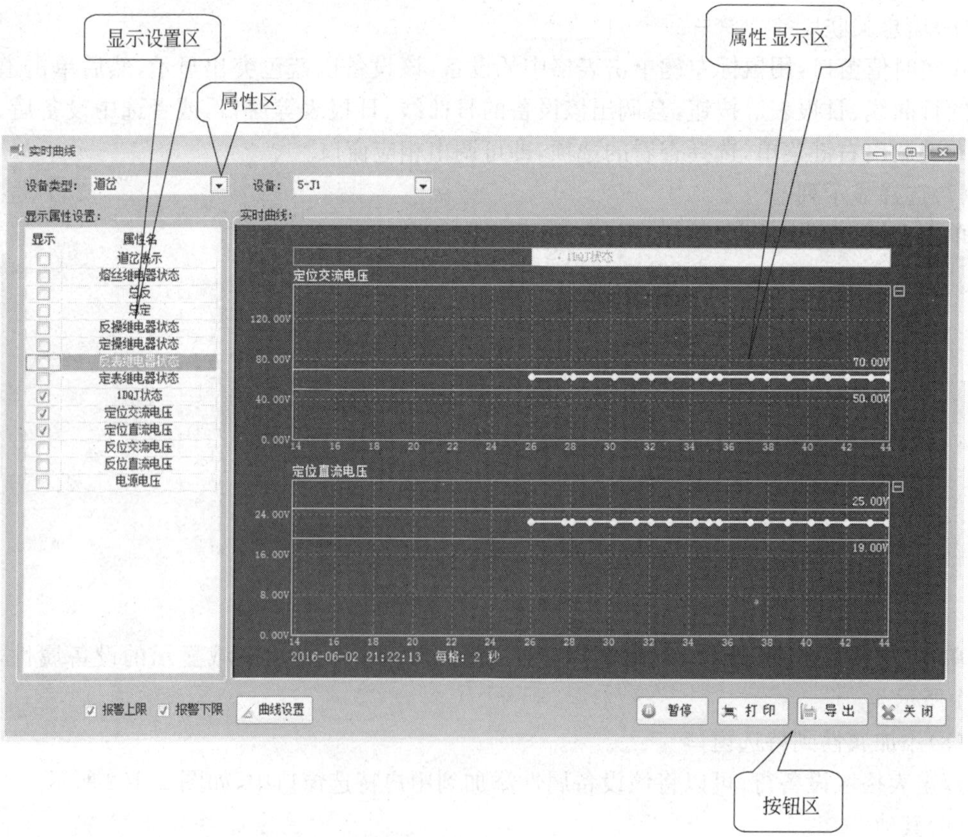

图 2.103　模拟量实时曲线

实时曲线窗口以动态曲线的形式实时显示当前设备的电气参数变化趋势，用条形图颜色表示设备的定反表、1DQJ 状态等，从而帮助分析设备是否故障或是否老化。

实时曲线窗口分为四部分：上面为属性区；中间部分左侧为显示设置区；中间部分右侧为属性显示区；曲线下面为按钮区。

属性区包括：窗口名称、设备类型下拉框、设备下拉框。设备类型下拉框用于选择不同的设备类型；设备下拉框用于选择同类型的不同设备。

显示属性设置区包括：显示属性设置、预警线、报警线选择、颜色设置。显示属性设置用于选择在右侧显示的设备属性；预警线、报警线选择用于设置是否显示预警线和报警线；颜色设置用于设置实时曲线的颜色。

属性显示区包括：开关量属性的状态显示，模拟量属性的实时曲线显示。开关量状态由表示开关量的图形元素颜色表示，各种颜色代表的意义见表 2.4。实时曲线是以每秒钟的模拟量数值画成的曲线，纵坐标为测试值，单位是 V；横坐标为时间，单位是 s。背景为网格，网格中有绿色的数值曲线，以及红色的电压上限、电压下限表示线。曲线区域内的每个“点”都可以以“提示文本框”的形式提示“坐标值”，提示内容为“模拟量值、单位、值时间、日期(日)”。

表 2.4 开关量图形颜色代表的意义

道岔表示	黄色	绿色	灰色	红色
	反位	定位	无表示	定、反位同时吸起
1DQJ	绿色	灰色		
	吸起	落下		
RS	红色	灰色		
	吸起	落下		

2)操作方法

(1)设备类型切换

在窗口左上方设备类型下拉框选择不同设备类型，可切换到其他设备类型的实时曲线窗口，设备类型切换如图 2.104 所示。

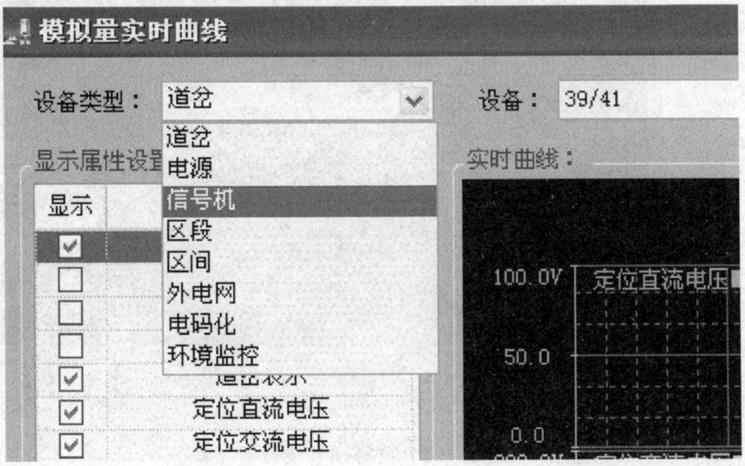

图 2.104 设备类型切换

(2)同类型设备切换

在窗口右上方设备名称下拉框选择不同设备名称,可切换到相同类型其他设备的实时曲线,同类型设备切换如图 2.105 所示。

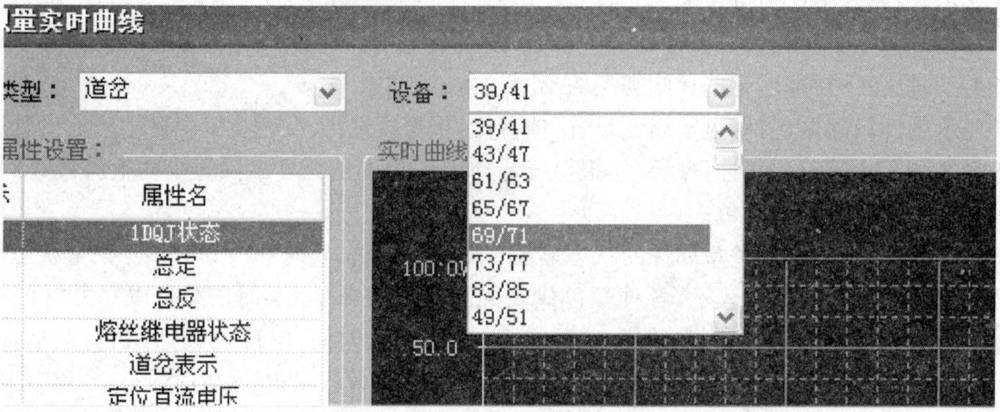

图 2.105　同类型设备切换

(3)显示属性设置

在显示属性设置区,可以通过勾选设备属性复选框,选择在属性显示区显示的属性。

(4)报警线、预警线设置

勾选窗口左下侧的“预警线(调整)”“报警线(调整)”复选框,可以在显示区域中显示设备的预警线和报警线,如图 2.106 所示。

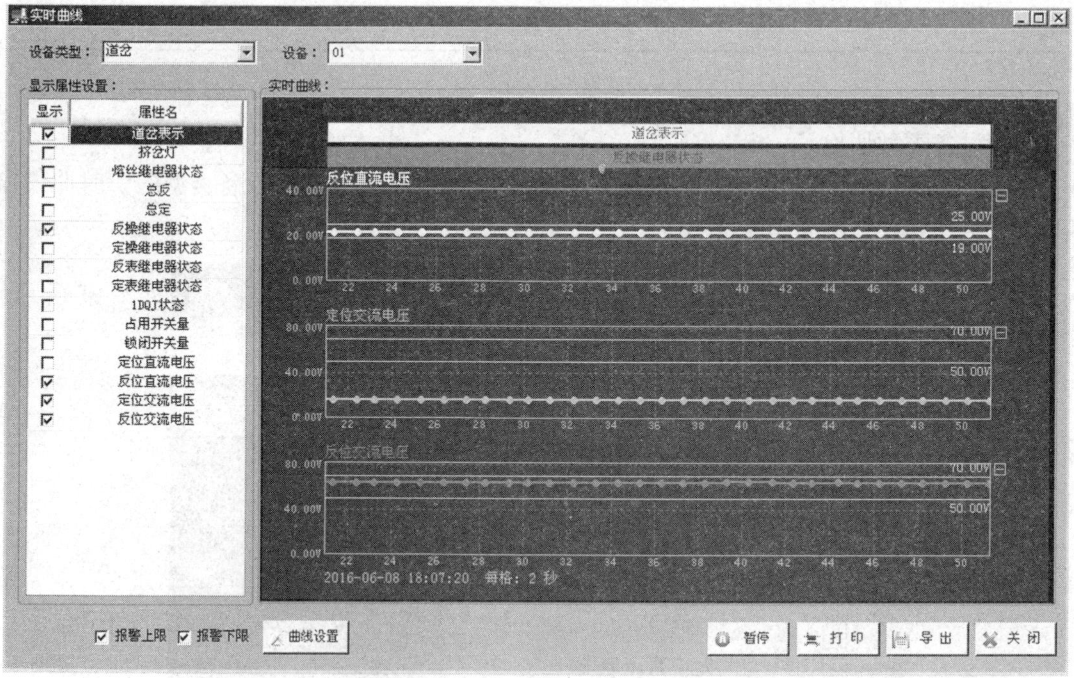

图 2.106　报警预警线设置

(5)曲线颜色设置

单击“颜色设置”按钮,可以设置属性实时曲线的颜色,如图 2.107 所示。

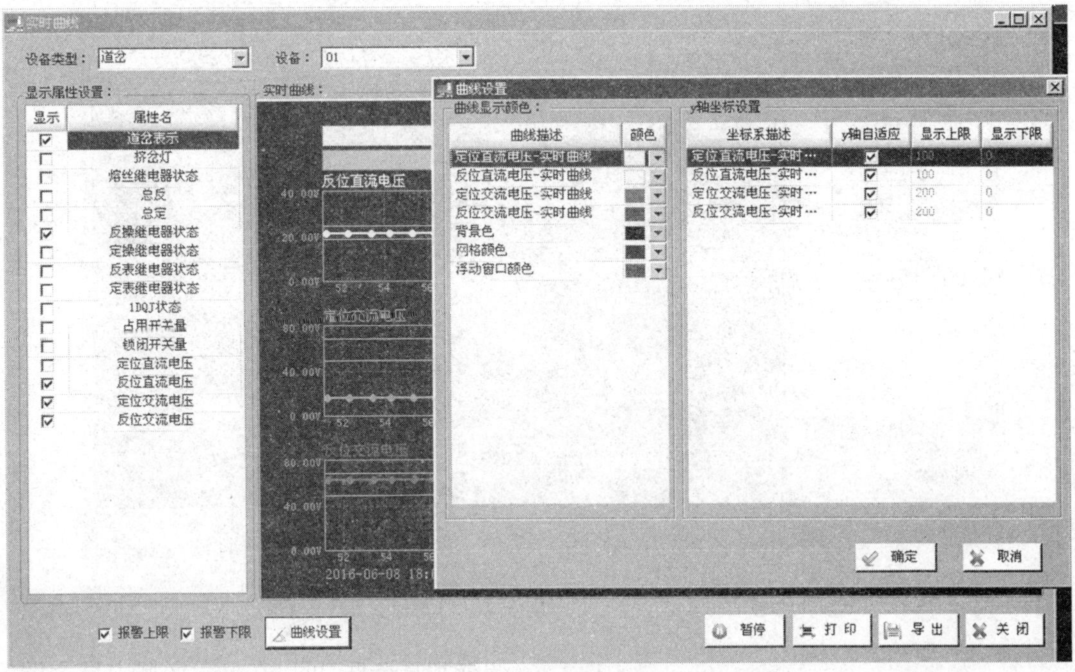

图 2.107 曲线颜色设置

(6)实时值显示

显示区域中,以条形图颜色表示开关量状态,图 2.107 所示道岔表示图形的颜色为绿色,表示该道岔处于定位状态;黄色表示处于反位状态,灰色表示未知状态。将鼠标移动到模拟量曲线上时,在鼠标下方会显示鼠标选择点的测试时间和数值,如图 2.108 所示。

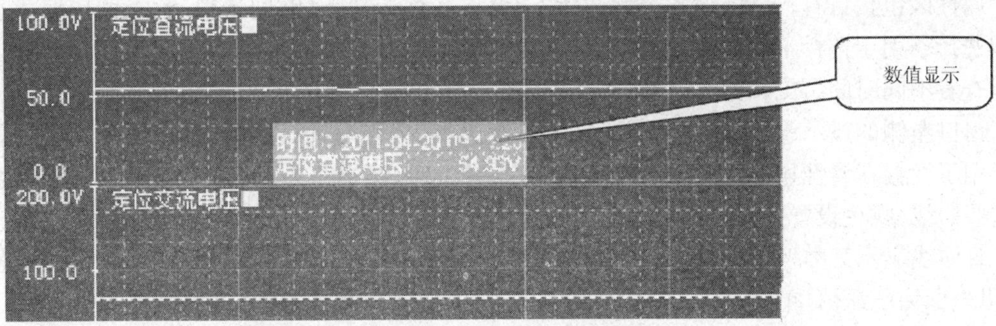

图 2.108 浮动窗口显示

4. 日曲线窗口(以道岔为例)

1)窗口简介

单击道岔设备下的日曲线按钮或通过鼠标右键菜单选择日曲线选项,调出日曲线窗口如图 2.109 所示。

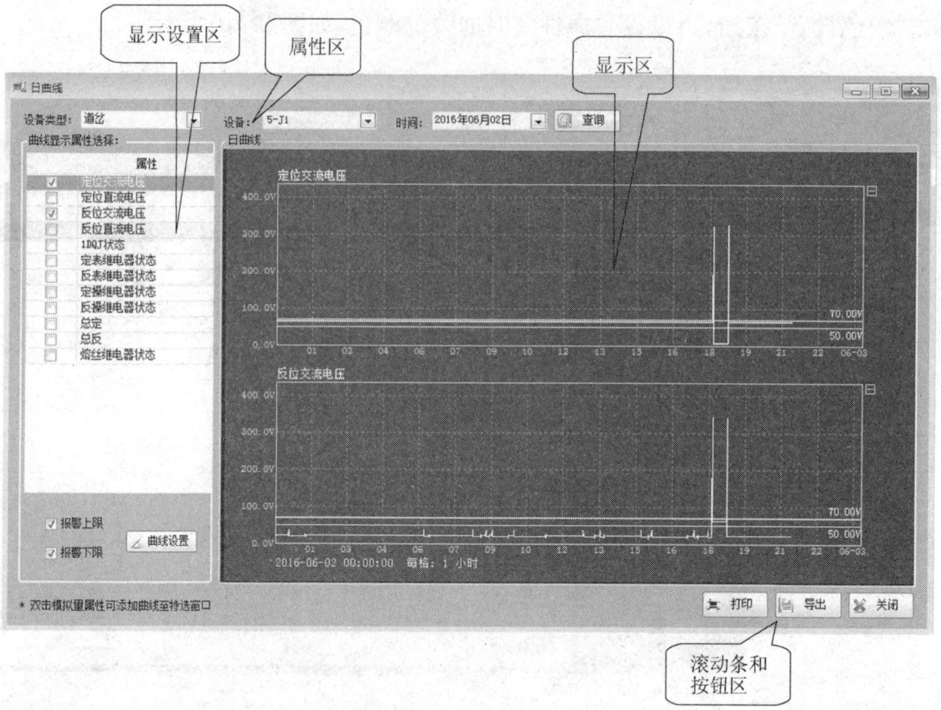

图 2.109 日曲线窗口

日曲线可显示年月趋势曲线、日趋势曲线和小时曲线。年月趋势曲线可以看到设备全年的变化趋势;日趋势曲线用来查看当日设备的变化趋势;日曲线是设备在一天中从“日曲线”子菜单打开日曲线窗口直接看到,当前设备的全天趋势。

日曲线窗口分为四部分:上面为属性区;中间左侧为显示设置区;中间右侧为显示区;下面为滚动条和按钮区。

属性区包括:窗口名称、设备类型选择条、设备名称选择条、时间选择条、查询按钮。设备类型选择条用于选择不同的设备类型;设备名称选择条用于选择同类型的不同设备;时间选择用于查看不同时间历史日曲线;设置完查询条件后单击“查询”按钮进行查询。

窗口左侧的显示设置区,包括曲线显示属性选择、报警勾选、设置颜色按钮等。显示属性选择用于设置在属性显示区显示的设备属性;报警上限、报警下限、分路上限用来设置是否显示这些曲线;颜色设置按钮用于设置曲线的显示颜色。

日曲线显示某类型模拟量一日内数值的变化。日曲线是以每秒钟的模拟量数值画成的曲线,纵坐标为电压值,单位是 V;横坐标为时间,单位是 s 。背景为网格,网格中有设置显示的曲线。曲线区域内的每个“点”都可以以“提示文本框”的形式提示“坐标值”,提示内容为“模拟量值、单位、值时间、日期(日)”。年月趋势曲线是以每小时的模拟量平均值画成的曲线;日趋势曲线是以每分钟的模拟量平均值画成的曲线,他们的显示方式和日曲线相同。

曲线下面的“曲线滚动控制条”,用于当曲线数据超出一页显示范围时的滚动显示。

按钮区包括:打印、导出、关闭。“打印”用于当前日曲线打印;“导出”用于对当前日曲线导出到其他文件里面;单击“关闭”按钮关闭该窗口。

2)操作方法

(1)设备类型切换

在窗口左上方“设备类型”下拉框选择不同类型设备,可切换到其他设备类型的日曲线窗口。

(2)同类型设备切换

在窗口上方“设备”下拉框选择不同设备,可切换到相同类型其他设备的日曲线。

(3)时间切换

进入窗口,在窗口上侧的时间设置条中,设置查询的时间,可以查看不同时间的日曲线。

(4)显示属性设置

勾选窗口左侧的显示属性,可以设置在曲线显示区显示的曲线属性。

(5)报警分路线选择

可以勾选窗口左下侧的报警上限、报警下限等复选框,选择是否显示这些曲线。

(6)曲线颜色设置

单击“设置颜色”按钮,弹出颜色设置对话框,可以设置曲线的显示颜色。

5. 月(年)曲线窗口(年曲线与月曲线相同,以道岔为例)

1)窗口简介

单击实时值窗口道岔设备按钮下的月曲线按钮或通过鼠标右键选择月曲线选项,打开月曲线窗口,如图 2.110 所示。

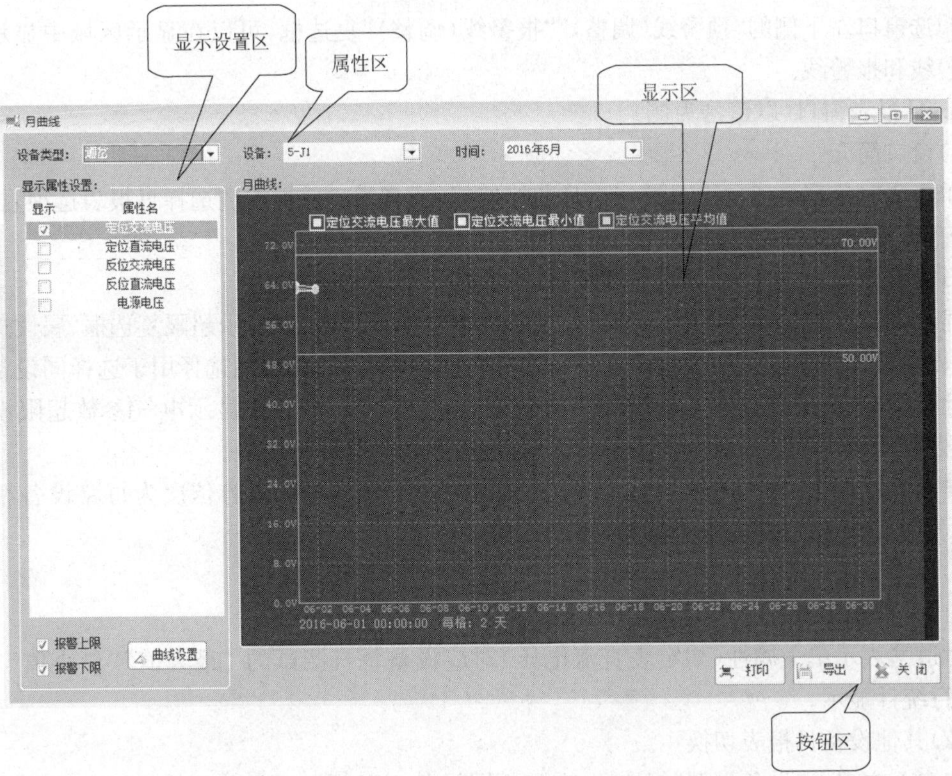

图 2.110　月曲线窗口

月曲线是根据日报表统计值，对设备测试值以月为单位进行曲线绘制的。目的在于方便用户根据近期趋势和历史月份趋势变化，对设备进行正常维护和调整。

月曲线窗口包括窗口上侧的属性区、窗口中间的显示设置区和属性显示区、窗口下侧的按钮区。

2)操作方法

(1)设备类型切换

在窗口左上方设备类型下拉框选择不同类型设备，可切换到其他设备类型的月曲线。

(2)设备切换

在窗口上方设备名称下拉框选择不同设备，可切换到相同类型其他设备的月曲线。

(3)时间切换

在窗口右上方时间下拉框选择不同的年月，可切换到本设备其他月份的月曲线。

(4)显示属性设置

通过勾选窗口左侧的设备属性，可以设置在属性显示区显示的设备属性。

(5)曲线颜色设置

单击“颜色设置”按钮，调出“设置曲线颜色”对话框，可以设置月曲线的颜色。

(6)浮动提示

在属性显示区域中，将鼠标移动到模拟量曲线上时，在鼠标下方会显示鼠标选择点的测试时间和数值等信息。

(7)报警预警线设置

勾选窗口左下侧的“预警线(调整)”“报警线(调整)”复选框，可以在显示区域中显示设备的预警线和报警线。

6. 日报表窗口(以道岔为例)

1)窗口简介

单击实时值窗口道岔设备按钮下日曲线按钮，或者通过鼠标右键选择日报表选项，打开日报表窗口，如图 2.111 所示。

日报表窗口由三部分组成:显示设置区、属性显示区和按钮区。

显示设置区包括:时间选择下拉框、设备类型选择下拉框、仅显示超限复选框、属性选择复选框，以及打印按钮。设备类型选择用于选择不同的设备类型;属性选择用于选择同设备不同的属性;时间选择用于查看不同时间历史日报表;仅显示超限用于显示电气参数超限设备信息;属性复选框用于选择显示的设备属性;打印按钮用于打印日报表。

属性显示区中，表格的第一行为表头，其他为数据区。每行内容依次为每路设备相应的“设备名称、最大值/时间、最小值/时间、平均值/时间”。

2)操作方法

(1)日报表显示

对道岔表示单个属性(如定表直流电压)对应设备每日测试的“最大值”“最小值”“平均值”进行统计显示。

(2)其他设备日报表切换

在左上方单击“设备类型”复选框，选择不同设备(如区段、区间移频等)类型，可以切换到对应设备的日报表。

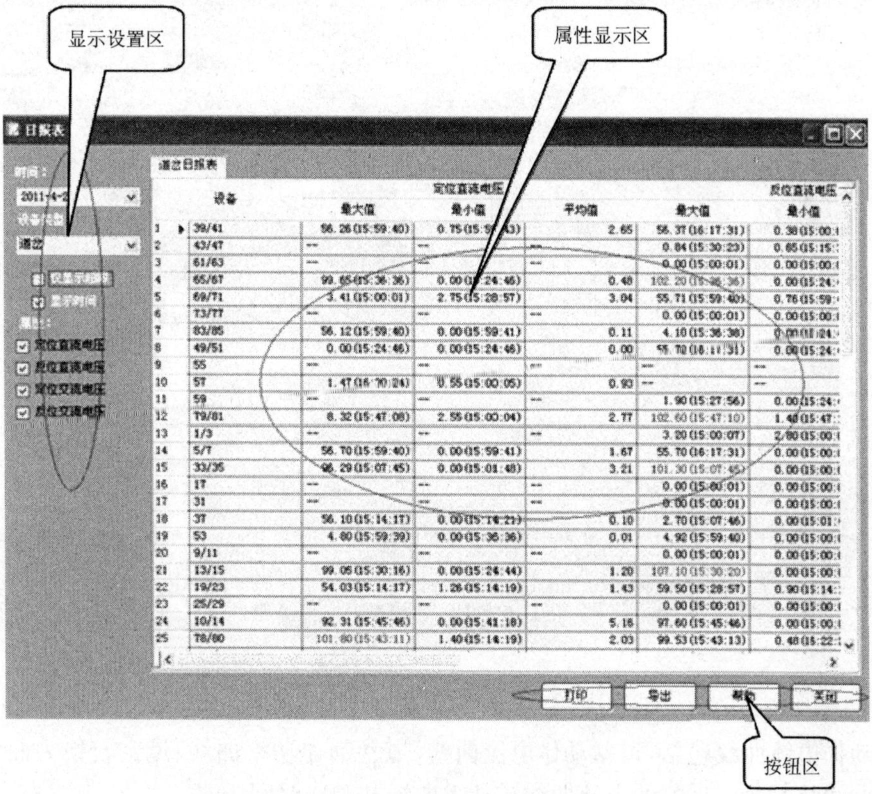

图 2.111　日报表窗口

(3)显示属性设置

勾选不同的设备属性复选框,可以选择在表格显示区显示设备属性。

(4)时间切换

在窗口左上方的时间下拉窗口选择不同的日期,可以切换到其他日期的日报表。

(5)仅显示超限

单击窗口右上方的“仅显示超限”选择框,则报表中仅显示超限的设备项目。

(6)信息关联

在日报表任意一路值上右击(平均值不能进行关联),弹出右键菜单,菜单中有“实时曲线”“日曲线”“月曲线”“年曲线”“超标汇总”的关联选项。单击“实时曲线”选项,弹出设备的实时曲线窗口;单击“日曲线”选项,站机弹出日报表时间的日曲线;单击“月曲线”选项,站机弹出日报表时间的月曲线窗口;单击“年曲线”选项,站机弹出日报表时间的年曲线窗口;单击“超标汇总”选项,弹出超标汇总窗口。

7. 道岔动作电流曲线窗口

1)窗口简介

单击实时值窗口道岔设备下道岔动作电流曲线按钮,或者通过鼠标右键选择该项,打开道岔动作电流曲线界面,如图 2.112 所示。

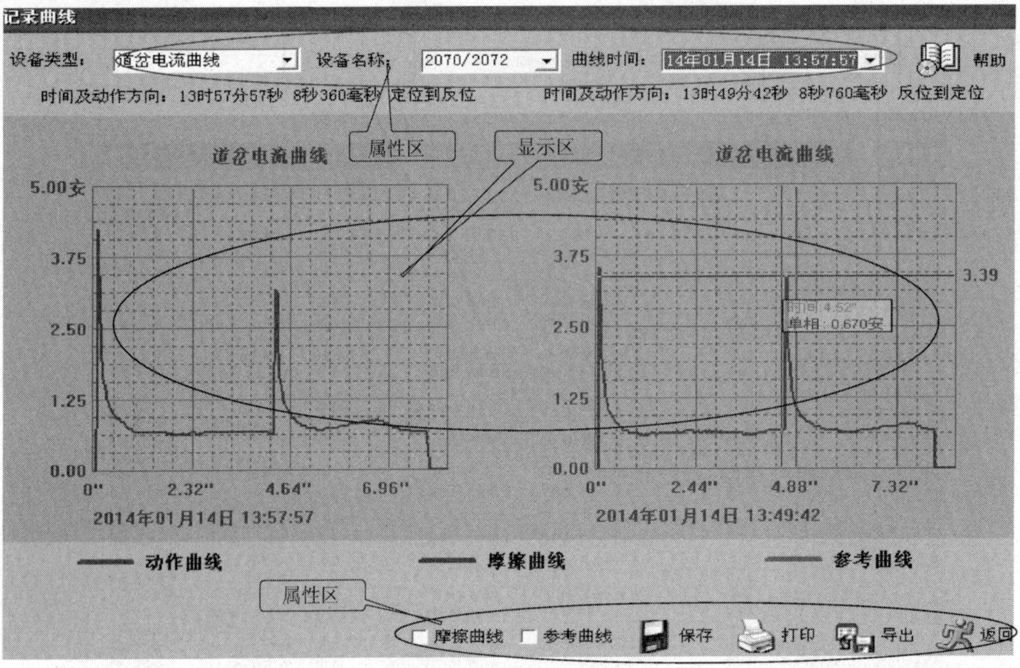

图 2.112　道岔动作电流曲线界面

道岔动作电流曲线包括：道岔动作电流曲线、道岔动作功率曲线、道岔转换力曲线。道岔动作电流曲线显示每组道岔的电流曲线或功率曲线及动作时间。

道岔动作电流曲线窗口由属性区、显示区和按钮区组成。

2)操作方法

(1)曲线类型切换

在窗口左上方设备类型下拉框选择曲线类型，可切换到其他道岔曲线类型。

(2)设备名称的切换

窗口右上方设备名称下拉框切换，可切换到曲线类型其他设备的道岔曲线。

(3)时间切换

在时间下拉框中选择时间，可以查看不同时间的道岔曲线。

(4)保存参考曲线

把当前曲线保存为参考曲线，以供比较。

(5)保存摩擦曲线

把当前曲线保存为摩擦曲线，以供比较。

(6)曲线选择

可以选择“摩擦曲线”“参考曲线”是否进行显示；如果是三相电流曲线，可以进行选择“A相”“B相”“C相”。

(7)保存

单击“保存”按钮，可以将该条曲线保存为永久再现曲线。道岔动作功率曲线、道岔转换力曲线与道岔动作电流曲线操作相同。

8. 电缆绝缘

电缆绝缘只介绍实时值窗口，月曲线窗口、日报表窗口、年曲线窗口参考本任务的相同内容。

1)窗口简介

说明：绝缘测试时请注意拔掉信号防雷元件，否则在绝缘测试时可能会击穿防雷元件，造成绝缘测试不准确。

电缆绝缘设备实时值界面由左侧按钮区、右侧表格区、下侧按钮区组成，如图2.113所示。

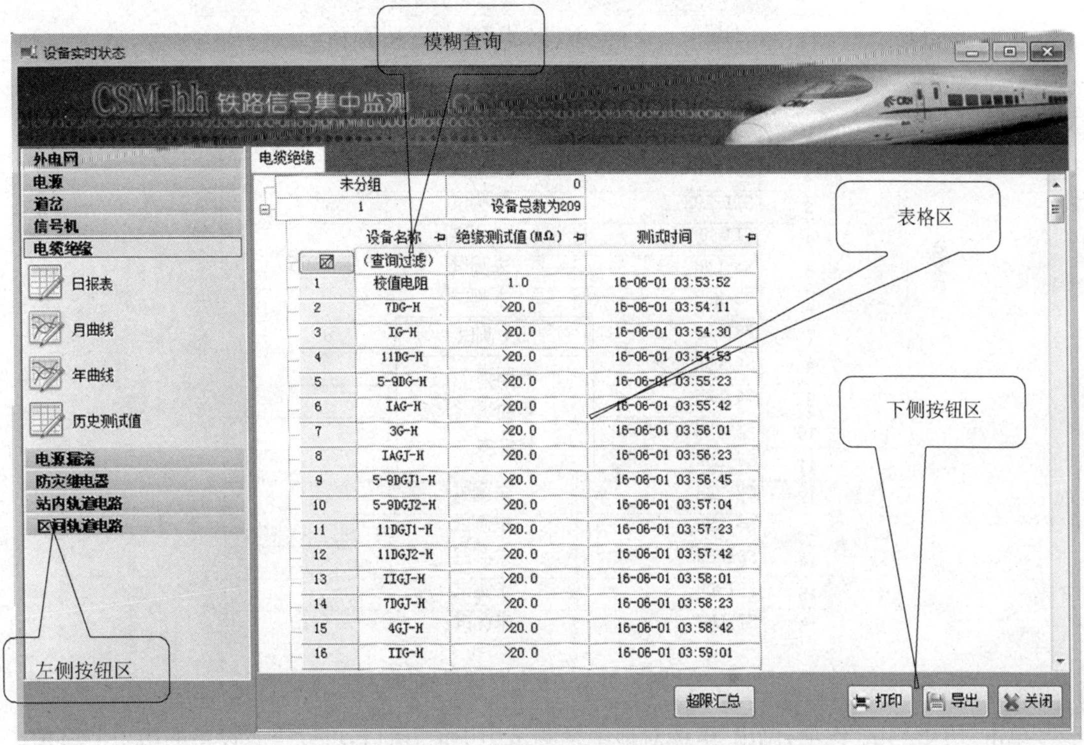

图2.113 电缆绝缘设备实时值界面

左侧按钮区包括：设备类型按钮、设备类型下的测试内容按钮，如实时曲线按钮、日曲线按钮等。用户可以单击日常测试子菜单中的设备类型选项直接查看该设备的日常测试内容，也可以进入日常测试界面后，单击左侧的设备类型进入到相应设备的日常测试界面。

表格区的第一行为表头，第二行为模糊查找输入行，其他为数据区。每行内容依次为每路设备相应的设备名称、属性测试值。

下侧按钮区包括：防雷接地开关、分区设置、全测、选测、取消测试分区设置用于设置测试分区，实现对电缆绝缘设备的分区测试；全测用于对实时值中所有设备进行打印；选测用于对部分选择的设备进行测试；取消测试用于对正在测试的设备进行终止测试。

2)操作方法

(1)电缆绝缘实时值窗口的实时值显示、报警提示、模糊查询、信息提示、设备类型切换的操作方法见本任务的相同内容。

(2)信息关联

在实时值窗口,如果需要查看设备的月曲线、日报表等测试内容,可以用鼠标左键单击表格中的设备,选中该设备后该设备会以蓝色突出显示,然后单击“电缆绝缘”按钮下边的年曲线等按钮,会调出该设备的年曲线、日报表等窗口,或者选中设备后,单击鼠标右键调出右键菜单,选择查看的选项,即可调出相应窗口。

(3)历史测试

单击右键,弹出右键菜单,历史测试界面如图 2.114 所示。

图 2.114　历史测试界面

单击“历史测试”选项,调出“电缆对地绝缘测试历史值”窗口,可以查看设备的历史测试值。

(4)分区设置

单击“分区设置”按钮,打开“测试设置”窗口,如图 2.115 所示。

(5)全测

在窗口左下方单击全测按钮或在测试值窗口单击鼠标右键选择“全测”按钮,即可对所有信号电缆进行测试。

(6)选测

在手动测试(或自动测试)列中选择需要测试的设备,然后在窗口下方单击“选测”按钮或在测试值窗口单击鼠标右键选择“选测”按钮,即可对已经选择的设备信号电缆进行测试。

选择多路设备的方法:在测试列首先选择开始第一个设备,然后按下“Shift”键,再选择最后一个设备,此时会同时选择多路设备。

(7)取消测试

在窗口下方单击取消测试按钮或在测试值窗口单击鼠标右键选择“取消测试”按钮,可对正在测试的设备停止测试。

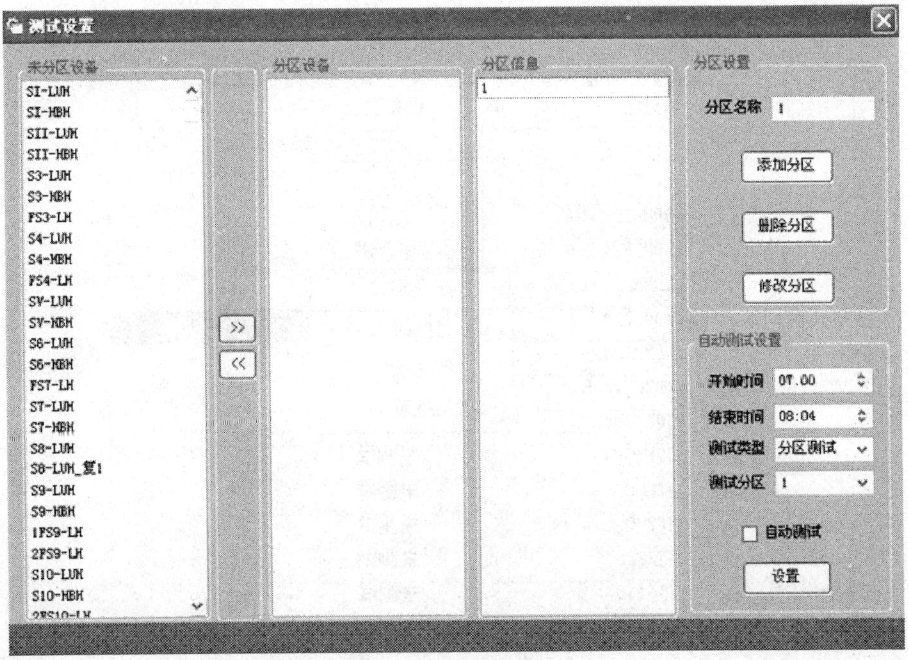

图 2.115 测试设置窗口

9. 电源漏流

电源漏流只介绍实时值窗口,月曲线窗口、日报表窗口、年曲线窗口参考本任务的相同内容。

1)窗口简介

电源漏流设备实时值界面由左侧按钮区、表格显示区、下侧按钮区组成。

按钮区包括:设备类型按钮、设备类型下的测试内容按钮,如实时曲线按钮、日曲线按钮等。用户可以单击日常测试子菜单中的设备类型选项直接查看该设备的日常测试内容,也可以进入日常测试界面后,单击左侧的设备类型进入到相应设备的日常测试界面。

表格区的第一行为表头,第二行为模糊查找输入行,其他为数据区。每行内容依次为每路设备相应的设备名称、属性测试值。

2)操作方法

(1)电源漏流实时值窗口的实时值显示、报警设备提示、模糊查询信息提示、设备类型切换及信息关联等操作参见本任务(P81～P83页)的相同内容。

(2)历史测试

单击右键,弹出右键菜单,如图2.116所示。单击"历史测试"选项,调出历史测试窗口,可以查看该设备的测试值记录。

(3)电源漏流测试

双击要测试的设备,系统会对该设备进行漏流值测试,并且在菜单栏和实时值窗口下侧显示正在进行测试的标识,分别如图2.117和图2.118所示。

(4)取消测试

单击按钮区的"取消测试"按钮,系统会停止正在进行的电源漏流测试。

图 2.116　历史测试界面

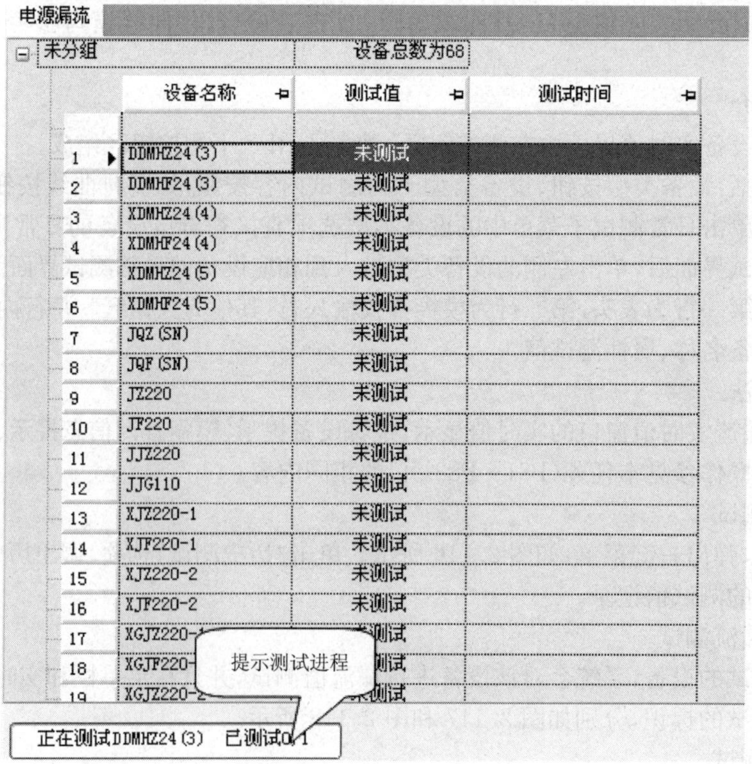

图 2.117　电源漏流测试

图 2.118　动态提示电源漏流测试进行中

项目小结

本项目主要讲述铁路信号集中监测系统车站监测网采集机、站机的功能及站机界面、数据调阅的操作方法。

车站监测网采集机主要负责数据的采集。把采集的数据与暂存模拟量或开关量进行预处理后，传送给 CSM 系统站机。采集机还要接受并执行 CSM 系统站机命令，具有自检和板级故障有提示及与站机校核时钟功能。主要采集外电网、电源屏、列车信号机点灯回路电流、轨道电路、转辙机、集中式移频轨道电路、半自动闭塞、电缆绝缘、电源对地漏泄电流、环境状态、防灾异物侵限、站(场)间联系电压、站场状态开关量等数据。

站机集中处理各种采集机采集的实时信息，并进行显示和存储，同时又为操作人员提供人机界面。根据对信号设备监测的结果，人机界面实现车站作业状态及设备运用状态的实时显示和各种数据的查询功能。

站机操作有三个主界面，分别为设备状态图界面、站场图界面和分析报告界面，其他界面以子窗体的形式显示。在各界面上进行相关操作，可进行电源、轨道电路、道岔、信号机等模拟量的实时测试、日报表、日曲线及趋势曲线的查询，可进行电缆对地绝缘测试、电源漏流测试，可查看车站实时报警、历史报警、运用统计和通信状态等信息，可实现历史回放和“天窗修”设置等。

日常测试是电务部门维修设备和故障处理的一项重要手段，信号设备测试周期有日、月、季、年等测试周期；根据信号设备测试项目，CSM 日常测试项目包括道岔、电源、信号机、区段、区间、外电网、电码化、电缆绝缘、电源漏流、环境监控、熔丝监测点、锁闭封连、UPS、站联电压、防灾继电器、高压不对称轨道电路等。

复习思考题

1. 站机数据采集类内容有哪些？
2. 站机外电网采集的主要内容有哪些？
3. 电源屏采集机由哪些设备组成？

4. 目前轨道电路采集机有哪几种类型?
5. 站机操作主界面分为哪几个?
6. 站机菜单栏有哪些项目?
7. 怎样正确判断状态栏的通信状态?
8. 日常测试设备类型主要功能有哪些?

项目3　铁路信号集中监测系统采集原理

项目描述

本项目旨在通过对不同信号监测对象的信号采集原理及相关知识的学习，加深对信号集中监测系统的整体和局部关系的认识，加深对集中监测系统与被监测信号对象之间的关系的理解。通过本项目的学习，掌握模拟量与开关量的采集实现过程，为正确分析监测数据打下基础；理解信号集中监测系统在整个铁路信号系统中的作用与地位，有助于对铁路信号的系统理解与学习。

教学目标

1. 知识目标

(1)了解外电网综合质量监测的采集对象。

(2)掌握外电网输入电压和电流的采集方式。

(3)掌握交流互感器的作用及工作原理。

(4)了解信号电源屏提供信号设备所需的各种电源；理解电源屏的工作状态对信号设备正常工作的重要性。

(5)掌握25 Hz相敏轨道电路状态监测采集原理。

(6)掌握JZXC-480型轨道电路状态监测采集原理。

(7)掌握高压不对称脉冲轨道电路状态监测采集原理。

(8)掌握JWXC-2.3型驼峰轨道电路状态监测采集原理。

(9)掌握ZPW-2000A型移频轨道电路采集发送电压、电流的监测。

(10)掌握ZPW-2000A型移频轨道电路接收轨入、轨出1、轨出2、GJ等4个信息状态的监测。

(11)掌握道岔动作电流、功率曲线原始数据的跟踪采集方法与原理。

(12)掌握监测道岔启动继电器1DQJ和道岔DBJ/FBJ的状态的原理与电路；理解道岔实际位置与表示状态的校核的重要性。

(13)掌握道岔转换时间及动作次数的监测记录，懂得判断道岔转辙机故障。

(14)了解电缆绝缘测试的重要性。

(15)掌握电源对地漏泄电流监测采集方法和取样位置。

(16)理解站场状态开关量采集原理。

(17)掌握列车信号机点灯电流采集原理。

(18)掌握半自动闭塞监测采集原理。

(19)掌握站(场)间联系电压监测采集原理。

(20)掌握熔丝断丝报警采集原理。

(21)掌握防灾异物侵限采集原理。

(22)掌握环境状态监测采集原理。

(23)掌握道岔 SJ 第 8 组接点封连报警采集原理。

2. 能力目标

(1)掌握外电网输入电压和电流的频率、相位角、功率的计算方法。

(2)能够识别信号电源屏提供信号设备所需的各种电源。

(3)能够判断电源屏的工作状态。

(4)学会电源屏输入电压、电流和电源屏输出电压、电流、频率、功率、25 Hz 电源输出电压相位角等内容的监测数据分析。

(5)学会分析 25 Hz 相敏轨道电路状态监测数据。

(6)学会分析 JZXC-480 型轨道电路状态监测数据。

(7)学会分析高压不对称脉冲轨道电路状态监测数据。

(8)学会分析 JWXC-2.3 型驼峰轨道电路状态监测数据。

(9)学会分析 ZPW-2000A 型移频轨道电路采集发送电压、电流的监测数据。

(10)学会分析 ZPW-2000A 型移频轨道电路接收轨入、轨出 1、轨出 2、GJ 等 4 个信息状态的监测数据。

(11)学会分析道岔动作电流、功率曲线原始数据。

(12)学会分析道岔转换时间及动作次数的监测记录;懂得判断道岔转辙机故障。

(13)掌握提速道岔交流转辙机电压、电流、功率、1DQJ 状态、定反位表示状态的采集方法及实现。

(14)能够判断电缆绝缘状态。

(15)掌握电缆绝缘在线测试的方法。

(16)掌握电源对地漏泄电流监测采集方法和取样位置。

3. 素质目标

(1)具有积极向上的学习态度和良好的学习习惯。

(2)具有良好的时间观念和遵章守纪意识。

(3)具有严谨、认真、细致的工作态度和高度的工作责任心。

(4)严格遵守和执行信号设备检修的有关规定,树立作业中的劳动态度、团队协作、协商沟通、大局观念及安全责任意识。

铁路信号集中系统监测包括站场开关量和模拟量监测。开关量主要是控制台按钮状态、控制台表示状态、关键继电器状态、环境监控等;模拟量主要是外电网综合质量、电源屏、轨道电路、转辙机、电缆绝缘、列车信号机点灯回路电流、集中式移频、半自动闭塞、环境状态、防灾异物侵限、站(场)间联系电压等。

典型工作任务 1　外电网综合质量监测采集原理

3.1.1　工作任务

掌握外电网综合质量监测的信号采集原理,理解监测流程;学会分析外电网质量监测的信号采集电路,分析记录电网的实时波形,从而判断外电网的工作状况和工作质量。

3.1.2 知识链接

外电网是供电部门向信号设备电源屏供电的设备，外电网质量的好坏直接决定信号设备工作稳定性和安全性，即使是瞬间断电（断电时间在140～1 000 ms之间），也会造成信号设备故障，给铁路运输带来影响。一些电源故障前期会有些预兆，也就是电源电压会出现不稳定，一般信号值班员很难及时发现。CSM系统通过对外电网的监测，一旦发现不良隐患，即可记录下来，并提供相应的报警提示，为铁路信号设备的供电质量分析提供司法依据。

外电网综合质量监测的采集对象为外电网输入电压和电流，并计算频率、相位角、功率，提供断电、断相、错序报警信息。

外电网采集机由外电网隔离采集箱和外电网监测单元两部分组成，输出配线不能太长，在1.5 m以内，就近采用壁挂方式安装在电务闸刀配电箱附近，与站机以CAN网络线相连，供电由监测系统提供。外电网采集机采用了单独的壁挂式或座式机箱的结构，采用的结构为隔离箱＋采集箱的双箱式结构，隔离采集箱安装电流采样的电流互感器和电压采样的熔丝和隔离电阻都为无源元件，确保隔离采集工作的稳定性，隔离采集箱外就近安装外电网监测单元完成外电网信息的采集。

每个外电网采集机可以监测二路外电网的输入。外电网采集机通过电流互感器采集外电网的电流信息，对外电网电压的采集通过高阻接电压互感器模块得到。频率、相位角通过采样到的电压信号计算得到，通过对电压信号的计算还可以得到外电网电压的谐波成分，功率信号由电压和电流乘积得到。外电网采集机实时对电压信号进行监测，一旦发现外电网的断电、瞬间断电立即报警。外电网采集机还可以记录实时波形，如有需要可以记录外电网质量劣化（如瞬间断电、波形畸变等）的波形。监测流程如图3-1所示。

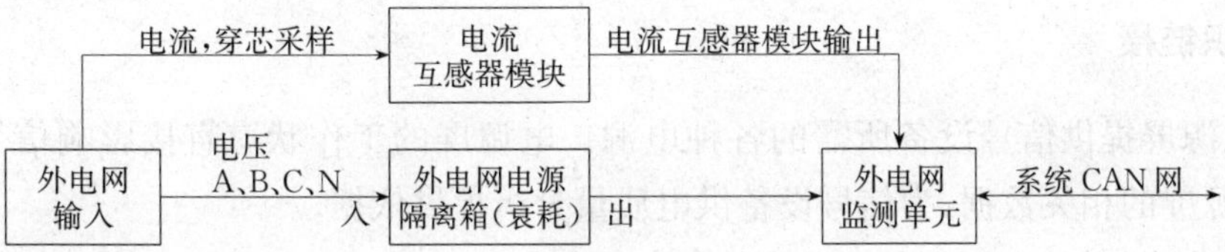

图3.1 监测流程示意图

在机械室电源箱闸刀上方引出电压监测线4根，即A、B、C和N相（220 V外电网引出二相，即L相和N相，这里以380 V外电网为例），经过熔丝和衰耗电阻模块后接入到外电网监测单元。电流监测通过电源箱闸刀下方三个电流互感器的输出线接入到外电网监测单元。外电网监测单元采集到数据后，通过计算得到外电网质量数据，包括三相相电压、线电压、电流有效值、功率、功率因数、相位角、频率等，并通过CAN总线送到上位机显示、存储。如果外电网波动超限，系统会自动记录报警值，送上位机保存。

交流电流互感器安装在电源配电箱内，每个外电网电源隔离箱和外电网监测单元可以采集二路AC 380 V外电网或二路AC 220 V外电网。外电网综合质量采集。原理如图3.2所示。

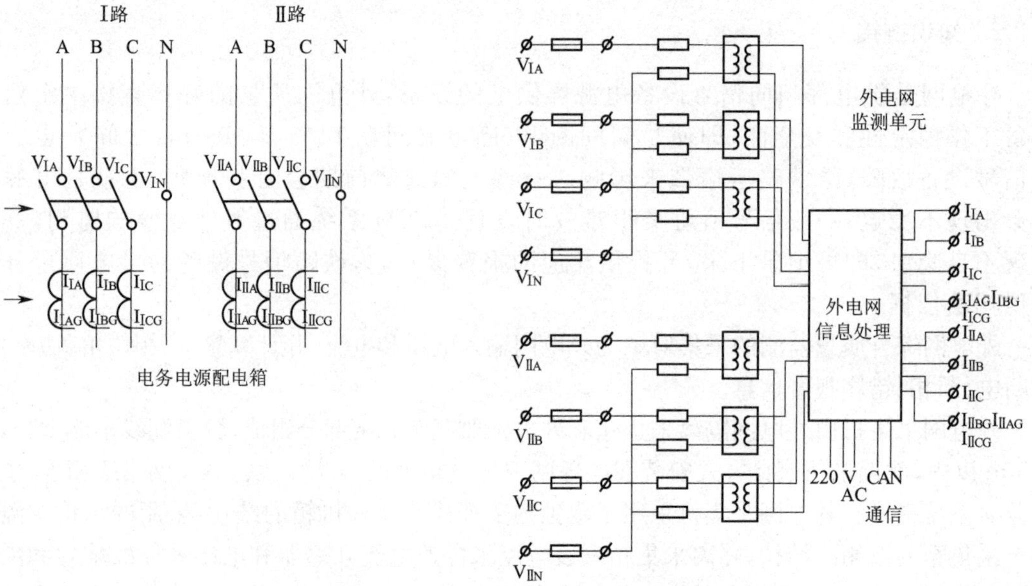

图 3.2　外电网综合质量采集原理图

典型工作任务 2　电源屏监测采集原理

3.2.1　工作任务

掌握信号电源屏提供的各种电源的状态采集原理，理解监测流程；学会分析各电源的状态采集电路；根据电压与电流的采样参数分析判断各路电源的工作状况和工作质量。

3.2.2　知识链接

信号电源屏提供信号设备所需的各种电源。电源屏的工作状态直接影响信号设备的工作，监测电源屏的相关数据，为信号设备供电质量分析提供依据。

电源屏监测包括：电源屏输入电压、电流和电源屏输出电压、电流、频率、功率、25 Hz 电源输出电压相位角等。

智能电源屏自带智能采集终端，CSM 系统与该终端通过 RJ-485 接口获取规定的各种信息。

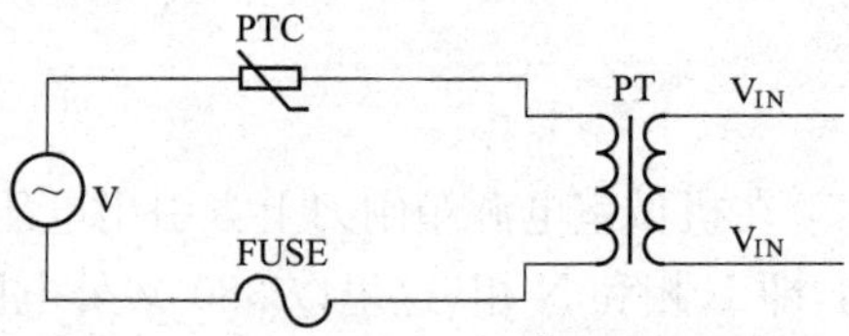

图 3.3　电源屏电压采集原理图

非智能电源屏采集原理：电源屏电压的监测采用 C0 组合＋采集板的方式。C0 组合包括熔丝和转换单元，对电源屏电压进行隔离转换，电源屏电压采集原理如图 3.3 所示。经过隔离转换后的电压信号输出到采集板，C0 组合熔丝按 0.3 A 速断熔丝配置，主要用于防护采集机故障或配线原因造成的短路情况，同时在漏流接地测试时用于防护电流太大对信号设备造成的影响。

交流电压信号的采集采用电压互感器（PT）隔离方式，传感器分别采用最大量程为

40 V、150 V和300 V的电压互感器。电源屏电流的监测采用电流互感器模块＋采集板的方式，便于安装及更换，电流互感器采用开口式。电源屏电流的监测包括电源屏输入电流的监测和电源屏输出电流的监测，其采集原理如图3.4所示。电流互感器模块分为两类：交流电流互感器模块和直流电流互感器模块。交流电流互感器模块是无源模块，输出为电流信号；直流电流互感器模块是有源模块，输出是电压信号。两类电流模块均为穿芯式电流采样模块。

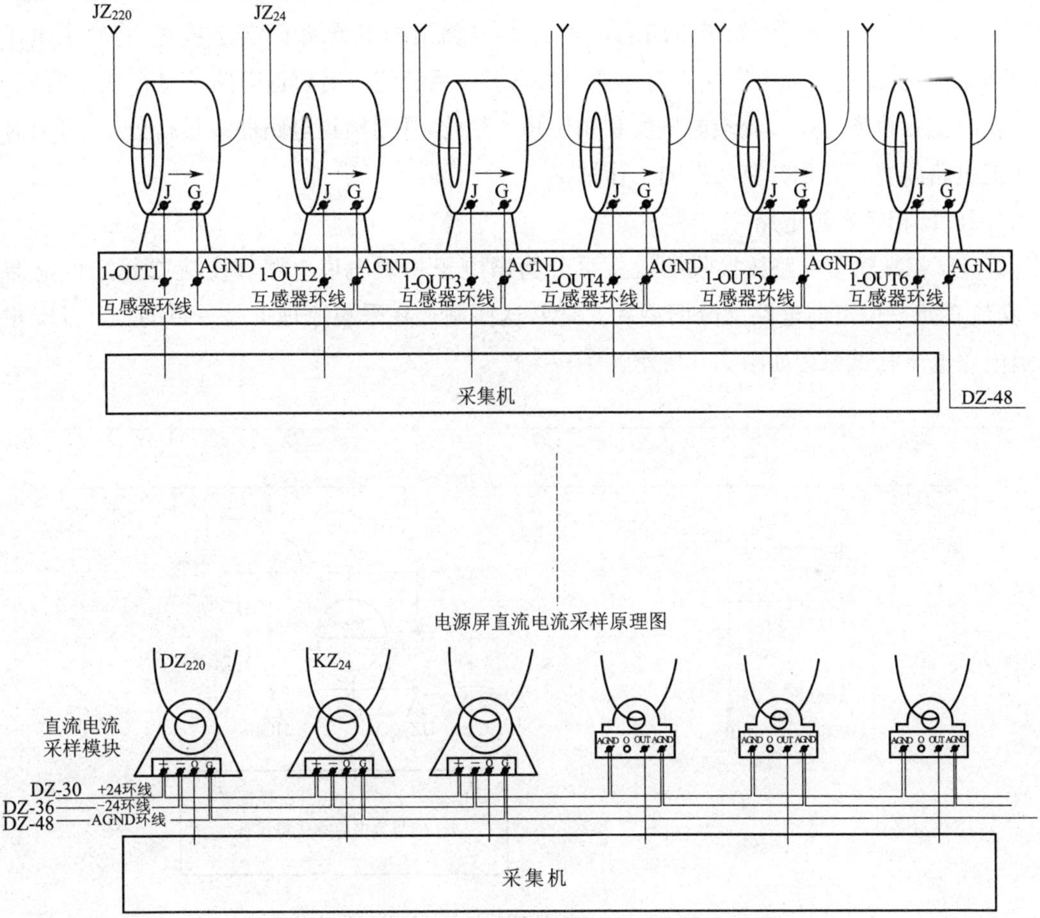

图3.4 电源屏电流采集原理图

电压采样路径：电源屏配线端子→C0组合→CSM采集机。

电流采样路径：电源屏输出线→电流采集互感器→CSM采集机。

典型工作任务3 轨道电路监测采集原理

3.3.1 工作任务

掌握几种典型站内轨道电路的工作状态采集原理，理解监测流程；学会分析各轨道电路的状态采集电路；根据轨道电路的采样电气参数分析判断各轨道电路的工作状况和工作质量。

3.3.2 知识链接

轨道电路制式多，这里介绍几种常用的轨道电路监测采集原理，主要有 25 Hz 相敏轨道电路、JZXC-480 型轨道电路、高压不对称脉冲轨道电路和 JWXC-2.3 型驼峰轨道电路。

轨道电路在信号设备中的故障比例比较高，日常测试分析是轨道电路实现预防修的一个很重要的手段，为了不影响轨道电路的正常工作，从轨道继电器端子（或分线盘）将轨道电压引入轨道采集机，经过衰耗电阻接入互感器模块，CSM 系统完成对轨道电路信息在线实时监测，通过实时监测轨道电路接收端电压值和相位角的变化，并对轨道电路曲线进行分析，可及时掌握轨道电路调整状态和分路状态的工作情况。

1. 25Hz 相敏轨道电路

25 Hz 相敏轨道电路按接收端设备可分为微电子相敏轨道电路和交流二元二位电器电路，交流二元二位电器电路又分旧型和 97 型，这些制式在采集原理上是一致的。25 Hz 相敏轨道电路电压测试原理如图 3.5 所示。

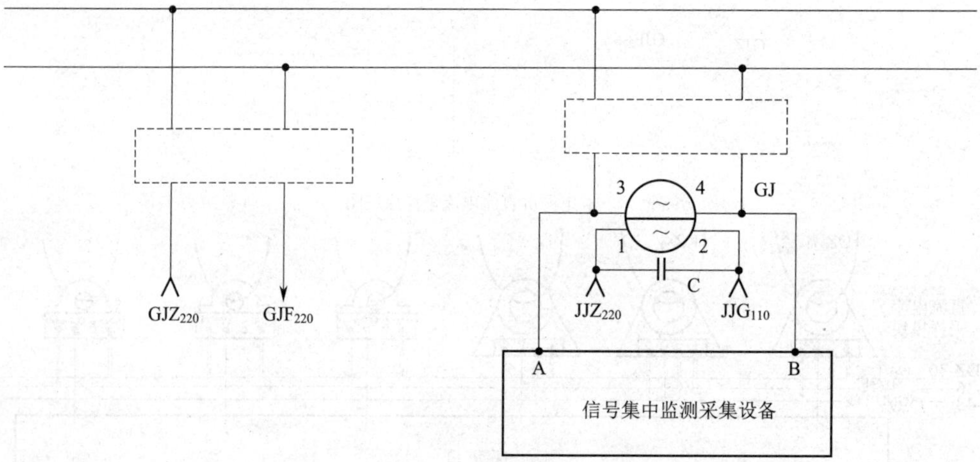

图 3.5 25 Hz 相敏轨道电路电压测试原理图

采样径路：室外电缆→防雷分线盘→轨道组合侧面端子→防护盒→防雷硒堆→轨道继电器组合架→轨道测试盘侧面端子→CSM 采集设备。

25 Hz 相敏轨道电路电压测试结构如图 3.6 所示，CSM 系统轨道电路采集采用高阻隔离和电压互感器隔离的方式，将采样后的信号调理成 CPU 能直接采集的信号，对采样后数据处理运算，得到每路轨道信号电压有效值和相位角，然后将轨道电源电压相位角与局部电源电压相位角比较得到相位差。

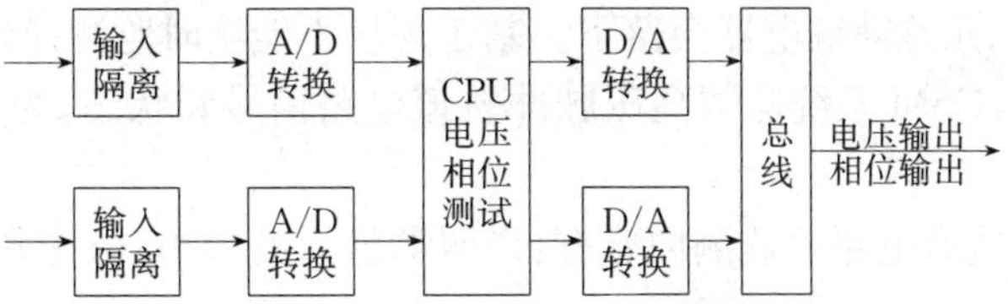

图 3.6　25 Hz 相敏轨道电路电压测试结构图

2. JZXC-480 型轨道电路

JZXC-480 型轨道电路监测按照测试项目监测点设置为接收端轨道继电器线，包括两端的交、直流电压。通过实时监测接受端电压值的变化，反映轨道电路调整状态和分路状态的工作情况。

采集原理：为了不影响轨道电路的正常工作，从轨道继电器端子（交流 7、8 两端；直流 3、2 两端电压；3 为正、2 为负）将轨道电压引入轨道采集机，经过衰耗电阻接入互感器模块，完成信息采集，如图 3.7 所示。CSM 系统采集模块选用高阻隔离和电压互感器隔离系列交流电压传感器，这种传感器应用电磁隔离原理制成，隔离性能好，精度高，把采集到的轨道电压信号转换成数字信息送往站机。

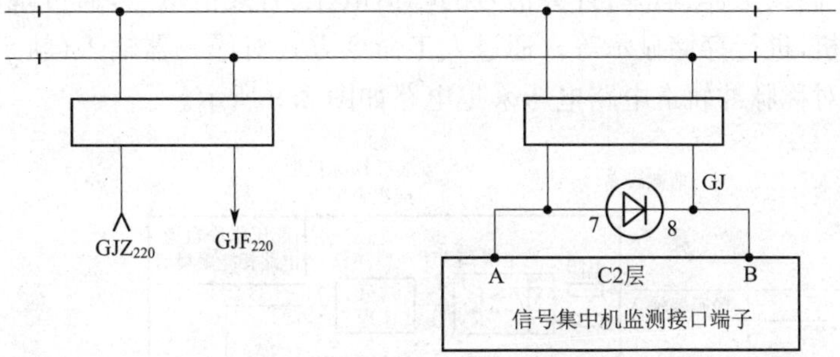

图 3.7　JZXC-480 型轨道电路电压采集原理图

采样路径：室外电缆→分线盘→组合架轨道测试盘侧面端子→CSM 采集设备。

根据轨道继电器的状态，可以实时监测轨道电路的调整电压和分路电压。CSM 系统需要监测 GJ 状态，采集 GJ 状态，对于轨道电路是否处于分路不良状态起到关键的判断作用，还具有减少由其他系统采集开关量、CSM 系统采集模拟量带来的误报警。

电压采集速率为每秒采集 4 个点。

JZXC-480 型轨道电器 GJ 开关量测试原理如图 3.8 所示。

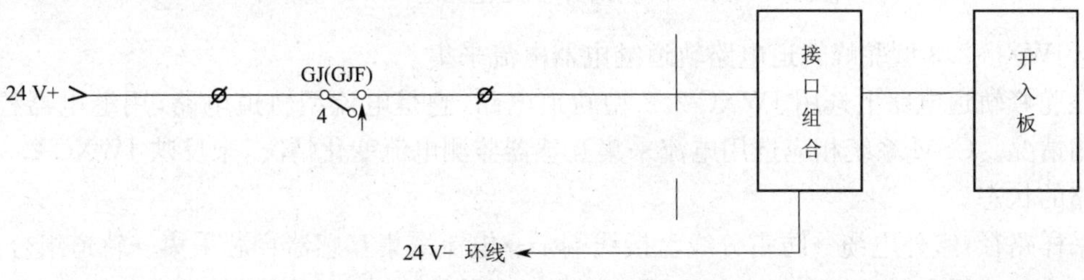

图 3.8　JZXC-480 型轨道电器 GJ 开关量测试原理

3. 高压不对称脉冲轨道电路接收端波头、波尾有效值电压及电压波形

高压脉冲轨道电路接收端译码器（YMQ）接收到高压脉冲信号，经过转换，产生出脉冲波头和脉冲波尾两路电压来驱动二元差动继电器，在脉冲极性正确及高压脉冲的波头、波尾的幅

值比例超标时，这时二元差动继电器会落下。基于现场不能实时监测译码器输入、输出电压和高压脉冲的波形情况，CSM 系统监测高压脉冲轨道电路信号和状态，为信号部门状态修提供有利的数据。

高压不对称脉冲轨道电路的监测内容有：译码器输入峰值电压、电压波形、波头有效值电压和波尾有效值电压。

监测点在译码器（YMQ）的相应输入、输出端；峰值电压、电压波形采样位置为译码器（YMQ）的输入端 1、2(3)；接收端波头有效值电压的采样位置为译码器（YMQ）的输出端 21、22；接收端波尾有效值电压的采样位置为译码器（YMQ）端 41、42；波头、波尾电压是译码器的输出电压，不直接与外线相接。

采样路径：室外电缆→防雷分线盘接线端子→译码器组合侧面端子→CSM 采集器。

在组合架上安装采集器，每个采集器可以采集一个轨道电路的峰值电压、电压波形、波头电压有效值和波尾电压有效值的信号，通过数字总线将采集信息上传到 CSM 站机。

采集器对信号采用高阻隔离加光电隔离的方式进行隔离，在采集器内部使用数字信号处理器，对信号进行高速采样、运算；计算信号的峰值电压、有效值电压，通过现场总线连接到接口通信分机和站机，进行存储显示等。通过人工命令方式对译码器输入（轨入）信号的波形进行调看。高压不对称脉冲轨道电路电压采集电路如图 3.9 所示。

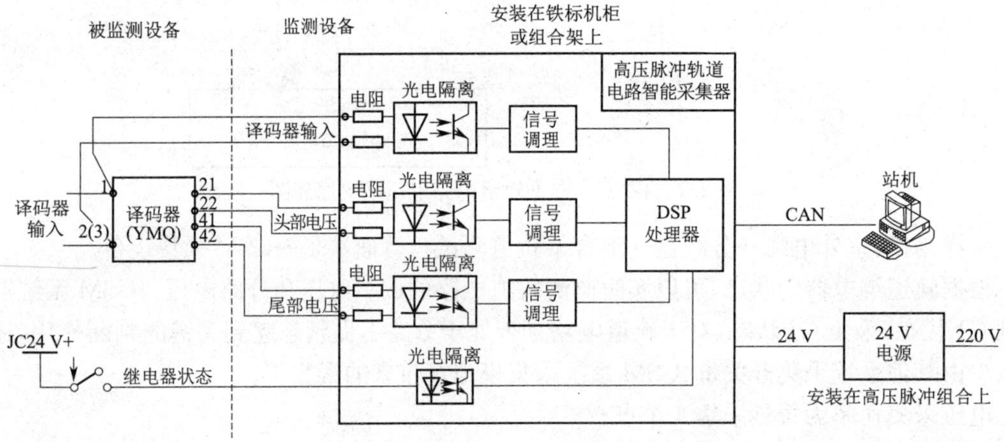

图 3.9　高压不对称脉冲轨道电路电压采集电路图

4. JWXC-2.3 型驼峰轨道电路轨道继电器电流采集

在驼峰轨道电路上选用 JWXC-2.3 型轨道电路，它是电流型轨道电路，用继电器检查轨道占用情况。CSM 系统相应选用电流采集互感器监测电流变化情况，来反映 JWXC-2.3 型轨道电路的状态。

采样路径：室外电缆→防雷分线盘接线端子→电流采集互感器穿芯采集→轨道组合侧面。

电流互感器安装在组合架上，GJ 回线穿芯互感器从轨道组合侧面至分线盘。

电流互感器利用电磁感应原理对轨道电流进行非接触式采集，在采集器内部，使用数字信号处理器，对轨道电流信号进行采样、运算并计算电流有效值，通过采集总线连接到采集接口设备和到站机，进行存储显示等。

典型工作任务4 移频轨道电路采集原理

3.4.1 工作任务

掌握ZPW-2000A型移频轨道电路及站内电码化电路的状态采集原理，包括发送与接收两方面的电气参数；理解监测流程，学会分析状态采集电路。根据电压与电流的采样参数分析判断ZPW-2000A型移频轨道电路及站内电码化电路的工作状况和工作质量。

3.4.2 知识链接

移频轨道电路主要介绍ZPW-2000A型移频轨道电路需要实采方法的部分，高速铁路ZPW-2000A/K型移频轨道电路的监测信息通过接口CANC总线获得不做介绍；ZPW-2000A型移频轨道电路主要采集发送电压、电流，接收轨入、轨出1、轨出2、GJ 4个信息状态等电压，站内电码化发送器功出端电压、电流。ZPW-2000A/K型移频轨道电路的监测信息通过接口CAN C总线获得。CSM系统采集ZPW-2000A/K型移频轨道电路系统发送和接收的电压、电流、载频和低频信息及维护信息和报警信息。

1. 集中式移频轨道电路发送端采集原理

对于ZPW-2000A型移频轨道电路设备，CSM系统使用实采的方法。ZPW-2000A型移频轨道电路发送电压、电流采集原理分别如图3.10和图3.11所示，每个移频发送器需采集发送电压、电流，同时计算出相应的载频、低频，通过编码送至CSM站机。

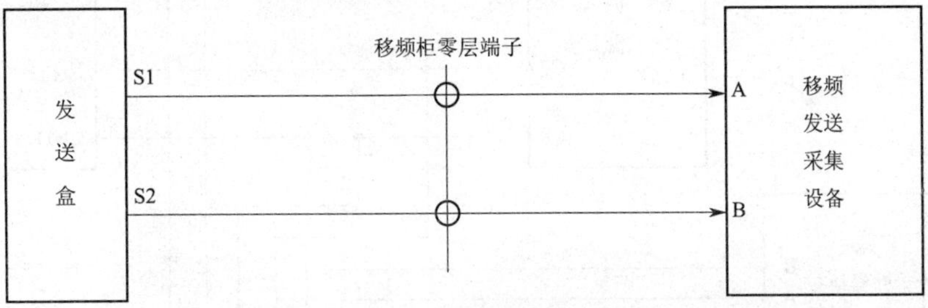

图3.10 ZPW-2000A型移频轨道电路发送电压采集原理图

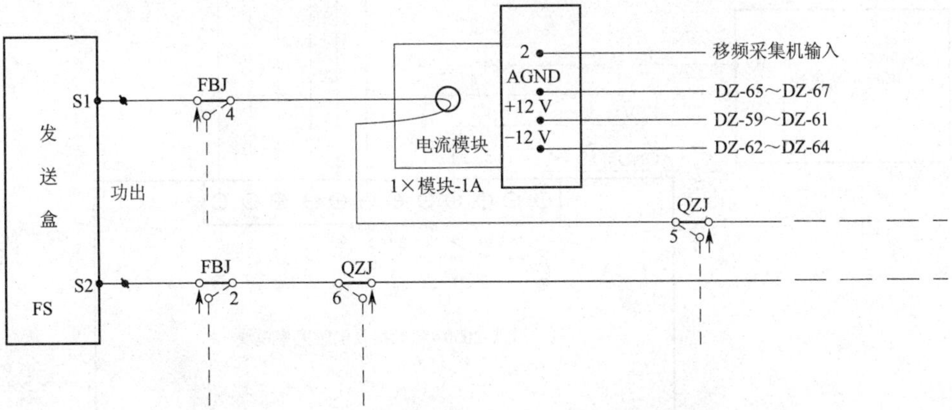

图3.11 ZPW-2000A型移频轨道电路发送电流采集原理图

分线盘电缆侧的发送电压采集：移频发送通道电缆侧电压采集示意如图 3.12 所示。

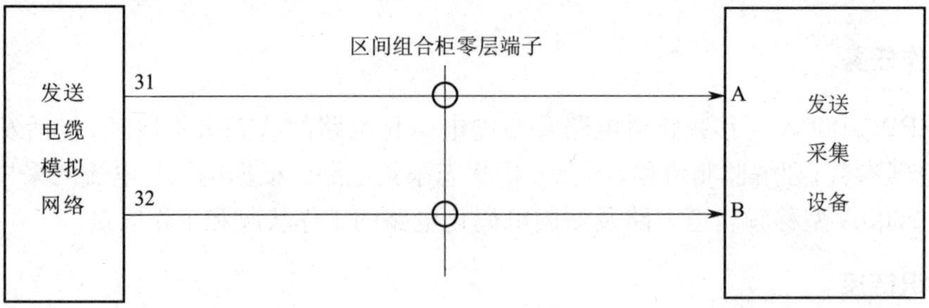

图 3.12　移频发送通道电缆侧电压采集通道示意图

2. 集中式移频轨道电路接收端采集原理

在接收端 CSM 系统采集轨入、轨出 1、轨出 2、GJ 4 个信息状态等电压。ZPW-2000 A 型移频轨道电路接收采集原理如图 3.13 所示，其他制式的移频只需采集接收端的轨入电压。

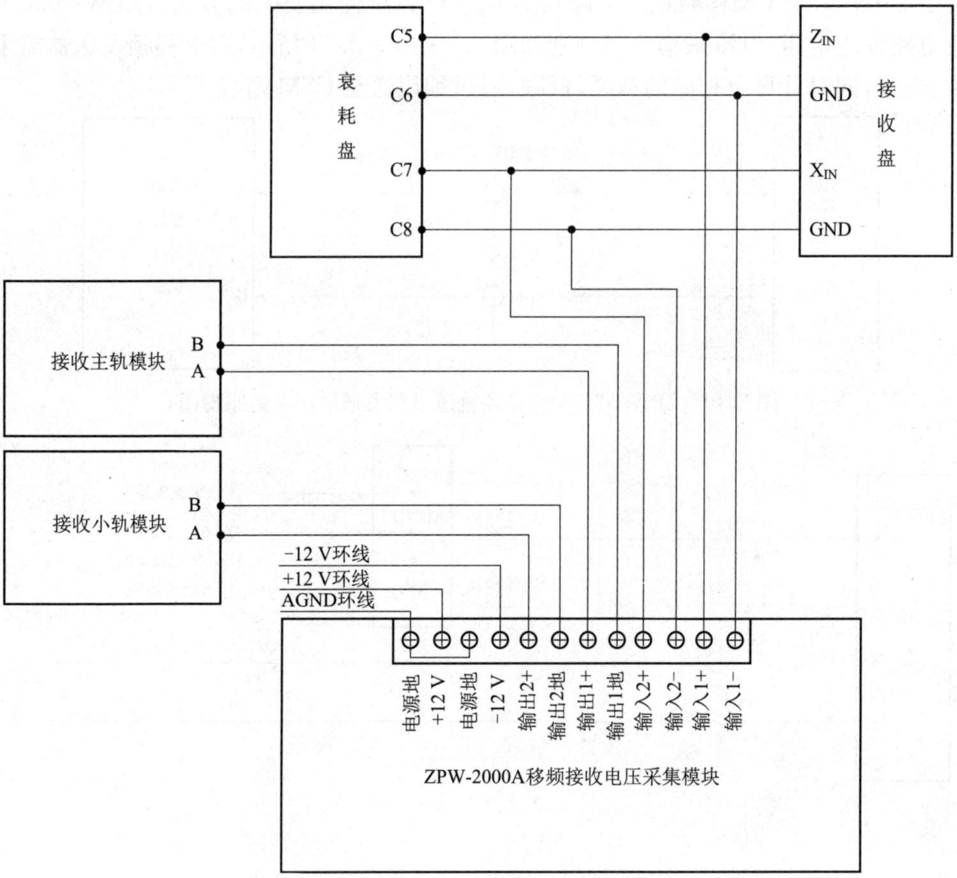

图 3.13　ZPW-2000A 型轨道电路接收采集原理图

移频自动闭塞接收轨入电压采集接收端的电压，位置通常在衰耗器处。集中式移频自动闭塞接收轨入电压采集示意如图 3.14 所示。

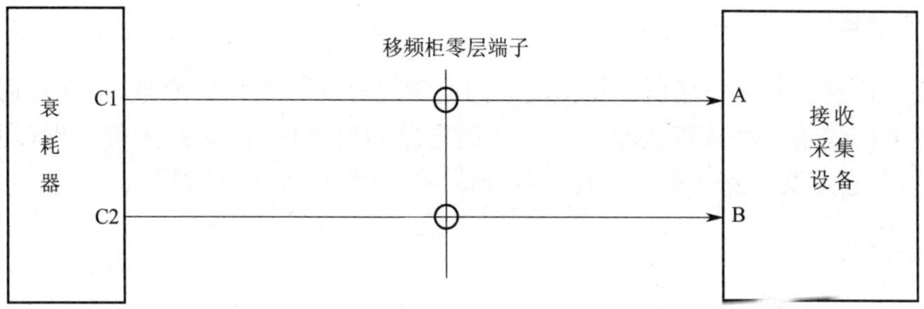

图 3.14 集中式移频自动闭塞接收轨入电压采集示意图

采样路径：移频衰耗器→CSM 采集设备。

移频接收通道电缆侧电压采集示意如图 3.15 所示。

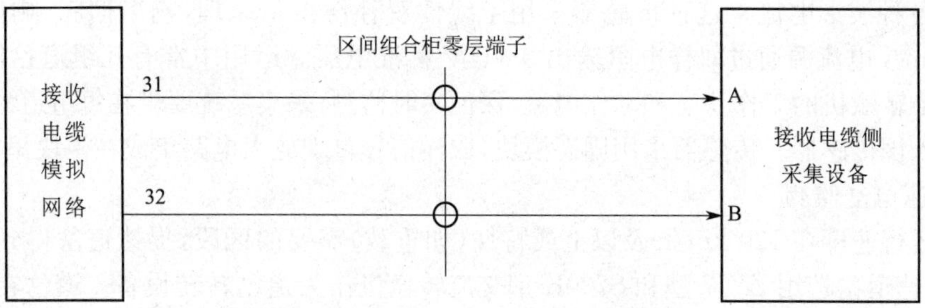

图 3.15 移频接收通道电缆侧电压采集示意图

3. 站内电码化发送端的监测采集原理

站内电码化发送端的监测，通过采集发送器功出端电压、电流实现，其集中式移频电压采集示意如图 3.16 所示，其中电流采集需使用发送盒至防雷间的输出线改接至采集组合，从内部穿过电流互感器采集后返回防雷架。

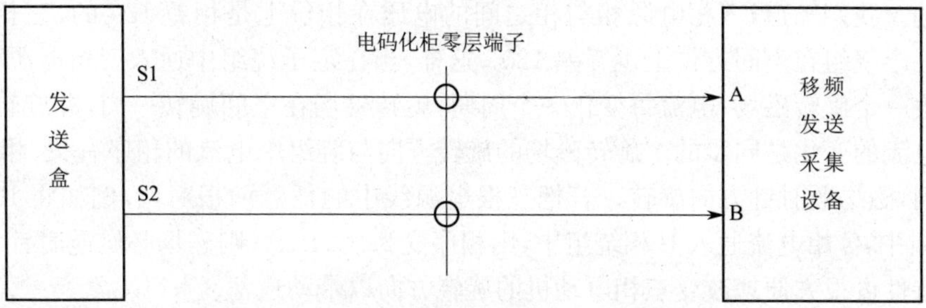

图 3.16 站内电码化集中式移频电压采集示意图

采样路径：移频发送器→CSM 采集设备。

典型工作任务5　道岔监测采集原理

3.5.1　工作任务

掌握提速道岔的交流转辙机三相交流电的监测内容及状态采集原理；掌握普通道岔ZD6系列转辙机的四线制电路及双机牵引的六线制电路的监测内容、状态采集原理；理解监测流程，学会分析状态采集电路。根据采样参数分析判断转辙机的工作状况。

3.5.2　知识链接

道岔监测是指实现道岔动作电流、功率曲线原始数据的跟踪采集；监测道岔启动继电器1DQJ和道岔DBJ/FBJ的状态，以及6520电气集中联锁SJ第8组接点的动态监测，完成道岔动作、实际位置与表示状态的校核；记录道岔转换时间及动作次数、判断道岔转辙机故障；防止违章作业，通过通信网络接口与站机交换数据。

道岔电流取样模块：对道岔电流的测试，采用WB系列穿心感应式电流传感器，可监测10 A以内各种波形电流。这种传感器采用了线性双补偿霍尔原理，隔离彻底、响应快、耐冲击，0～20 mA电流源通过取样电阻输出0～5 V标准电压。运用中常有几组道岔同时动作，为区分每个转辙机的工作状态和动作电流，保证实时监测，采集系统要求在每组道岔的动作回路中均串入该传感器。传感器采用固态模块，取样信号整理放大电路集成在模块里。

1. 提速道岔监测

列车运行速度在120 km/h及以上或特性（如重载）需要的区段，提速道岔得到了广泛应用，一般提速道岔选用ZYJ7型和S700K型交流转辙机作为道岔转转设备。道岔在铁路交通运输中的故障时有发生，而且道岔故障在铁路信号故障比例占了一半，这都是由于运输任务的日益繁忙，提速道岔受列车高速或重载运行不断冲击下，出现了一些隐患。道岔故障的发生并不是不可预防的，在维护中能及时发现设备隐患，及时克服，及时排除不良缺陷；往往信号维护人员并不一定能发现设备缺陷，可见监测提速道岔的意义重要性。通过CSM监测转辙机真实反映道岔动作过程中所受的阻力情况，有助于信号维护人员分析道岔状态。

提速道岔由交流转辙机完成牵引任务，交流转辙机的电机是三相异步电动机，三相异步电动机要旋转起来的先决条件是具有一个旋转磁场，三相异步电动机的定子绕组就是用来产生旋转磁场的。我们知道，三相电源相与相之间的电压在相位上是相差120°的，三相交流电机定子中的三个绕组在空间方位上也互差120°，这样，当在定子绕组中通入三相电源时，定子绕组就会产生一个旋转磁场，电流每变化一个周期，旋转磁场在空间旋转一周，即旋转磁场的旋转速度与电流的变化是同步的。旋转磁场的旋转方向与绕组中电流的相序有关，相序A、B、C顺时针排列，磁场顺时针方向旋转。若把三根电源线中的任意两根对调，例如将B相电流通入C相绕组中，C相电流通入B相绕组中，则相序变为：C、B、A，则磁场必然逆时针方向旋转。利用这一特性可很方便地改变三相电动机的旋转方向以带动道岔。

传统微机监测其方法只是监测电流，需要测试其电压、电流和功率因数，并绘制出电流、功率曲线实时反映道岔的正常动作情况和故障情况，对维修指导的意义凸显重要。

交流转辙机的监测内容：电压、电流、功率、1DQJ状态、定反位表示状态。

如图3.17所示采集原理，三相交流转辙机电流/功率集单元（传感器模块）设置在组合架附近，一个采集单元采集一组转辙机的三相电压、电流、1DQJ 和定反表示开关量。电压的采样点 UA、UB、UC 平时经监测点（1DQJ 和 1DQJF 接点）断开外线，在道岔扳动时，1DQJ 和 1DQJF 吸起，该监测点随着道岔启动电路的接通而监测道岔的数据。

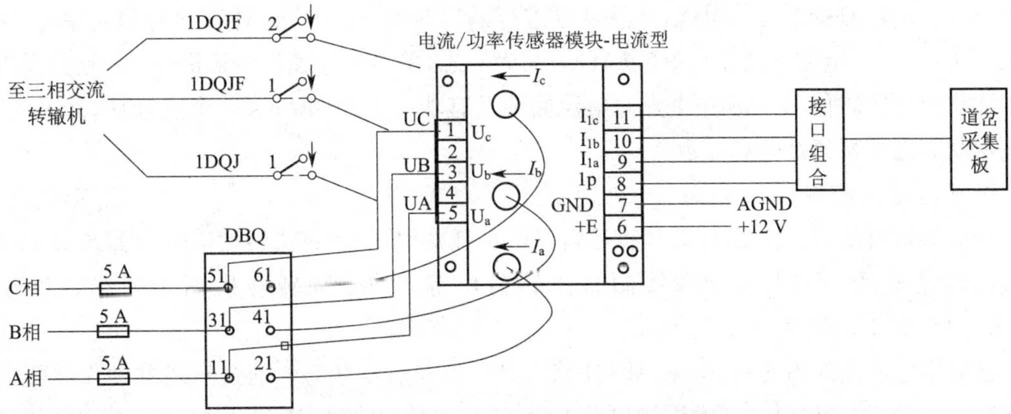

图 3.17　三相交流转辙机采集原理图

提速道岔电压监测点是在断相保护器（DBQ）前级端子 11、31、51 上。

提速道岔电流采集配线位置为 DBQ 输出（21、41、61）与 1DQJ（1DQJF）之间，采用穿芯互感器方式采集。

道岔转换时才会有动作电流，要监测道岔电流就必须监测道岔转换的起止时间。道岔采集机是通过采集 1DQJ 的落下接点状态来监测道岔转换起止时间的。1DQJ 吸起、2DQJ 转极，道岔开始转换，转换完毕，1DQJ 落下。

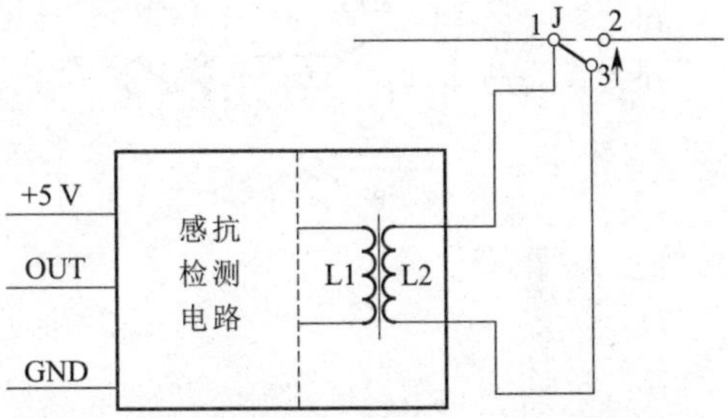

图 3.18　1DQJ 半组空接点采集原理图

采集状态最好的方案是采集空节点，一般在提速道岔控制电路上 1DQJ 继电器只有半组空接点，使用开关量采集器隔离采集 1DQJ 或 1DQJF 的一组低压半空接点的中接点和后接点。目前常用的采集位置是 1DQJ/1DQJF 的第 4 组接点。DQJ 半组空接点采集原理如图 3.18 所示。

为了了解道岔动作方向，需要采集定、反位表示状态，通常采集对应 DBJ 和 FBJ 的一组空接点。表示继电器空接点采集原理如图 3.19 所示。

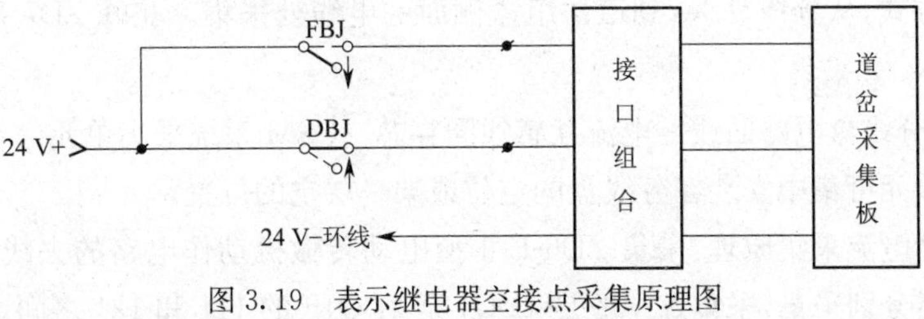

图 3.19　表示继电器空接点采集原理图

电压、电流采样路径：道岔组合输入空开→断相保护器前级（电压采集）→断相保护器后级（电流采集）→CSM 采集单元。

1DQJ 采样路径：1DQJ 空接点（半组后接点）→开关量采集模块→CSM 采集单元。

定、反表示采样路径：DBJ/FBJ 空接点→CSM 采集单元。

道岔在操动时，1DQJ 由吸起到保持和落下进行变化，1DQJ 开关量状态也变化，互感器开始采集道岔动作时的电压和电流，互感器也进行隔离转换，每 40 ms 计算出有功功率，并顺次记录下来，等待一组完整动作结束（以 1DQJ ↓ 为标志，单条曲线最长可采集 40 s），通过总线通信方式将电压实时值（40 ms 一个点）、电流曲线及有功率曲线（40 ms 一个点）、1DQJ 及定、反位表示状态送往站机及处理显示。

2. 普通道岔监测

普通道岔目前普遍由 ZD6 系列直流转辙机担任牵引任务，直流转辙机分为 ZD6 系列四线制直流转辙机及 ZD6-E/J 型六线制直流转辙机等。该系列转辙机用于列车速度小于 120 km/h线路上的道岔。

普通道岔监测的内容有：电流、1DQJ 状态、定/反位表示状态。通过对道岔动作电流的实时监测，能直接测量出电动转辙机的启动电流、工作电流、故障电流和动作时间，并以此描绘出道岔动作电流曲线。通过对电流曲线的分析即可分析判断道岔转辙的电气特性、时间特性和机械特性。四线制直流转辙机道岔电流采集原理如图 3.20 所示，六线制直流转辙机道岔电流采集原理如图 3.21 所示。

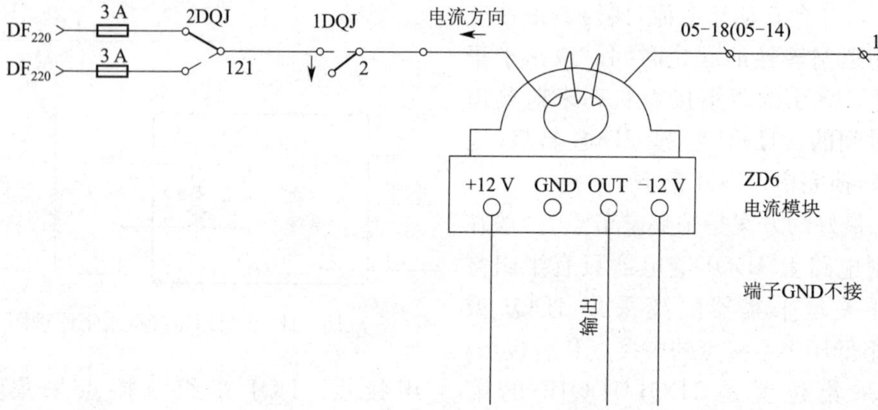

图 3.20　四线制直流转辙机道岔电流采集原理图

四线制道岔电流采集原理：采集点是在分线盘采集动作电流回线获得，电流模块可采用电流互感器穿芯方式，从分线盘 X_4 到道岔组盒侧面的电缆处采集。驼峰 ZD7 系列快动转辙机道岔在分线盘 X_3 处采集。

采样路径：分线盘电路回线→电流互感线圈穿芯→CSM 系统采集单元。

电流采集单元可集中安装在分线盘的空位或架一层空的位置。

六线制道岔电流采集原理：采集 ZD6-E/J 型电动转辙机动作电路的去线，电流模块采用两个电流互感器分别采集，采集点一般是 1DQJ 至 2DQJF 的 111 和 121 之间。电流互感器分散安装在道岔组合内部。

直流转辙机道岔电流曲线的采样周期为 40 ms；驼峰 ZD7 系列快动转辙机道岔电流曲线

的采样周期为 10 ms。

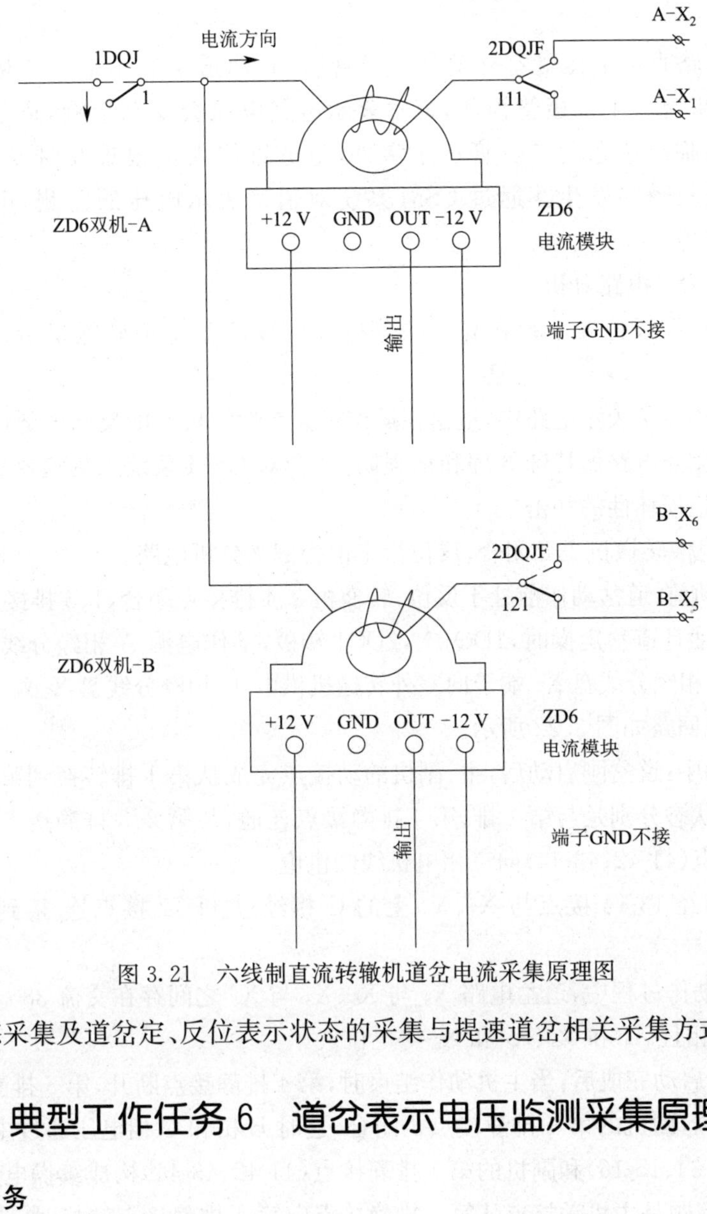

图 3.21　六线制直流转辙机道岔电流采集原理图

1DQJ 状态采集及道岔定、反位表示状态的采集与提速道岔相关采集方式相同。

典型工作任务 6　道岔表示电压监测采集原理

3.6.1　工作任务

掌握提速道岔及普通道岔的表示电路的电压监测采集原理和电压采样位置；理解监测流程，学会分析状态采集电路。根据采样参数分析判断，及时发现二极管损坏的故障隐患，避免长时间延时故障的发生。

3.6.2　知识链接

道岔表示信息是道岔维护的主要内容，道岔失去表示会导致联锁进路失去依据，从而影响行车。一旦道岔发生表示故障，怎样快速恢复道岔正常，最关键是判断外故障范围和故障点，如果判断错误，对铁路运输带来严重干扰。CSM 系统在分线盘实时监测每组道岔的表示在线电压，能准确发现故障，CSM 系统发出二级报警，通过 CSM 网络传送给电务段监控终端。

道岔表示电路直流电压受室外道岔二极管影响，而道岔表示电路二极管目前采用的是二并二串，如果有一个二极管损坏，道岔表示电路电压会受到影响，道岔电路表示继电器就会处于故障临界状态。二极管位于室外，电务维修人员很难及时发现该故障隐患，从而导致长延时故障的发生。通过 CSM 系统对道岔表示电压的监测，可以很轻松地知道这种潜在的隐患。

1. 提速道岔表示电路分析

道岔表示采样配线位置上存在高压的分析(以 ZYJ7 型电液转辙机带一个副机电路为例)。

在交流转辙机道岔表示电路中，道岔在操作时会有瞬间极高的反向电势(最高达 2 500 V 以上)，如果不对监测电路做特殊处理和加强防护，会对 CSM 系统采集道岔表示电压电路带来巨大而不可抗拒损坏性的冲击。

以 ZYJ7 型电液转辙机 1、3 闭合，反位操定位为例来分析电路。

(1) 道岔启动前：道岔动作前处于反位，转辙机 2、4 排接点闭合，1、3 排接点断开。

道岔电路启动且道岔定操时，1DQJ↑，2DQJ 转极，动作电源 A 相经分线盘 X_1 端子向室外转撤机供电，B 相经分线盘 X_2 端子向室外转撤机供电，C 相经分线盘 X_5 端子向室外转撤机供电，其动作电流回路如图 3.22 所示。

(2)道岔启动中：道岔刚启动后，主、副机的动接点完成从第 1 排转换到第 2 排静接点，此时动接点的连接状态分别是与第 1 排、第 4 排静接点连通，与第 2、3 排静接点是断开，启动电路通过第 4 排接点(41-42、43-44)向三相电机线圈供电。

X_2 上的 B 相经 13-14 接点与 X_3、X_5 上的 C 相经过 11-12 接点连 接到 X_4，如图 3.23 所示。

在整个道岔动作过程中，道岔电路 X_3 与 X_5、X_2 与 X_4 之间存在交流 380 V 电压，这个电压来自 B 相和 C 相且 X_4 和 X_5、X_2 和 X_3 等电位。

(3)道岔主机启动完成后：当主机动作结束时，第 4 排静接点断开，第 3 排静接点闭合。若此时副机并未到位，副机的第 4 排静接点仍闭合，这时 B 相和 C 相电压通过主机的第 1、3 排静接点(31-32、33-34、15-16)和副机的第 1 排静接点(41-42、43-44)构成续操电路，确保道岔能继续转换到位。问题是主机动接点从第 3 排静接点向第 4 排静接点转换时，会出现三相电路瞬间切断又瞬间恢复，X_3 和 X_4 上的 B、C 两相电压，受接点转换影响也出现瞬间断电又恢复的情况。此时电路中的电压分布如图 3.24 所示。

(4)道岔转换完成后：最后副机转动到位，副机的 41-42 接点断开切断 C 相电源。室内断相保护器使 1DQJ↓断开三相电路。

(5)根据上述分析情况可知，道岔电路瞬间通断有以下几个时刻。

① 道岔启动，2DQJ 转极，此时道岔动作电路刚接通。

② 主机动作到位，第 3、4 排接点转换，瞬间切断又连接三相回路组成续操电路。

③ 转辙机最后转动到位，此时由室外动接点断开三相中的一相。

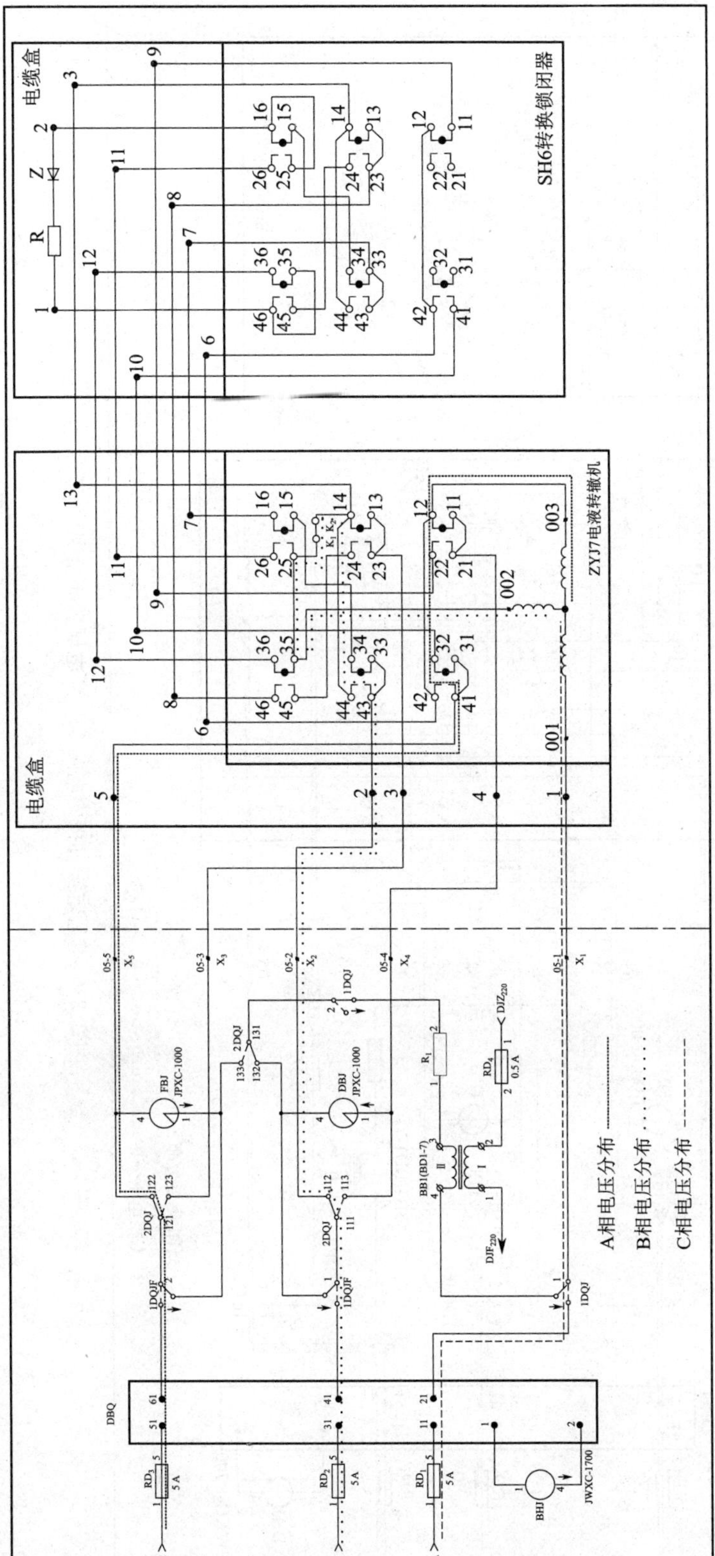

图 3.22　ZYJ 型电液转辙机定位操纵时动作电流回路

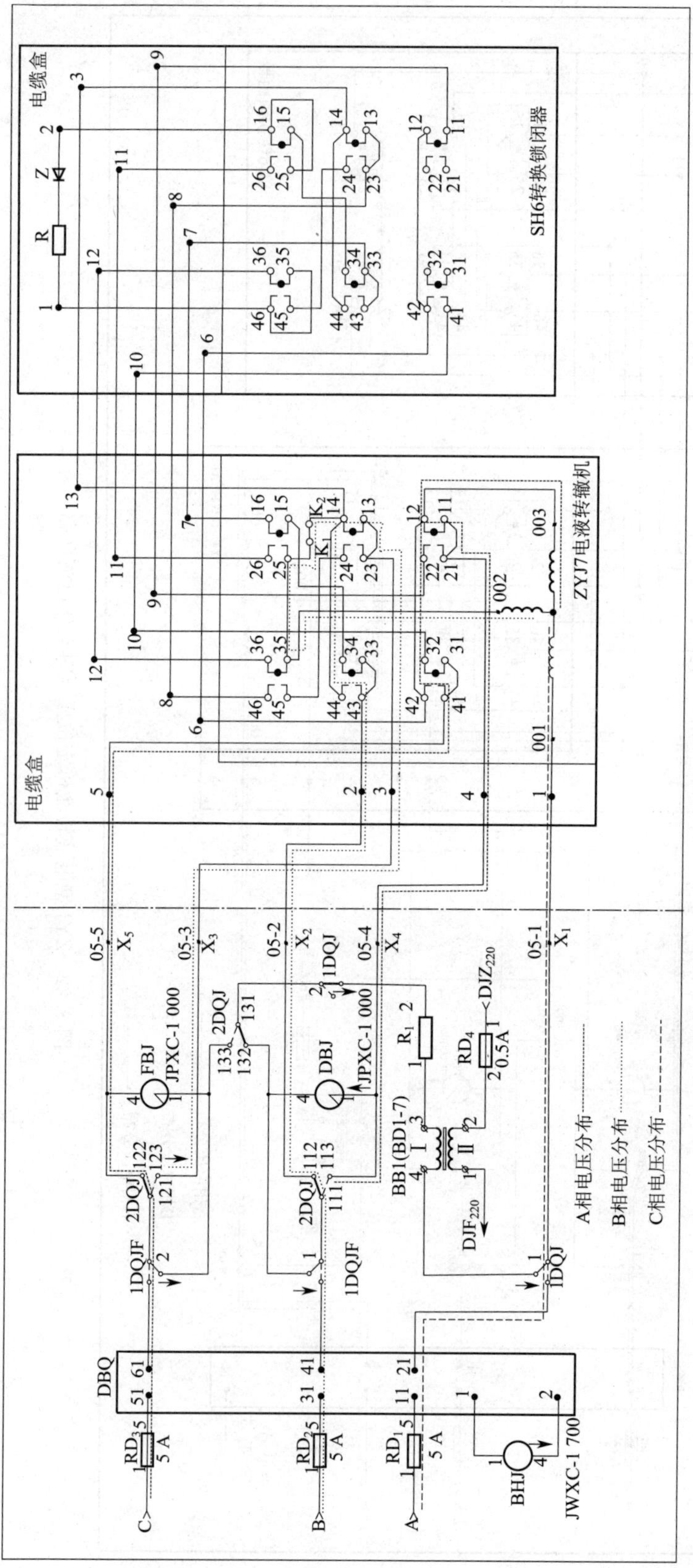

图 3. 23　道岔定操过程中电路 380 V 电压分布情况

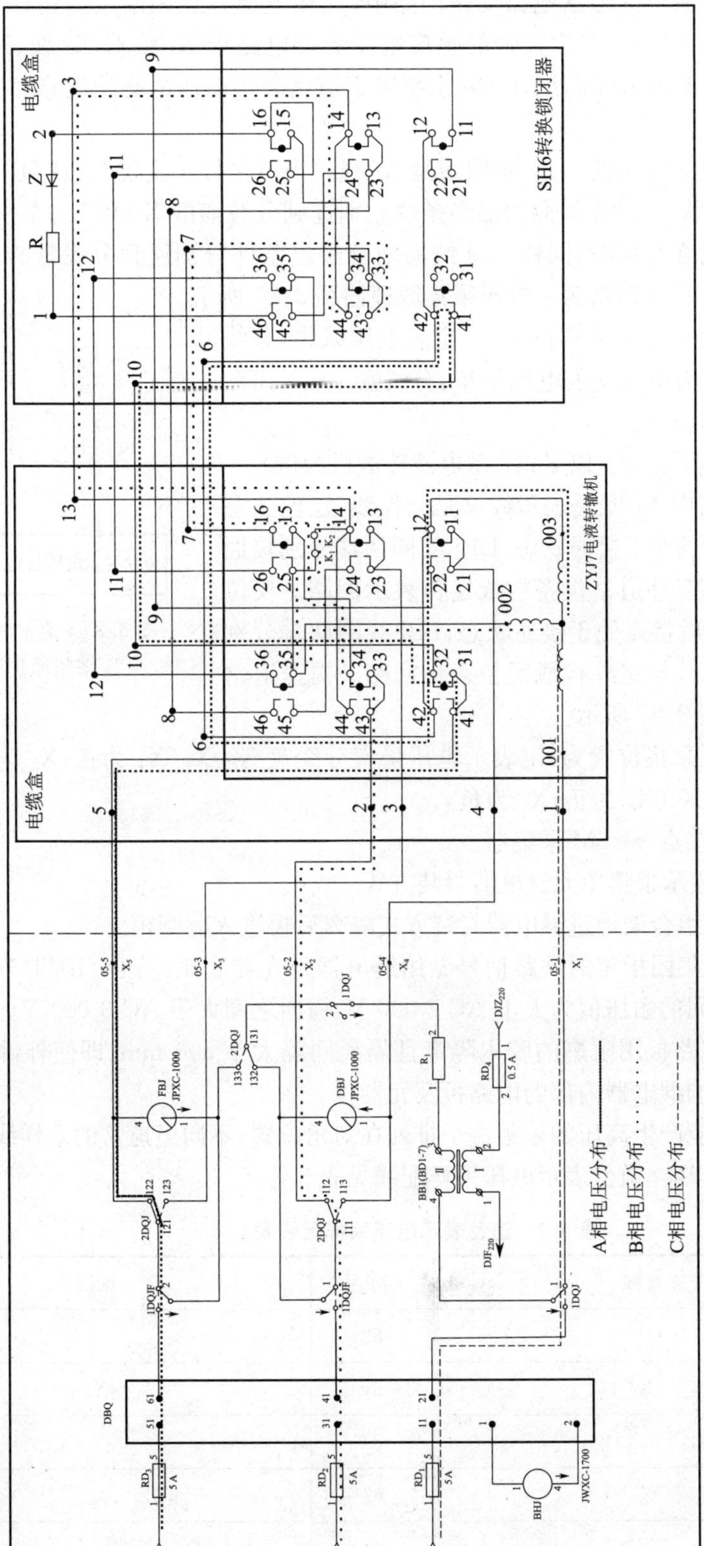

图 3.24　定操时续操电路电压分布

在 ZYJ7 型电液转辙机的道岔电路动作回路中，三相电源存在闪断或闪通，电机线圈电感的影响在道岔电路回路中将产生极强的感应电动势。电路中 X_4 线对 X_2 线、X_3 线对 X_5 线，在道岔操动过程会出现瞬间高压，CSM 系统采集道岔表示电压的必须注意和防护高压。

2. 普通道岔表示电压采集

在直流转辙机道岔表示电路中，表示回线是 X_3 线。当道岔处于定位时，1DQJ 处于落下，2DQJ 前接点处于接通状态，DBJ 线圈两端经条件分别连到分线盘的 X_1 和 X_3，与室外道岔设备构成表示回路。道岔在反位时，同样 FBJ 线圈两端经过条件分别连到分线盘的 X_3 和 X_2，与室外构成表示回路。普通道岔表示电压采集原理如图 3.25 所示。

直流转辙机道岔表示电压采样位置为：定表电压采集：分线盘 X_1、X_3（X_1 为正；X_3 为负）；反表电压采集：分线盘 X_2、X_3（X_3 为正；X_2 为负）。

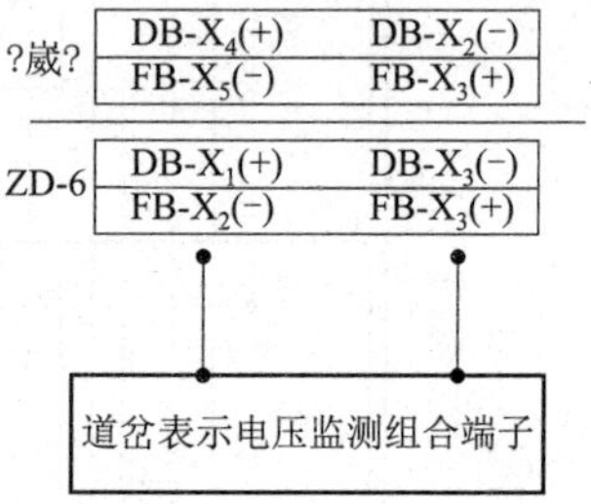

图 3.25　道岔表示电压采集原理图

3. 提速道岔表示电压采集（以 ZYJ7 型电液转辙机为例）

提速道岔控制电路中 X_1 既是表示线又是动作线，定位状态的 1DQJ↓，2DQJ 前接点处于接通状态，DBJ 线圈两端分别接通分线盘的 X_4 和 X_2，与室外道岔设备构成定位表示回路。反位状态的 1DQJ↓，2DQJ 后接点处于接通状态，FBJ 线圈两端分别接通分线盘的 X_3 和 X_5，与室外构成反位表示回路。提速道岔表示电压采集原理如图 3.25 所示。

提速道岔表示电压采集位置为：定表示电压采集分线盘 X_2、X_4（X_4 为正；X_2 为负）；反表示电压采集分线盘 X_3、X_5（X_3 为正；X_5 为负）。

采样路径：分线盘接点→CSM 采集器。

4. CSM 系统道岔表示采集单元继电器封装方式

（1）被采集电压在组合架通过继电器封装方式隔离后再进入监测柜。

（2）外壳采用国铁集团指定的铁路信号专用继电器外壳和底座，符合 GB/T 7417—2001 标准，相邻簧片纵向之间的耐压值为大于 AC 2 000 V，横向之间大于 AC 3 000 V。继电器外壳的外部端子与内部电路板用阻燃的胶木隔离且隔离间隔大于 500 mm，即使外部接触端子于击穿打火，也不会影响继电器内部的电路板及元器件。

(3)同一组道岔可能产生高压的采集端子排列在对角位置；不同组道岔的采样线的输入端子之间空出一排或两排端。道岔表示电压采样配线见表 3.1。

表 3.1　道岔表示电压采样配线表

端子号	配线	端子号	配线
72		82	
71	X_1	81	X_2
73		83	
52	X_5	62	X_3
51		61	

续上表

端子号	配线	端子号	配线
53		53	
33	X_4	52	X_2
31		41	
12	X_5	42	X_2
11		23	
13		21	
3	串行 A	23	串行 B
1	工作电源＋	2	工作电源－

(4) 每组道岔采样线之间隔一个端子，而耐压为 AC 4 000 V 以上。

5. CSM 系统输入端与主板之间隔离保护措施

(1)道岔表示电压输入电路如图 3.26 所示，在采集器输入高低端之间增加熔丝(标称值为 64 mA)，当电流超过 200 mA 时，熔丝会瞬间熔断，可靠防止了输入端短路。

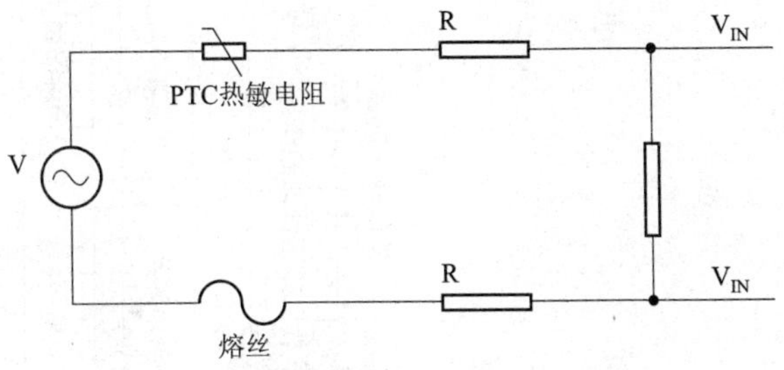

图 3.26　道岔表示电压输入端电路图

(2) 分压回路中需串入 PTC 热敏电阻，在输入端回路电流超过 64 mA 时发挥作用，在几十至几百毫秒内将阻值增至几兆欧，直至自身烧毁开路。

(3) 限流电阻高低端各采用 1 MΩ 的氧化金属膜电阻，强电高压输入经限流电阻分压取样后，降为弱电压信号(几百毫伏量级)进入后级处理电路。

(4) 隔离电路与继电器输入端子的接线采用 200 ℃高温阻燃导线。

典型工作任务 7　电缆绝缘监测采集原理

3.7.1　工作任务

掌握信号电缆对地绝缘效果的监测内容及状态采集原理；理解监测流程，学会分析状态采集电路。根据采样参数分析判断信号电缆的工作状况，及时避免因信号电缆对地绝缘不良引起的设备故障。

3.7.2　知识链接

铁路信号设备室内设备通过控制电缆控制室外设备，同时室内设备通过控制电缆控制室外设备。信号电缆在铁路信号中起着举足轻重的作用，在实际运用中，铁路信号电缆对地绝缘不好的情况时有发生。铁路信号电缆对地绝缘不良，轻则引发设备的故障，影响铁路交通运输；重则造成信号联锁失效。电缆绝缘测试是 CSM 系统的重要功能之一。

电缆绝缘测试是指电缆芯线全程对地绝缘电阻的测试，支持人工启动全测或单测。由于部分电缆芯线接有防雷设备，为避免测试电压击穿防雷设备，影响信号设备正常使用，所以测试电缆绝缘时应按规定要求，即先拔下防雷元件，再进行测试。

电缆绝缘测试是由综合采集机通过开关量输出模板驱动安全型继电器的，由继电器接点组成多级选路网络和互切电路，将所测电缆芯线通过选路网络逐条接入综合采集机电缆绝缘监测电路模板，采用 500 V 直流高压在线测试方法，将电缆全程对地绝缘电阻 A/D 转换成相应的 0～5 V 标准直流电压，送入 CPU 进行数据处理。

采样路径：分线盘配线端子→继电器接点网络→CSM 绝缘测试表→采集板。电缆绝缘测试流程如图 3.27 所示。

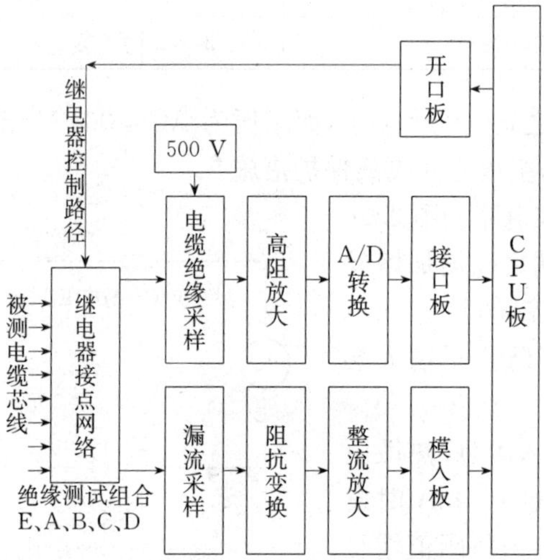

图 3.27　电缆绝缘测试流程图

将特制的 500 V 直流高压加至电缆芯线上，把电缆芯线全程对地绝缘电阻 Rx 接入测试回路(安装在 E10 的电缆绝缘测试电路)，与回路内取样电阻串联，从取样电阻上获得取样电压。Rx 的大小决定回路电流的大小，亦即决定取样电压的大小。再将取样电压量化转换成 0～5 V标准直流电压后，送入至 CPU 进行数据处理，其原理图如图 3.28 所示。

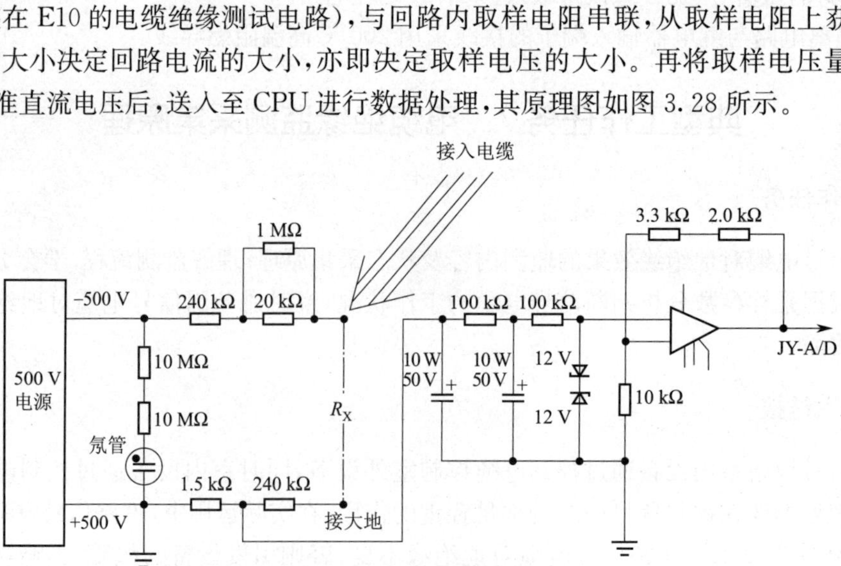

图 3.28　绝缘测试原理图

在对铁路信号设备电缆绝缘测试径路都是经过防雷后引入绝缘测试组合 A、B、C 和 D 的侧面端子 01～04 列上，由于电缆芯线数量多，启动电缆绝缘测试时，只能一根一根的测试，就只能借助测试继电器组成的树形阵列接点开关，也就是继电器多级选路网络和互切电路，将每条电缆顺序的、逐一的接入测试电路，如图 3.29 所示。在启动绝缘测试之前，测试电缆与绝缘测试采集设备（如开出板、CPU 板）之间是完全隔离的。图 3.30 中，E 组合是控制组合，控制组合 A、B、C、D 是被测电缆引入组合，每一个组合可以采集 64 根电缆。

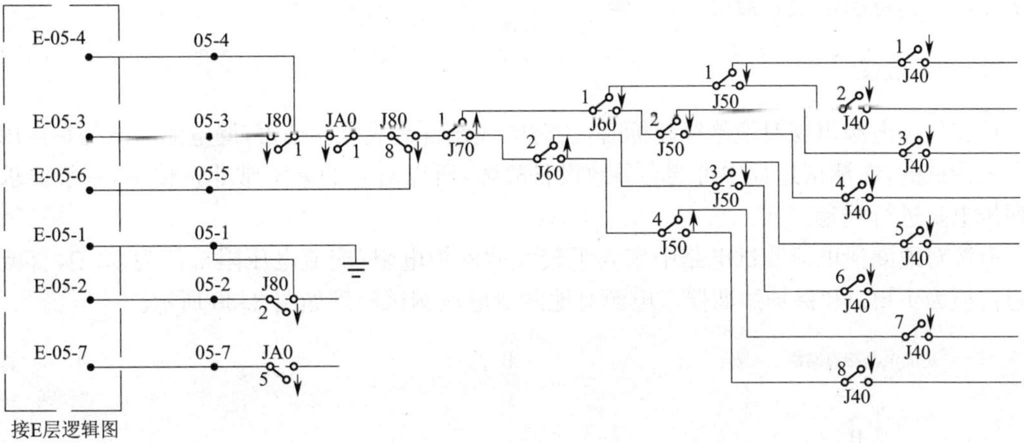

图 3.29　绝缘测试接线图

测试时，继电器的吸起或落下是由采集机通过开关量输出模板开出条件驱动的，根据接受命令的路码，算出阵列中哪些继电器吸起，哪些继电器落下，从而将哪一路电缆接入测试电路。

每一整套组合的最大容量为 256 根电缆芯线，分 4 组接入 A、B、C、D 层，经由继电器接点组成的树形阵列开关，在采集机软件的控制下，顺序接入电缆绝缘测试电路——E10，计算出对地绝缘值。当某个站被测电缆绝缘路数大于 256 路时，需要增加采集测试设备。

电缆绝缘测试继电器组合的内部配线由供应商在厂家按标准配线图配接好，对于具体车站应根据具体电缆芯线数量和现场调查资料，对照标准图的端子分配设计图施工配线。

在电气化铁路中，道岔控制线电缆绝缘没有防雷设备的保护，CSM 系统有可能被外来的强信号干扰。测试时电路中虽然通过控制 J80（J80 位于 E 组合中，是绝缘测试总开关，只有 J80 吸起才能正常启动绝缘测试，J80 是测试绝缘的关键继电器）的状态保证电缆不会接入机柜的采集机，当工频等强干扰信号通过道岔电缆串入绝缘测试组合，有可能击穿继电器接点，会影响其他绝缘测试设备。因此必须对道岔电缆绝缘测试部分进行特殊设计，以防止影响道岔正常使用。

道岔电缆绝缘测试解决的方法：

（1）将道岔电缆集中配置在单独的绝缘测试组合，不能与其他电缆在同一层使用。

（2）道岔电缆统一配置在绝缘选路继电器的前接点，对应侧面端子为 01-9～01-16、02-9～02-16、03-9～03-16、04-9～04-16，绝缘测试落下对应侧面端子不配线，以增强线缆之间的耐压能力。

典型工作任务 8　电源对地漏泄电流监测采集原理

3.8.1　工作任务

掌握信号电源对地绝缘效果的监测内容及状态采集原理；理解信号电源漏泄电流的监测流程，学会分析状态采集电路。根据采样参数分析判断信号电源的工作状况，及时避免因信号电源漏电流超标引起设备故障。

3.8.2　知识链接

铁路信号电源出现对地绝缘超标时，会对电气设备造成电器伤害，漏电流测试是在运用状态下做测试的，在测试过程中可能会导致设备故障，所以对它的采集常非常慎重，一般要求串入保护电阻进行测量。

电源对地漏泄电流测试电路中串入了较大的保护电阻(交流电压阻抗值为 50 Ω，直流电压阻抗值为 1 kΩ)和保护熔断器。电源对地漏泄电流测试原理如图 3.30 所示。

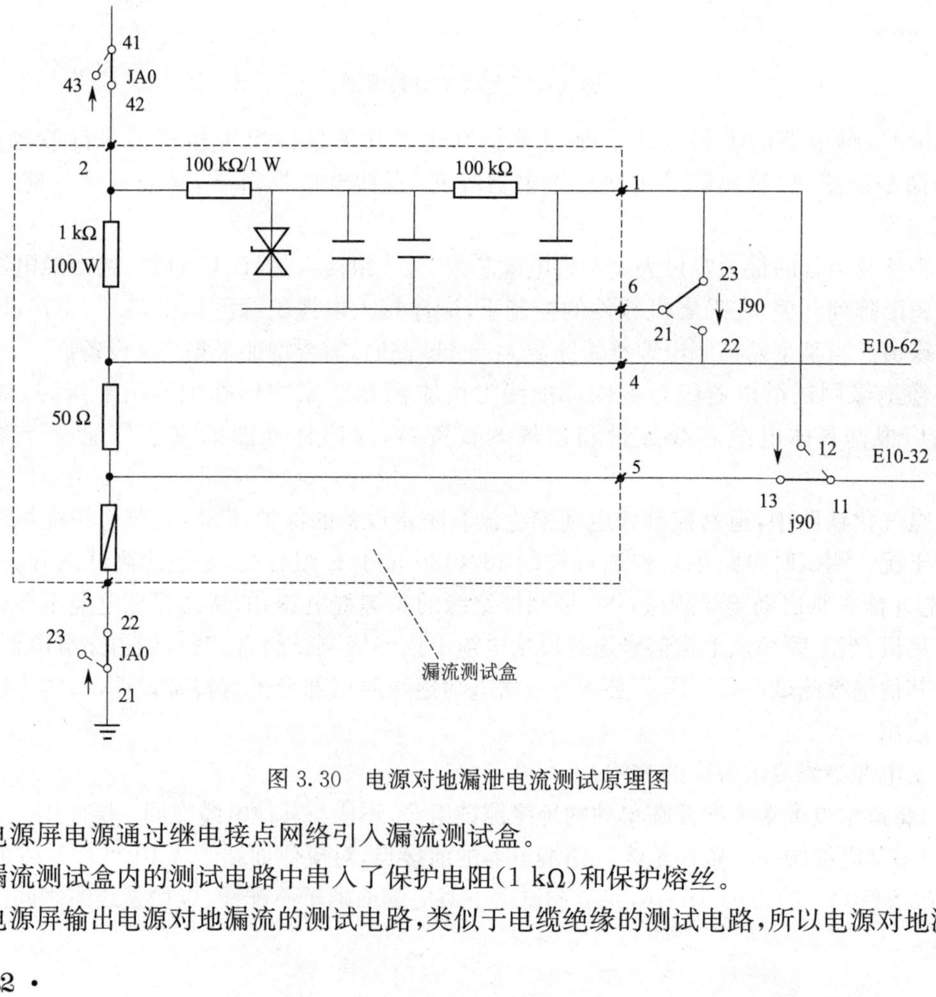

图 3.30　电源对地漏泄电流测试原理图

电源屏电源通过继电接点网络引入漏流测试盒。

漏流测试盒内的测试电路中串入了保护电阻(1 kΩ)和保护熔丝。

电源屏输出电源对地漏流的测试电路，类似于电缆绝缘的测试电路，所以电源对地漏流测试与电缆绝缘测试共用一套测试继电器组合，电源屏输出电源有交、直流之分，只是在电缆绝缘测试继电器组合的基本层(E 层)，增加两个漏流测试继电器 JA0、J90。JA0 作为测试电缆绝缘和测试电源漏流的区分条件，J90 作为测试交流漏流和直流漏流的区分条件。JA0、J90 受开出板控制，由软件程序控制它们动作。

测交流电源漏流时 JA0↑、J90↓，在 50 Ω 电阻上取样；测直流电源漏流时 JA0↑、J90↑，在 1 kΩ 电阻上取样。

将取样电压信号量化转成标准模拟电平，经采集机模拟量输入板送至 CPU 进行 A/D 转换和数据处理。

采样路径：电源屏输出端子→继电接点网络→漏流测试盒→绝缘漏灯丝测试单元→采集板。

漏流测试通常检测电源屏隔离输出的电源电缆，包括信号点机灯电源、轨道电路电源、道岔动作电源、道岔表示电源、闭塞电源、联锁电源、列控电源、TDCS/CTC 电源、CSM 电源、电码化电源、稳压备用电源等交、直流电源。电源屏输入和不稳压备用电源为非隔离电源，不需要测试漏流。

特别注意：电源屏各种输出电源对地漏流的测试是关系到安全生产的，以防万一，规定只在“天窗”时间内人工启动测量。

防护失误测试方法：在测试启动前，软件窗口有“天窗点内人工启动”提示，测试人员确认后输入用户名及密码，才能对电源漏泄电流测试。

典型工作任务 9 其他监测内容及采集原理

3.9.1 工作任务

掌握站场状态开关量、列车信号机点灯电流等其他监测内容的状态参数采集原理；理解监测流程，学会分析各类状态采集电路。根据采样参数分析判断信号设备的工作状况，及时发现故障及处理故障，提高信号设备系统的可靠性。

3.9.2 知识链接

CSM 系统监测开关量状态，同时记录站场行车信息和值班员的操作信息，为其他监测项目提供采集条件；监测列车信号机点灯回路电流、半自动闭塞、站(场)间联系电压、熔丝断丝报警采集、防灾异物侵限和环境状态监测及道岔 SJ 第 8 组接点封连报警采集对电务人员意义深远。

1. 站场状态开关量采集原理

CSM 监测系统在 6502 电气集中站场图型及行车人员操作等信息的监督，是依据监测开关量状态来完成的，同时记录站场行车信息和值班员的操作信息，为其他监测项目提供采集条件。

高速铁路的站场开关量信息，绝大部分通过计算机联锁、CTC、列控、轨道电路系统的接口采集。特殊的部分 CSM 系统通过采集板采集开关量信息。

(1) 6502 电气集中站大量用于行车作业实时记录和进路跟踪的开关量信息，一般从控制台表示灯取样，经整流、滤波及光电隔离后送入开关量输入板。固态光隔模块采用了高阻加光电隔离技术，采集板内部电路与被采样点进行电气隔离，保证开关量采集板不会对被采集系统造成影响。为了防止浪涌电流对采样电路造成的危害，对开关量采样电路增加 TVS 管进行防护，增强采样电路可靠性。

开关量采集板采集原理如图 3.31 所示。

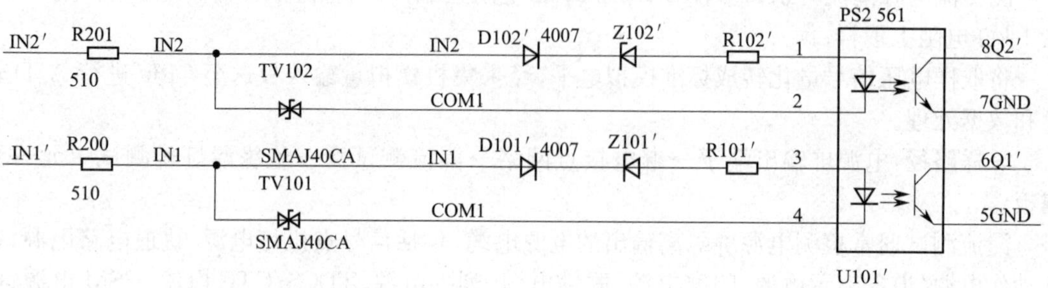

图 3.31　开关量采集板采集原理图

(2)对按钮的监测，优先采样按钮继电器的空接点，若无空接点，则从表示灯两端采样，按钮开关量采集板采集原理如图 3.32 所示。人工解锁按钮则直接采集按钮空接点(第 2 组接点，没有第 2 组接点的应更换)。

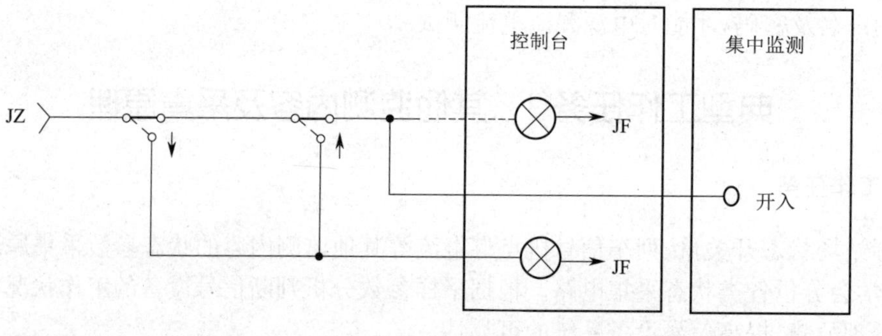

图 3.32　按钮开关量采集板采集原理图

(3)对继电器开关量有空接点的优先采样空接点；少量无空接点的关键继电器需要加复示继电器。继电器空接点采集原理如图 3.33 所示。

(4)继电器半组空接点的采样使用开关量采集器，开关量采集器依据电磁感应原理，通过线圈间的磁耦合实现开关量状态的传感。继电器半组接点采集原理如图 3.34 所示，图中 J 是待检测继电器，接点 1-2 被信号设备使用，接点 1-3 为未使用的空接点。由于接点 1 是公共的，因此 1-3 称为半组空接点。传感器的一组感应线圈 L2 接在接点 1-3 间，另一组线圈接检测电路。检测电路检测线圈 L1 的电感量及其损耗，L1 和 L2 通过磁场耦合。当 1-3 断开时，L2 上无电流，L1 为自身的电感和损耗。当 1-3 闭合时，L2 上产生感应电流；因此 L1 的损耗增大，同时 L1 的电感量减小。这样继电器的状态在电感线圈 L1 上得到反映。通过检测 L1 的电感量和损耗，就可得知继电器的状态。开关量采集器隔离性能好，与信号设备只有一点接触，不并接也不串接在设备中，因此不取设备的任何电流和电压，对设备无影响。

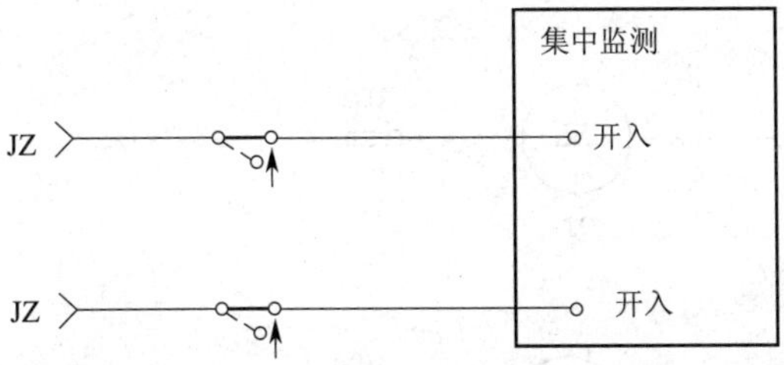

图 3.33 继电器空接点采集原理图

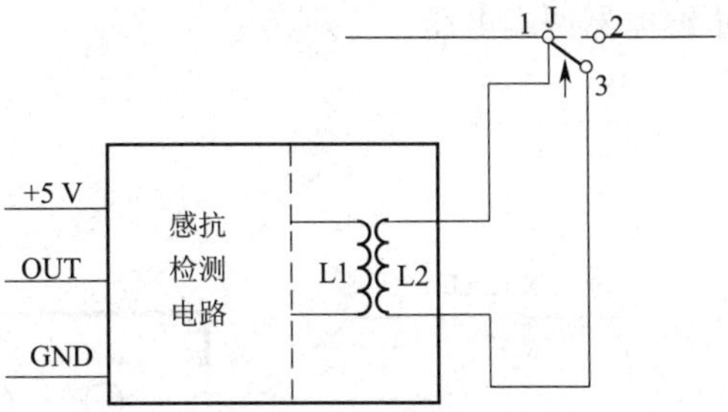

图 3.34 继电器半组接点采集原理图

2. 列车信号机点灯电流采集原理

车站列车信号机和区间通过信号机点亮,同时灯丝继电器必然励磁。灯丝继电器失磁落下说明信号机在灭灯状态,一些灯丝继电器失磁落下的故障是因为信号点灯电流没有达标。CSM 系统通过监测点灯电路中的电流,及时发现电路中的电器特性异常的隐患,让维护人员及时排除设备不良隐患。

对于列车信号机点灯回路电流的监测仍然采用采集模块 + 采集板的方式。采集模块使用单相 2×模块—0.5 A 或使用 2×模块—0.5 A。采集板使用模入板。

信号机点灯电流采集机由电源、总线板、两块模拟量采集板和 96 个信号机点灯电流传感器组成,可以满足 48 架列车信号机的采集要求。

CSM 系统用电流互感器测试点灯回路电流的方法:将 DJ(2DJ)的点灯去线穿过电流互感器,采集设备通过感应电压得出回路中的电流值。列车信号机点灯电流采集原理如图 3.35 所示。

采样路径:DJ 电流传输线→信号电流采集互感器→ CSM 采样设备。

3. 半自动闭塞监测采集原理

CSM 系统监测半自动闭塞的发送电压和电流,为电务维修人员提供半自动闭塞电压实时值、历史记录曲线的分析和电流,便于问题分析和故障查找。

半自动闭塞外线电压、电流监测位置为分线盘至组合侧面间。电压采样配线点一般选在组合侧面或分线盘端子,电流采集使用穿芯直流电流互感器完成。一个半自闭采集设备可以采集一路正反向电压和一路正反向电流。

直流电流互感器安装在组合架上,将半自动闭塞 X_1 外线穿过直流电流互感器线圈绕一匝,闭塞线路上有−500～+500 mA 电流流过时,直流电流互感器模块输出−2.5～+2.5 V 的电压信号。每个直流电流互感器采集 1 路。直流电流互感器经过转换,输出电压信号,模入板经过隔离转换后,采用现场总线方式经过光电隔离模块进入。

半自动闭塞外线电压从分线盘端子引入半自闭采集设备,经单元内部的隔离模块隔离、运算放大处理后,再进行 A/D 转换、CPU 处理,最后通过现场总线送 CSM 站机显示、存储。

4. 站(场)间联系电压监测采集原理

站(场)间联系电压是两站之间信号联锁关系信息传递的重要通道,它一旦出现问题将影响铁路运输安全。CSM 系统对站(场)间联系电路进行实时监测,对电务人员意义深远。

一般对于站联电压采集,是采集对应相邻两站间分界处联系轨的区间轨道电路的 GJ 和

DJ 继电器两端电压。

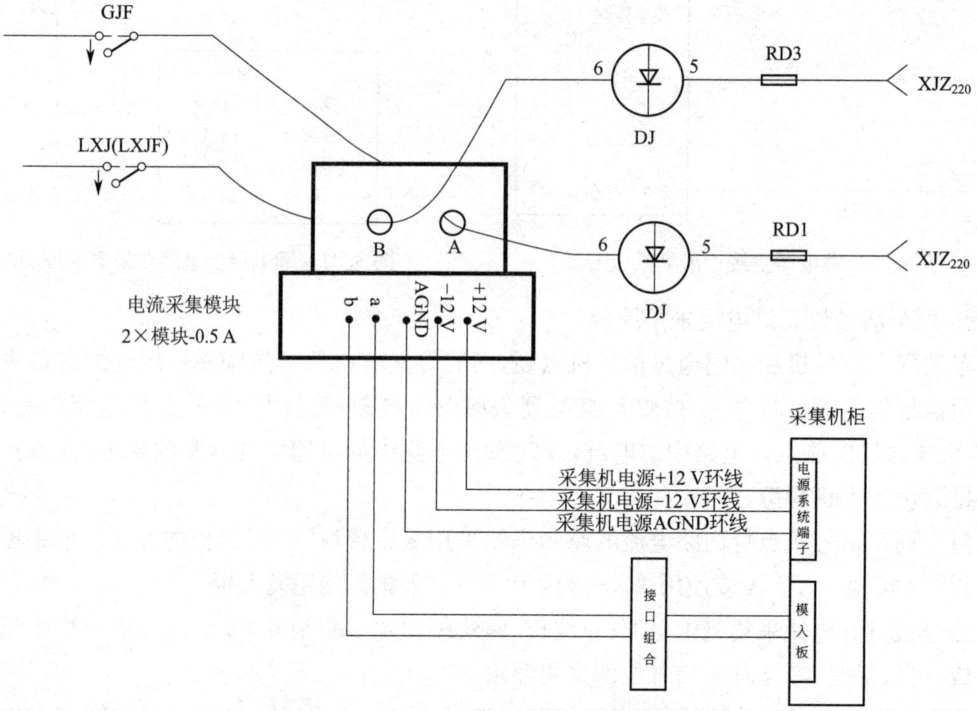

图 3.35　列车信号机点灯电流采集原理图

采样点设置在分线盘端子或站(场)间联系电路组合侧面端子。

采集信息经过隔离转换后,采用现场总线方式经过光电隔离模块进入 CSM 站机。

5. 熔丝断丝报警采集原理

信号机械室内各组合架上的各种熔丝报警情况,通过 CSM 系统的监测及时将熔丝断丝报警位置信息传送到电务段调度监测终端上显示。

电气集中站机械室的熔丝,绝大部分都安装了多功能熔丝单元,而且大多配套加装了报警设备,所以信号集中监测系统没有必要对每个熔丝的状态进行监测,可根据具体情况采取下列三种方式。

(1)系统只监督控制台总熔丝报警状态,实时记录总熔丝报警和恢复时间,并通过主机屏幕显示和报警通知值班人员处理。

(2)系统采集机械室排架熔丝报警条件,实时判别记录故障熔丝的排架位置,并通知值班人员处理。

(3)对没有安装多功能熔丝单元的控制台,电源屏的熔丝采用固态光隔模块逐个采样监视,实时判别记录到位,熔丝断丝后通知值班人员及时处理。

通常采用第二种方式,从机械室既有熔丝报警电路排架灯处,取出表示灯条件实时判别记录熔丝断丝的排架位置,并通知值班人员处理。熔丝报警排架灯采集原理如图 3.36 所示。图 3.36(a)接法是共报警负,图 3.36(b)接法是共报警正。熔丝报警电源一般有直流 12 V、24 V、50 V 三种,根据报警电源的大小,需要选择不同的开入板输入参数。开入板输入端稳压管和

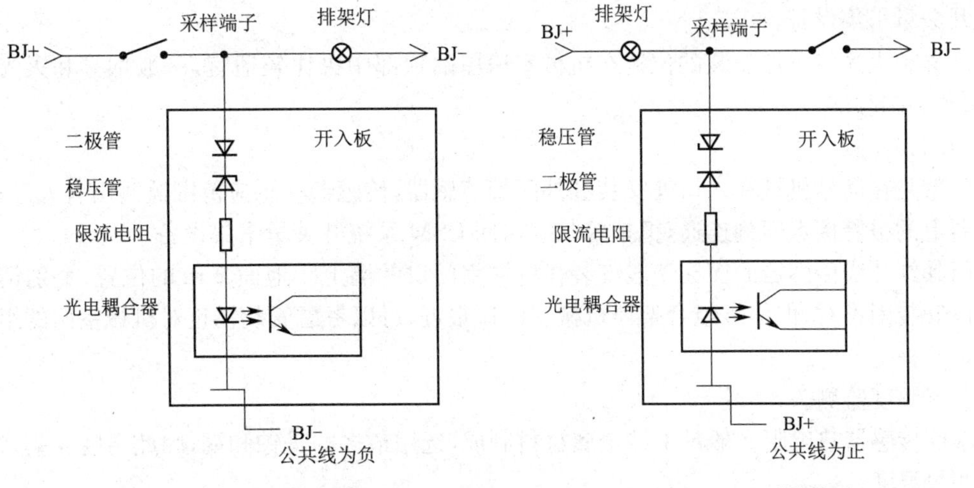

图 3.36　熔丝报警排架灯采集原理图

限流电阻与熔丝报警电源大小的对应关系如下：

①报警电源 DC 24 V 时，稳压管为 12 V，限流电阻为 6.8 kΩ。

②报警电源 DC 12 V 时，稳压管为 6.2 V，限流电阻为 3.3 kΩ。

③报警电源 DC 50 V 时，稳压管为 12 V，限流电阻为 36 kΩ。

6. 防灾异物侵限采集原理

CSM 系统检查系统在列控系统接口处监测防灾系统的接口状态(直流电压)，对于判定故障位置有很大的作用。

列控中心 YWJ 驱动电压是由室外送回到室内的，那么 CSM 系统电压采样点最佳点当然是在分线盘对应的端子上。防灾异物侵限继电器电压测试原理如图 3.37 所示。

采样路径：分线盘配线端子→CSM 采集设备。

采用高阻加光电隔离传感器进行隔离采样，采样信号经过调理后送入 CPU 处理，由现场总线送站机分析显示。

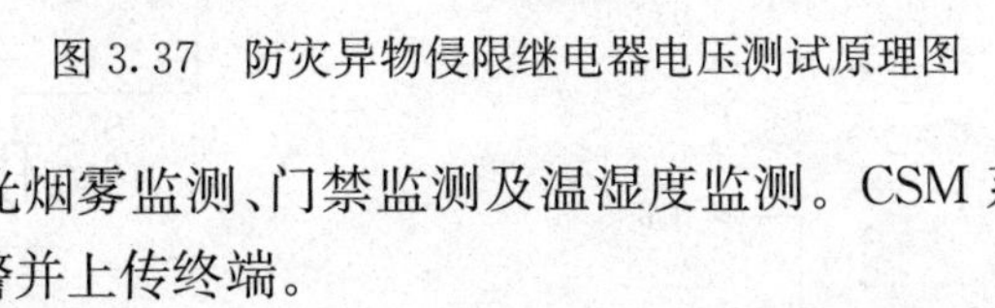

图 3.37　防灾异物侵限继电器电压测试原理图

7. 环境状态监测采集原理

随着新技术在信号系统领域的不断广泛应用，环境的要求也越来越高，环境状态的自动监测也就越来越重要，主要涉及机械室的火光烟雾监测、门禁监测及温湿度监测。CSM 系统接到相关传感器传送报警信息，站机做出报警并上传终端。

监测内容如下：

1)烟雾和火光监测

烟雾和火光监测的基本原理是在信号设备房的顶部安装烟雾和火光传感器，在监测范围内出现烟雾和火光时，传感器即刻监测出来并把内部的报警接点连通，把报警状态送回 CSM

系统开关量采集设备。

烟雾和火光传感器安装的位置在机械室房屋的顶部中央比较适宜，一般烟雾和火光传感器安装在一起。

2)门禁监测

门禁是在信号机械室入口处安装红外门禁传感器，传感器在感应范围监测出有人经过时，传感器上的报警接点即刻连通，把报警状态送回 CSM 系统开关量采集设备。

门禁红外线传感器的探头一般安装在机械室门口的墙上距地面 2 m 的位置；个别情况出现墙体安装困难时，但信号组合架离机械室门口很近，可以考虑安装在正对机械室门的组合架顶部走线槽上。

3)温湿度监测

温度传感器热电阻一般是由纯金属材料制成，选用最多的是铂和铜，因此温度探头采用热电阻测量温度。

采用湿度传感器目前分为两种方式：电阻式和电容式，基本形式都是在基片涂覆感湿材料形成感湿膜。空气中的水蒸气传感器附于涂覆感湿材料后，电子器件常数发生变化，从而制成湿敏元件。

CSM 系统温湿度的监测原理就是在温度和湿度探头后部加装采集传感器，将温湿度探头的电阻变化量转换成电压值输入到采集板上。

温湿度传感器在信号机械室安装 1～2 套，计算机联锁车站的计算机室安装 1 套。

安装时要注意传感器的探头和传感器紧挨着安装，这是因为探头上的输出线很短，方便接线；主要原因是降低输出线的电阻，提高采集精度。安装的地点以能够准确放映室内的温度和湿度为宜。

8. 道岔 SJ 第 8 组接点封连报警采集原理

CSM 系统必须及时对那些能破坏联锁条件，导致道岔在锁闭情况下可以动作的情况进行报警，提醒电务系统人员立即做出处理，保证行车安全。

目前按车站联锁种类分为计算机联锁站和 6502 电气集中联锁站两种。计算机联锁车站，自身通过联锁软件保证道岔在锁闭情况下是无法误动道岔的。那么 CSM 系统只对和 6502 电气集中联锁站 SJ 接点封连报警实施监控。

6502 电气集中联锁车站 SJ 接点封连报警监控，对 SJ 第 8 组接点封连动态报警，封连即报警，防止破坏升级。

(1)单动道岔 SJ 第 7 组接点未占用时的采集原理如图 3.38 所示。

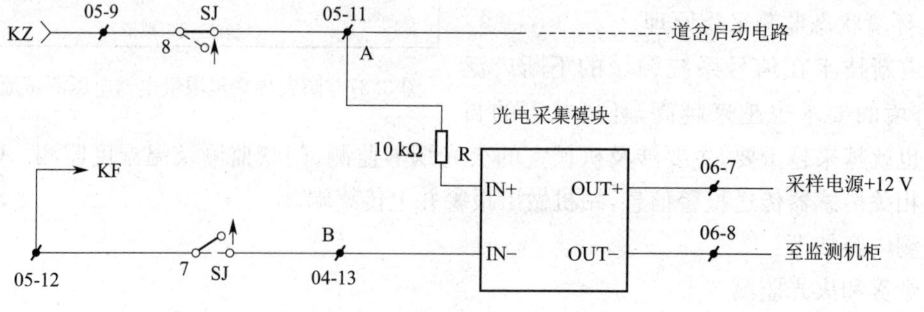

图 3.38　单动道岔 SJ 第 7 组接点未占用时的采集原理图

(2)单动道岔 SJ 第 7 组接点被占用时的采集原理如图 3.39 所示,此方式需增加 SJ 的复示继电器。

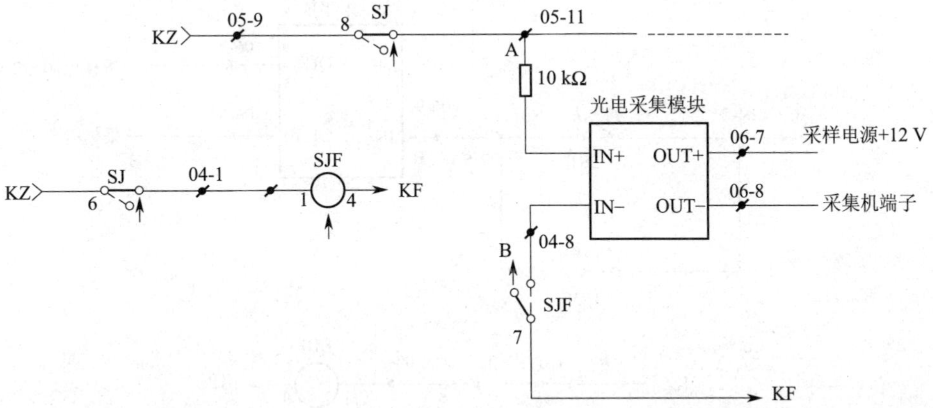

图 3.39　单动道岔 SJ 第 7 组接点被占用时的采集原理图

(3)双动道岔 SJ 第 7 组接点未占用时的采集原理如图 3.40 所示。

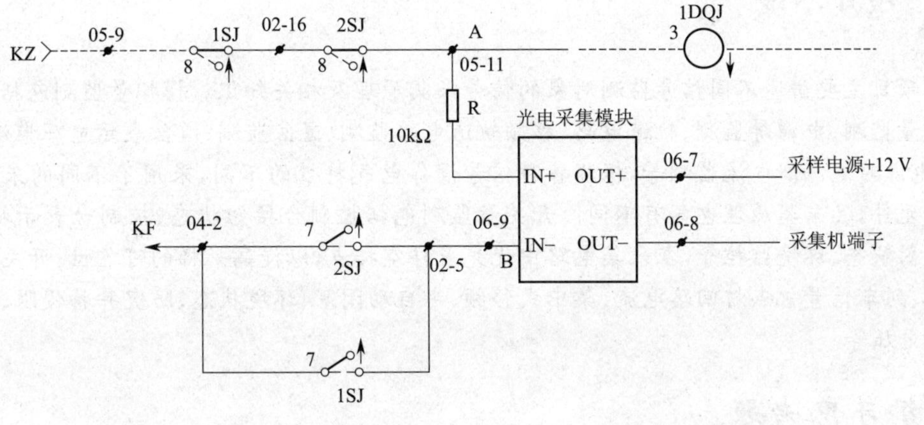

图 3.40　双动道岔 SJ 第 7 组接点未占用时的采集原理图

(4)双动道岔 SJ 第 7 组接点被占用时的采集原理如图 3.41 所示,此方式同样需增加 SJ 的复示继电器。

按照这四种情况,以图 3.38 为例详细说明采集原理。

道岔锁闭后,道岔 SJ↓,当出现故障或恶意封连情况时,电路中 A 点 05-11 端子有 KZ 电源(无论什么原因),同时由于 SJ_{73} B 点 06-9 端子有 KF 电源存在,监控设备光电采集模块的输入端构成回路,输出端就有信息输出送至采集机,采集机监测到该信号后,系统应即报警:道岔应该锁闭而"非法未锁闭"的报警信息。

光电采集模块采集到报警开关,延时 1 s 后送到 CSM 站机。站机核对道岔在此前 5 s 内没有动作,非进路按钮没有按下,同时 SJ 报警开关量持续时间超过 30 s 就会报警。

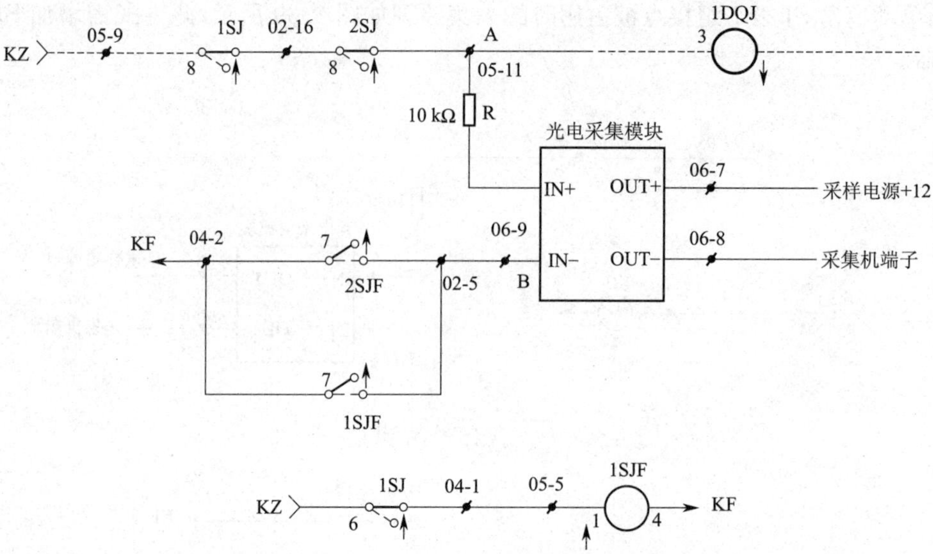

图 3.41　双动道岔 SJ 第 7 组接点被占用时的采集原理图

项目小结

本项目主要讲述不同信号监测对象的信号采集原理及相关知识。模拟量监测包括外电网综合质量监测、电源屏监测、轨道电路、移频轨道电路监测、道岔监测、道岔表示电压监测、电缆绝缘、电源对地漏泄电流监测等，根据各种信号设备电气特性的不同，采用了不同的采集电路和采集元件，其采集原理也各有不同。开关量监测包括控制台按钮状态、控制台表示状态、关键继电器状态、环境监控等，在采集电路中优先采样空接点，以提高采样的可靠性；开关量采集转辙机、列车信号机点灯回路电流、集中式移频、半自动闭塞、环境状态、防灾异物侵限、站(场)间联系电压等。

复习思考题

1. 铁路信号集中系统监测的内容有哪些？
2. 简述外电网综合质量监测采集原理。
3. 简述 25 Hz 相敏轨道电路监测采集原理。
4. 简述提速道岔监测采集原理。
5. 简述道岔表示电压监测采集原理。
6. 简述电缆绝缘监测采集原理。
7. 简述电源对地漏泄电流监测采集原理。
8. 简述列车信号机点灯回路电流监测采集原理。
9. 为防止信号工作人员违章作业，铁路信号集中监测系统对 6502 电气集中是采取什么方法进行监督的？

项目 4　铁路信号集中监测系统维护与管理

项目描述

本项目介绍了信号各级组织在铁路信号集中监测中运用和维护的职责，讲述了信号集中设备维护工作要求和内容，以及硬件、软件操作维护方法，培养学生具备维护系统、维修和排除故障的技能，保证设备正常运行。

教学目标

1. 能力目标

培养学生对集中监测设备进行日常维护、检修、系统软件更新升级、病毒查杀、权限设置、精度调整等技能的操作；培养学生掌握常见问题的判断、处理，一般故障的查找分析的能力。

2. 知识目标

认知信号设备维护体系的职责划分；了解信号集中监测设备的维护内容和要求；熟知UPS、采集机面板指示灯的意义，学会根据巡视现象判断系统工作状态。

3. 素质目标

培养学生责任意识、安全意识，以及遵章守纪和服从管理的意识；培养学生根据计划定期对设备进行巡检的职业习惯；培养工作中用汇报、沟通、团队合作等方式解决问题的技巧。

典型工作任务 1　维护的基本要求

4.1.1　工作任务

树立达到设备“预防修”的思路，更好地适应“状态修与周期修”维修体制，认识了解信号集中监测系统维护工作职责划分和相关规定，加强信号集中监测系统的装、修、管、用等工作基础，发挥集中监测系统的最大作用。

4.1.2　知识链接

为了保证集中监测系统处于良好的运用状态，电务部门需要加强信号集中监测系统的修、管、用等工作，严格按照信号集中监测维护管理办法，各级机构对照部门职责，自觉执行日常维护报警信息处理、测试数据（曲线）的分析项目、周期浏览。部分车站有智能分析功能，分析项目及周期可适当调整。

1. 职责分工

维护机构按照CSM系统的层次结构分为铁路局集团公司电务部、电务段、现场三级。铁路局集团公司电务部及电务段技术科以管理为主，电务段电子设备车间兼顾管理、维护和分析，电务段信息分析中心以分析为主，现场以设备巡视、维护和分析为主。

1)电务部职责

铁路局集团公司电务部信号科和检测所设主管工程师，负责指导全局集团公司信号集中监测设备维护管理工作。

(1)掌握全局集团公司信号集中监测设备的运用质量，检查指导电务段信号集中监测设备的大修更改及维护管理工作。

(2)协调集中监测设计单位、供应商和相关部门共同做好信号集中监测设备维护工作。

(3)负责审核、上报信号集中监测设备大修、更改计划。

(4)负责检查和指导管内信号集中监测设备工程施工，组织设备更新改造、大修工程施工配合及竣工验收工作。

(5)负责审批增加或移设信号集中监测设备、通道变更和软件修改申请。

(6)负责组织全局集团公司信号集中监测设备年度质量鉴定和检查评比工作。

2)电务段职责

电务段在技术科和电子设备车间设主管工程师，负责指导管内信号集中监测设备维护管理工作。

(1)贯彻上级管理要求，健全和完善段、车间、工区的管理机构和规章制度。

(2)负责组织处理、分析管内信号集中监测设备故障。

(3)负责组织管内信号集中监测设备大修施工，参加信号集中监测设备施工验收和竣工开通。对车间和信号工区日常维护和管理工作进行检查、指导，及时收集并整理设备存在的问题。

(4)负责管内信号集中监测设备的鉴定工作，提报信息设备大修、更改建议计划。

3)信息分析中心职责

定期对管内各站集中监测设备的运行状况进行查看，负责受理集中监测设备的一、二级报警信息，及时收集处理结果，定期对查询问题进行分析总结(含典型问题及截图)。

(1)每日查询一次各种设备日报表，数据波动超分析时限或变红色时查询相应设备曲线；具有智能分析功能的系统查看维修建议报告，对报告中提示的异常信息设备要查询相应曲线。

(2)每日查询一次道岔动作曲线和漏泄区段电压曲线。

(3)每周至少查询一次电源、轨道电路、信号灯丝、道岔表示、电码化曲线。

(4)每月查看一次报警信息当月汇总表、电缆绝缘报表、分路残压报表。

(5)每月查看一次轨道电路月趋势曲线，分析和跟踪分路残压报表。

(6)遇有军专特运和重点列车，提前进行相关站相关进路浏览查询。

4)电子设备车间职责

(1)检查指导工区对集中监测设备一、二、三级报警的查找和处理。

(2)负责管内集中监测设备的维修、大修及软件维护等工作。

(3)抽查现场车间和信号工区集中监测设备的使用和管理。

(4)对电子设备车间发现的车站电气特性变化幅度较大或上、下限报警等问题应及时记载,并与工区沟通,督促或协助工区查找、调整并克服。

(5)按周期对管内各站设备电气特性进行测试。

(6)按周期查询网管信息。

(7)负责故障设备的修复及器材监测和更换工作,指导信号工区处理集中监测设备故障。

(8)每月对管内集中监测设备进行一次检修维护,检查杀毒软件、病毒库版本信息。

(9)每年使用高精度万用表对管内各站集中监测的数据进行一次校核,对误差超标的数据进行调整;更换传感器件后,要重新校核监测数据。

5)信号车间职责

(1)每日查询一次各种设备日报表,数据波动超分析时限时查询相应设备曲线;具有智能分析功能的系统查看维修建议报告,对报告中提示的异常信息设备要查询相应曲线。

(2)每日查询一次所有道岔动作曲线和漏泄区段电压曲线。

(3)每日查询一次报警信息。

(4)每月查询一次电缆绝缘报表,分路残压报表。

(5)每月查询一次轨道月趋势曲线,分析和跟踪分路残压变化。

(6)掌握管内各站集中监测系统的一、二级报警信息,督促处理,并追踪处理结果。

6)信号工区职责

(1)检查站机及监测设备工作是否正常。

(2)观察采集机各种指示灯表示是否正常。

(3)检查有无设备报警信息。

(4)按周期查询各种设备实时值和日报表、所有设备曲线、各种设备报警信息。

(5)进行电缆全程绝缘测试时,注意断开电缆中的防雷元件地线,一、四季度每月测试一次,二、三季度每周测试一次,当绝缘电阻阻值发生 30%的变化时要进行分析查找。

(6)每月将转辙机动作、锁闭电流测试曲线数据与控制台表头测试数据相比较,误差超标时报电子设备车间调整。

2. 日常维护注意事项

铁路信号集中监测设备日常维护、日常巡检与保养通常与信号设备同步进行,检修实行故障修。

1)UPS 电源

UPS 电源是保证整个 CSM 系统能够连续工作的基础部分,要保证 UPS 电池能正常工作,需要定期充放电,充放电周期和方法参照 UPS 说明书。CSM 系统 UPS 电源一般选择每季一次。

2)测试精度校核

采集设备都是电子设备,运行一段时间会出现一定的误差,给信号维护人员分析带来不准确性,按照多年经验,测试精度每一项数据每年和更换 CSM 设备都有要求校核。

3)信息核对

站场和信息界面包含轨道电路、道岔、信号机、表示灯等各种状态信息,在施工、部分更换配线后,相关采集的静态和动态数据需要核对,确保监测的真实性、有效性和准确性。

4)门限设置

25 Hz 相敏轨道电路,《普速铁路信号维护规则　技术标准》最低标准值不小于 18 V,若某个区段调整状态在 22 V,将下限设成 20 V,当该区段电压波动超限时给出报警提示。

5)CSM 系统完整性

CSM 系统是电务部门预防故障、进行故障分析的重要设备,日常维护、施工都保证 CSM 系统完整性。

信号设备发生变化应同步、修改 CSM 设备。例如因提速需要道岔改为提速道岔;又如轨道电路改多特征轨道电路解决分路不良的问题等,都要同步修改 CSM 设备。

3. 网络安全注意事项

铁路信号系统计算机设备安全等级要求很严格,普遍采用 SIA4 级,CSM 系统的病毒防范始终是重点,各级电务部门必须注意的事项如下:

(1)禁止在各级终端上运行与监测工作无关的软件。

(2)定期专人升级防病毒软件及病毒库,每次升级后及时查看版本信息。

(3)采取物理方式及软件手段封闭不必要的 USB 接口、光驱、软驱。

(4)工程调试人员和技术分析人员在系统中使用移动存储设备时,必须查杀病毒后才叫使用。没有授权的人员严禁在系统上使用移动存储设备。

(5)更换主机要同步安装系统补丁和防病毒软件,并升级病毒库。

典型工作任务 2　硬件维护方法

4.2.1　工作任务

学会正确维护铁路信号集中监测硬件设备,包括铁路信号集中监测开关量、模拟量、采集设备、站机设备和网络设备,以延长铁路信号集中监测使用寿命和提高数据分析准确性。

4.2.2　知识链接

1. 系统的接口维护

1)接口状态查阅

CSM 系统的采集信息通过各类接口和通信总线上传,系统自动检测通信状态,可由电务维护人员每天通过远程调阅或现场查阅系统的通信状态,发现通信异常及时维护。

2)接口故障检查

CSM 系统与信号设备其他子系统通信中断时,可按如下步骤检查:

(1)电务维护人员发现通信接口状态异常时,可将两头接口电缆取下,测量通信芯线通断状态来判断处理。

(2)当监测主机上有多个同类型的接口时,可交换接口连接,查看能否恢复,以判断通信口是否损坏。

(3)处理硬件不能恢复,汇报电务段相应管理部门,电务段联系监测采集处理。

2. 采集设备硬件维护

CSM 系统采集设备硬件种类多，本书列举采集机、采集设备、采集电源三个部分介绍硬件维护内容。因各监测供应商设备不完全一致，详细的维护需参见各供应商提供的维护指导书。

1)采集机

以下仅介绍接口通信分机和采集板的维护内容。

(1)接口通信分机维护

接口通信分机的相关信息均会显示在通信机前方的液晶屏上，如图 4.1 所示。

网络型通信分机的液晶屏显示共有 4 行，第一行依次显示网络型通信分机配置的 IP 地址；第二行显示给网络型通信分机分配的分机号，通常 C1 后显示的即为本通信分机的分机号，C0 的端口为预留；第三行和第四行分别显示此通信分机 8 个 RS-485 总线输入口上的地址单元状态。当本端口的采集单元通信均正常时，端口号后面显示两条短横线“— —”，当端口总线上有几个采集单元通信中断时，则按从小到大的顺序轮询显示中断单元的地址号。当此端口未使用时显示“××”。

图 4.1　接口通信分机显示界面

通过接口通信分机的显示屏可看到各采集单元的通信状态情况，也可以查阅接口通信分机本身使用的 IP 地址，当通信分机通信中断时可用于检查网络连接情况。

(2)采集板维护

每块采集板上均有电源和工作两个指示灯。正常工作时，电源灯稳亮，工作灯周期闪烁。若出现所有采集板只亮电源灯而工作灯不正常时，可检查采集电源是否损坏。

2)采集设备硬件维护

(1)采集器维护

检查采集器好坏最基本的方法是将其与相邻的采集器交换来判断，可以排除底座配线出错的因素，只检查设备本身。需要注意的是，程序显示的采集信息只与设备地址有关。交换采集器时，如不变更设备的 RS-485 地址，那么在程序显示界面上，采集器采集的数值也将与交换采集器的数值对换。

如地址为 1 的采集器采集的是 1 号道岔曲线，地址为 2 的采集器采集 3 号道岔曲线，当地址为 1 的采集器与地址为 2 的采集器交换时，1 号道岔的曲线通过地址为 2 的采集器采集，那么在原 3 号道岔的程序显示曲线栏中看到的结果实际是 1 号道岔的曲线。

采集器的工作电源对采集数值也有较大影响，采集器的标准工作电源为直流 12 V，正常工作偏差不得超过 1 V。当采集器的工作电源低于 11 V 时，采集数值将出现偏差和不稳定情况。

(2)开关量采集模块维护

开关量采集模块用于采集道岔 1DQJ 或 1DQJF 的状态,采集原理见图 3.34 继电器半组接点采集原理图。

开关量采集模块内部端子 L2 是一个感应线圈,当道岔没有动作时 1DQJ↓,L2 通过 1DQJ 的接点构成一个闭合回路,此时 OUT 输出 5 V 电压至道岔电流或道岔功率采集单元。

开关量采集模块的好坏判断方式:在模块 OUT 和 GND 端子正常接 5 V 直流电源时,将 L2 端子外线取下,再分别短接和断开 L2,测量 OUT 对 GND 之间的 5 V 电压有无相应变化情况来判断模块的好坏。正常情况:断开 L2 时,OUT 对 GND 之间没有 5 V 电压;短接 L2 时,OUT 对 GND 之间有 5 V 电压。

(3)交流转辙机道岔动作电流互感器维护

道岔动作电流互感器模块为有源模块,采集三相交流转辙机电流单元以计算功率信息,安装在道岔组合内部。

道岔电流互感器模块由上、下两部分组成,上部为封闭线圈的互感器部分,用于穿芯采集道岔电流采集;下部为模块供电和模块输出放大底座。上部的电流互感器为简单的感应线圈,一般不会损坏,下部的是电子元件易损坏。发生损坏只要更换故障元件即可,更换方法是将互感器模块与底座连接的螺栓拧开更换。

判断电流互感器的好坏通过测量底座输出端子电压来判断。当电流互感器模块正常供电并与采集单元连接良好时,电流 A、B、C 三相输出端子对 12 V 与 GND 间应有 12 V 左右的直流电压,如果量不到此电压,表示底座损坏。

(4)绝缘测试表维护

CSM 系统绝缘测试表平时不工作,当需要测试绝缘时,用户通过站机测试界面,测试需要的设备,开始测试时绝缘测试继电器的吸起把 220 V 交流电源接入绝缘测试表,此时绝缘表数码管开始闪烁,同时输出 500 V 直流电压。绝缘表数码管上显示的数值即为实际测得的绝缘数值,并将绝缘测试数值输出到综合采集层。当绝缘测试不准时,需要查找原因。

绝缘数码管总共有 4 位数值显示,中间为小数点,最大显示数值为 20 MΩ。当数码管显示的数值为 4 个闪烁的 0 时,表示测得的绝缘数值大于 20 MΩ;当数码管显示为 4 个稳定的 0 时,表示测得绝缘数值为 0。

如果绝缘测试表有 220 V 电压输入但数码管不闪烁,或在输出配线正确及绝缘配置文件系数为 1 的情况下,绝缘测试表数码管显示有具体数值,而监测绝缘测试数值显示始终大于 20 MΩ,则可基本判断绝缘测试表损坏。

3)采集电源维护

CSM 站机监测机柜向外输出多种直流和交流电源,向监测采集设备和模块供电,具体有以下几种:

(1)12 V 大功率电源

12 V 大功率电源用于给采集器提供工作直流电源,由机柜底部的 12 V 电源输出,分为 +12 V 和 −12 V 两种电源,对应有两个工作表示灯。其中 +12 V 为各采集器工作电源,−12 V 目前只有采集移频接收的阻抗匹配器使用。

当电源输出线短路时,12 V 电源自我保护停止输出,对应的电源灯灭灯。当甩开外线去除短路因素时,电源将恢复输出。通常在 12 V 电源输出端加装熔丝,当发现 12 V 电源灯正常，而采集器电源回路测不到 12 V 电压时，需检查是否因线路短路，造成输出熔丝熔断。

正常 12 V 电源应保持不低于 12 V 的输出电压，以确保实际送到模块上的工作电压在 11 V 以上。

当模块数量过多导致电源在线路上衰耗过大，实际加载到采集器上的电压不足时，可将大功率电源前面板的 4 个螺栓卸下，调节内部电源的输出电压值。这种方式只有在其他方法都无法解决时才可使用，并且再调节时必须小心微调。

(2)采集机电源

采集机电源主要用于给机柜内采集层的采集板和 CPU 板及对应传感器供电，包括综合 24 V、综合 12 V、5 V 三种。

综合 24 V 主要用于绝缘测试继电器吸起的驱动电源，部分用于环境监测报警采集，正常输出应保持在 24～25 V 之间。

综合 12 V 主要用于灯丝漏流测试单元的测试电源，也用于环境监测的温湿度采集，正常输出应在 12～13 V 之间。

5 V 电源用于采集板供电，5VI 用于 CAN 通信供电，两种电源正常均应在 5～5.3 V 之间，过低将影响 CPU 板工作及 CAN 通信。

当电源输出外线短路或电源无输出时，对应的电源灯会灭灯，可根据点灯状况来判别对应的电源是否存在问题。

(3)其他采集机电源

其他采集电源包含 7.5 V 电源和 12 V 电源，通过用于给采集机柜内的智能采集板供电。正常情况下，7.5 V 电源的 5VI、−7.5 V、+7 .5 V、5 V 四个灯均亮灯，面板微热。12 V 电源的 5 VI、−12 V、+12 V、5 V 四个灯均亮灯，面板温度接近室内温度。

如果面板突然变得非常热，则可能是该电源故障或即将故障，也可能是该采集机输出电源正、负短路，应立即关闭该采集机电源，查找原因。如果采集机电源发生异常，则应更换采集机电源。

各种电源灯不亮，则可能存在以下两种情况：

①采集机电源故障时，该电源供电的全部采集机所监测的内容均显示未知，即不通信。

②采集机电源指示灯故障(实际电源工作正常)时，由该电源供电的所有采集机监测的内容均正常，不影响正常使用。

如果采集机电源所有灯均灭灯，则检查采集机电源的供电电源是否正常。若正常，则采集机电源坏；若不正常，则根据配线图纸检查配线。

3. CSM 系统站机维护

CSM 系统站机是监测信息显示和处理的人—机界面终端，由一台配置各类接口卡的工业控制计算机、键盘、鼠标和一个显示器组成。

1)工控机维护

每天的浏览都要通过工控机的人—机界面来完成，日常浏览首要关注 Windows 系统运行状态。站机界面长期处于停滞状态时，需要考虑是 CSM 程序软件停滞还是系统死机。可通过检查鼠标和键盘是否能正常操作进一步确定。

检查鼠标键盘线正常连接后，移动鼠标看鼠标光标能否正常移动，或按压键盘上的“Caps Lock”按钮检查对应的大写锁定灯是否相应的点亮和灭灯。

当反应正常时，可判断是 CSM 程序瞬间停滞，此时可同时按压“Ctrl”+“Alt”+“Delete”

组合键,选择注销系统以重启监测程序。

当键盘鼠标无反应时,可判断是系统死机。此时需使用工控机上的红色热启动键,以重启系统。当工控机重启时无法正常进入 Windows 系统时,可判断设备损坏,需返修。

系统电源停电超过 5 min,要及时将计算机及采集机设备关掉。恢复供电后,应先打开显示器开关,再打开工控机电源及网络设备等。

工控机前面的空气过滤网每月至少用清水清洗一次,晾干后方可重新安装。工控机前面的空气过滤网的清洗如图 4.2 所示。

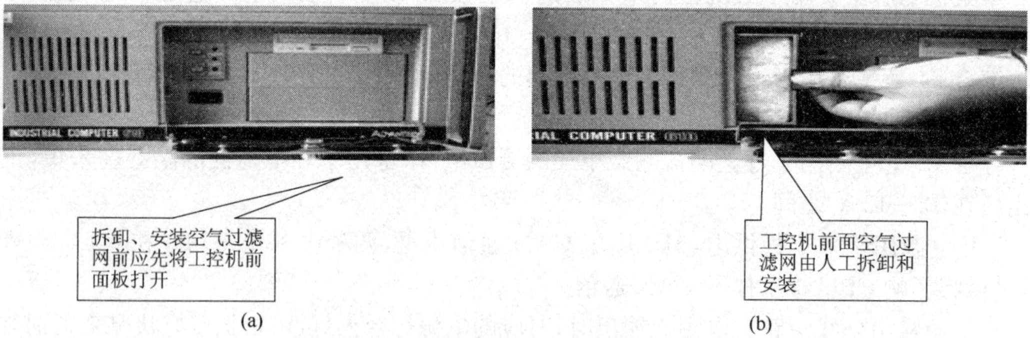

图 4.2　工控机前面的空气过滤网的清洗

按照要求,定期检查信号集中监测系统的设备安全地线、通道防雷地线。

2)接口卡维护

CSM 系统站机主机上的接口卡包括 CAN 卡、串口通信卡及网卡。

(1)CAN 卡

当 CSM 系统站机中所有与 CAN 总线相关的通信均不通时,应检查 CAN 卡是否损坏。

检查方法:将各对接 CAN 总线设备的通信线逐个断开,看通信是否恢复,以判断是否是某一个 CAN 接口设备影响了整个通信。然后将各 CAN 总线设备单独与 CSM 主机 CAN 卡连接,检查通信是否连通。如果通信始终不通,在确认连接线和配置文件都正常的情况下,可判断是 CAN 卡损坏。

CAN 卡正常工作时板卡的工作灯稳定点亮。CAN 卡上的直拨开关用于设置 CAN 卡的端口地址,通常默认为出厂设置。CAN 卡上通常有 4 组跳线用于设置 CAN 卡中断地址,可根据需要分别设置成中断 10、11、12、15 四个地址,使用哪个地址即将对应跳线短路。

CAN 卡使用 DB9 串口 9 针头对接外部的 CAN 总线,其中 9 针头上端子 7 为 CAN H,端子 2 为 CAN L。

(2)串口通信卡

常用的串口通信卡为带 RS-422 和 RS-485 接口的多串口卡。4 串口卡左上角的 2 组指拨开关分别设置 4 个串口的工作方式和串口类型。通常右边一组设置在 AUTO 状态,左边一组的 4 个开关用于设置对应端口是使用 RS-422 还是 RS-485 通信方式。

检查串口卡好坏,可将两个端口设置成相同的通信方式,然后使用对应的串口线将两个串口对连起来,使用串口调试助手工具,手动在两个端口间发送和接收一段数据,检查接收数据与发送内容是否一致。如果收不到数据或数据不正确,则表示串口卡损坏。

(3)网卡

网卡的好坏判断相对简单,在确认网线和交换机均连接正确且工作正常时,在CSM系统运行的情况下,网口上的收发灯不亮或ping不通其他局域网地址,应检查网卡是否损坏。

3)显示器维护

显示器的日常维护工作就是保养、清洁。不要用粗糙的抹布擦显示器的液晶屏(可以选用柔软、半干的麻布或优质柔软的纸质物品),容易损伤屏幕;不要用手触摸液晶屏,液晶面板表面有专门的涂层,该涂层可以防止反光,增加观看效果,而手上的腐蚀性油脂会轻微腐蚀面板的涂层,日积月累会造成面板永久性损害。在更换显示器的时候,禁止带电插拔数据线,容易损伤显示器主板。液晶显示器在使用中,注意不要击打或使用硬物点击液晶屏,这往往是造成屏幕损坏的主要原因。

平时不用时可以关闭显示器电源,延长其使用寿命。

4)UPS电源维护

不间断电源(UPS)专门用来防止计算机和其他重要电子设备受到断电、电压变低、突降和电涌的影响。UPS能过滤掉电压脉动,并且在大的电压干扰发生时自动断开市电,避免损坏设备。此时UPS用内部的电池提供不间断电源 直到市电恢复正常为止。

集中监测用的APC公司的UPS电源安全可靠、灵敏度高,其前面板和后面板示意如图4.3所示,操作方式及表示灯含义如下:

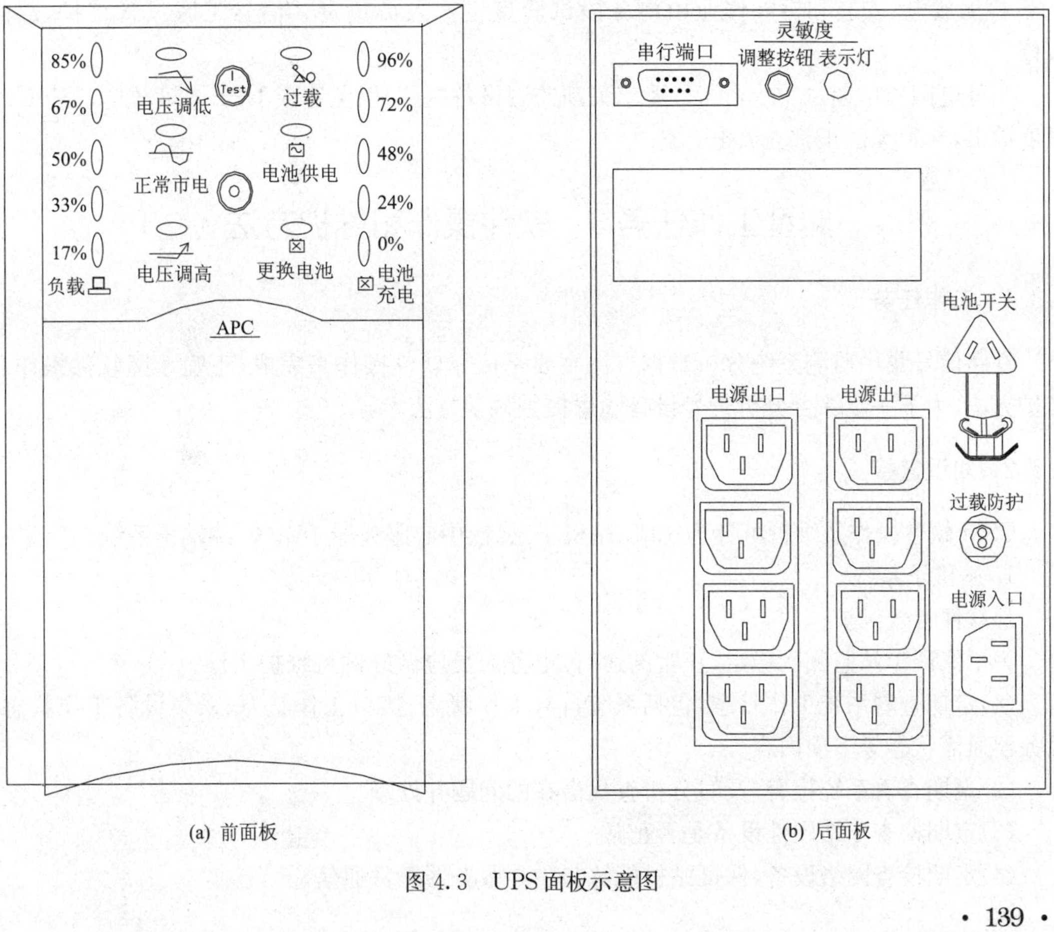

(a) 前面板　　(b) 后面板

图4.3　UPS面板示意图

(1)测试/开机(Test)按钮:按下按钮,然后松开,使UPS和连接的设备上电。这时设备立刻获得电力,同时UPS执行自检。

(2)关机按钮:按下标有O的按钮,然后松开,就可切断UPS和连接的设备的电源。

(3)注意:只要将UPS与市电相连且市电有电,充电器就会保持电池充电。

(4)前面板左边的5个发光二极管表示连接设备(负载)使用负荷的比例。

(5)前面板右边的5个发光二极管表示UPS电池当前的容量占电池总容量的百分数。

(6)市电在线灯表示UPS向连接的设备提供市电。

(7)电压调低灯表示UPS正在调低过高的市电电压。

(8)电压调高灯表示UPS正在调高过低的市电电压。

(9)电池供电灯表示市电失效时,UPS可以在一段时间内由其内部电池向连接的设备供电。由电池供电时,UPS每隔30 s发出4声"哗"声的警报。当UPS返回市电在线供电时,警报停止。

(10)过载灯——表示连接的设备超过"最大负载",UPS发出持续的警报声且此灯发亮。直到过载负荷消除,警报声才结束。

(11)更换电池灯——如果电池未通过自检,则UPS发出短的"哗"声持续1 min,同时更换电池灯发亮。如果更换电池灯闪动,说明电池未接通。

UPS电源,每2～3个月应检测、放电一次,以防止UPS中的免维护电池极板氧化。UPS检测放电、安装和拆除作业由电务段试验室主管人员负责。信号工区只管维护,故障报修。

当外电网停电超过10 min时,要求关断监测设备电源,以免造成UPS过度放电。若UPS过度放电,导致无法正常充放电。

典型工作任务3　软件操作和维护方法

4.3.1　工作任务

铁路信号集中监测系统分析数据方法主要是依靠软件操作来完成,正确掌握软件操作和维护方法,为下一步综合分析信号设备隐患提供科学方法。

4.3.2　知识链接

CSM软件操作及维护可分为三级:站机子系统、中心服务器子系统、终端子系统。

1. 站机子系统

1)软件常规维护

为了保证车站监测网稳定、正常的运行,电务人员应做好例行维护工作。

(1)定期查看系统工作日志,包括系统自身工作状态、接口工作状态、采集设备工作状态、服务器通信状态等多项内容。

(2)定期查看系统报警,及时分析查找潜在的问题并处理。

(3)定期检查车站硬件设备是否正常。

(4)定期检查网络设备,保证站机能够与中心服务器正常通信。

(5)定期杀毒,保证车站系统健康运行。

2)常见问题及解决方法

(1)车站采集接口中断

故障原因:站机子系统与接口系统间通信线松脱。

解决方法:将接口线取下,重新连接。

(2)车站从某个接口采集过来的数据显示错误

故障原因:对应接口修改配置或升级程序,CSM站机软件未同步升级。

解决方法:联系供应商,进行相关升级。

(3)车站采集设备故障

故障原因1:采集设备故障。

解决办法1:更换采集设备。

故障原因2:采集设备接触不良。

解决办法2:将采集设备取下,重新安装上。

(4)车站与服务器通信中断

故障原因:网络中断。

解决办法:查看网络设备是否故障并及时维护。

(5)车站数据显示不正常

故障原因:车站改造后,配置文件需要改动。

解决办法:按照配置要求进行修改或联系厂家进行修改。

(6)车站采集信息错误

故障原因:某个采集信息有问题,可能是采集板或采集线故障。

处理方法:查看采集板的显示灯,可以判断故障出在哪一块采集板或哪一根采集线,更换相应的采集板或采集线。

(7)站机程序死机

故障原因:可能是软件未知BUG原因或硬件故障。

处理方法:重新启动程序或计算机,如果依然死机,说明操作系统或硬件出现问题,建议更换计算机硬件;如果成功启动,说明软件可能有故障,与供应商联系解决。

(8)站机无法启动

故障原因:硬件有问题。

处理方法:建议更换计算机或与供货商联系解决。

(9)显示器黑屏

故障原因:显示器故障或显示器信号线脱落,或者是显卡、电源故障。

处理方法:确认具体故障后更换显示器或重新连接信号线,更换显卡或修复电源。

(10)鼠标和键盘失效

故障原因:可能是操作系统故障或鼠标与键盘的连线脱落。

处理方法:重新启动计算机或检查鼠标与键盘的连线。

2. 中心服务子系统

中心服务子系统包括通信前置机、应用服务器、数据库服务器、网管服务器、防病毒服务器、时钟服务器等。中心服务器子系统一般不需要用户进行操作,下面介绍各系统的日常维护内容和常见故障的处理方法。

1)日常维护内容

(1)保证网络通信正常,保证网卡工作状态正常。

(2)采用双网技术,当网络出现故障时,需要及时修复。

(3)采用双机冗余结构,单台出现故障后,需及时修复。

(4)定期查看硬盘大小,如发现硬盘故障时,需及时返修。

(5)防病毒服务器需定期升级病毒库,保证整个系统的杀毒软件及时升级。

(6)防病毒服务器需定期查看病毒扫描日志,对于特殊事件,需及时向厂家咨询。

2)中心服务器子系统常见问题及解决方法

(1)某服务器子系统与其他系统连接中断

故障原因:网络故障。

解决方法:查看中心局域网内故障。

(2)某服务器子系统机器死机或频繁重启

故障原因 1:病毒问题。

解决办法 1:及时杀毒解决。

故障原因 2:操作系统异常。

解决办法 2:重装操作系统解决。

故障原因 3:硬件问题。

解决办法 3:更换硬件或返修。

(3)某服务器子系统软件报错,不能自恢复

故障原因:系统内存在非法数据。

解决办法:将日志返还给厂家,由厂家及时解决。

(4)数据库服务器提示硬盘满报警

故障原因:硬盘空间不足。

解决办法:清理数据或增加硬盘。

3. 终端子系统

1)常规维护

终端子系统的稳定运行,必须保证运行环境安全及网络通道正常。

(1)定期进行杀毒。

(2)定期检查网络设备,保证网络正常工作。

2)常见问题及解决办法

(1)终端程序无法打开或有报错提示

故障原因:可能是软件版本较低或软件环境被破坏。

解决办法:可以重新升级软件,进行恢复。

(2)终端选站操作框中,找不到所要查询的车站信息

故障原因:终端对该车站没有调阅的权限。

解决办法:修改配置,增加权限。

(3)终端无法调阅实时值、日报表、日曲线等信息

故障原因:终端与车站间通信有问题。

解决办法:查看网络通道是否正常;查看车站监测网是否运行正常;查看服务器是否运行正常。

(4)终端执行回放时,从服务器取不到相应数据

故障原因:车站未能将信息传送到服务器中。

解决办法:终端改为执行从站机进行回放。

(5)终端显示的信息与车站显示的信息不一致

故障原因:车站配置及数据与终端配置及数据不一致。

解决办法:将车站配置和数据重新导出一份至服务器。

(6)终端不能语音报警

故障原因:未设置语音报警功能或音箱设备故障。

解决办法:查看是否设置语音报警功能,并查看音箱设备是否故障。

(7)终端操作系统不能正常运行或机器死机、打不开等

故障原因:机器故障。

解决办法:重装操作系统或返修设备。

4. 网络故障分析办法

1)show interface 命令

通常所碰到的硬件问题主要是路由器接口接插不牢靠。检查电源线、V. 35 线、连接交换机(Hub)的网线、铜轴缆线等。

路由器问题主要集中在接口控制器、RAM 模块、路由器处理器及路由器风扇上。检查路由器接口的方法是使用 show interface 命令,如果接口及协议时激活的(up),则接口应没有问题;如果接口控制器不再起作用,接口在 show interface 命令中将为不可用状态。如果接口没有问题(up),但路线协议失败(down),则问题与配置或线路有关,与硬件无关。

2)ping 命令

ping 是发送一个数据包到特定目标的应用程序,用来测试网络的连通性及数据包丢失状况。ping 发送的数据包请求从目标节点返回一个响应,目标节点收到每次请求后便发送一个响应数据包给请求的源点。

3)show ip route 命令

路由器是获悉路由器当前如何路由数据包的唯一途径。接口启用或关闭时,路由将自动加入路由表或从路由表中删除。使用 show ip route 命令显示路由器中现有路由表的内容。

每行开头的字母说明该路由直接连接到路由器(C)、静态路由(S)、OSPF(O)或是外部 EIGRP(EX)。如果路由是直接连接的,还说明是哪个接口连接到哪个网络上;如果路由是静态的,将说明目的网关;如果路由是通过动态路由协议进行学习的,将说明目的网关(也是通告路由信息的路由器)、上次更新的时间、指向目的网关的接口等信息。

所有的行都以 XXX. XXX. XXX. XXX/yy[X/X/X]的形式显示路由、网络掩码和距离,其中,XXX. XXX. XXX. XXX 是 IP 地址标识的网络位置,yy 表示网络掩码的比特数,[X/X/X]是用于管理信息的信息源距离和路由距离。

4)telnet 命令

远程测试工具 telnet 命令允许选择连接到远程系统的端口(缺省值是 23)。

5. 日常维护注意事项

(1)由于操作系统本身都存在运行一段时间后运行速度降低的问题，因此应当定期重启工作站和服务器，重启的频率可通过一段时间的摸索适当定制。

(2)定期检查服务器及工作站的硬盘空间，发现空间不足时，应及时删除一些系统日志文件。

(3)在关闭或重启服务器及工作站的时候，应在退出 MQ(消息队列)、数据库等应用程序后进行，避免强制开关机造成系统故障。

项目小结

本项目主要讲述铁路信号集中监测系统运用和维护的职责划分，维护的内容和要求。

信号集中监测系统的维护机构按照层次结构分为铁路局集团公司电务处、电务段、现场三级。铁路局集团公司电务处及电务段技术科以管理为主，电务段电子设备车间兼顾管理、维护和分析，电务段信息分析中心以分析为主，现场以设备巡视、维护和分析为主。铁路信号集中监测设备的日常维护、日常巡检、保养通常与信号设备同步进行，检修实行故障修。各级电务部门应定期进行系统软件、更新升级、病毒查杀、权限设置、精度调整等操作，并应保证系统的网络安全性达到要求。

信号集中监测设备硬件设备的维护，包括系统的接口、采集设备、采集电源、CSM 系统站机和网络设备。正常情况下可通过设备面板的指示读取设备状态，出现硬件损坏、连接中断等问题时可进行应急处置，硬件不能恢复应汇总相应管理部门解决。

CSM 软件操作及维护可分为三级：站机子系统、中心服务器子系统、终端子系统。常规维护包括定期查看系统日志和报警信息，定期杀毒和升级等，常见的问题可通过更换、重启或联系供货商等方式解决。

复习思考题

1. 各级维护铁路信号集中监测系统的职责有哪些？
2. 怎样判断开关量采集模块出现问题？
3. 维护工控机有哪些内容？
4. UPS 电源面板表示灯含义代表什么？

项目 5　铁路信号集中监测系统实际应用举例

项目描述

铁路信号集中监测系统主要监测信号设备运用状态和运用信息并进行分析处理，根据情况进行决策和报警，提示信号维护人员预防信号设备的事故和故障的发生。本项目主要是采用对比的方法对现场轨道电路、电动(电液)转辙机典型的实测案例进行分析，即通过集中监测对轨道电路、道岔转辙设备的电气特性参数尤其是特性曲线，采用与近似标准的曲线进行对比分析的方法找出问题点，并用相应的对策进行处理。

教学目标

1. 能力目标

掌握科学的对比方法，运用系统数据、回放功能，准确判断设备状态，分析查找故障原因，预防信号设备故障，特别是隐形设备故障的发生。对于已经发生的信号设备故障进行原因分析和责任判定。

2. 知识目标

强化对集中监测主要功能的认知，理解系统内记录的铁路信号设备的电气特性模拟参数，表示灯电器的状态开关量参数的实际意义。

3. 素质目标

培养精细化思维、异常发现及应急处理的能力；培养识图、调阅数据、标准对比、趋势归纳、逻辑分析的能力；培养依据可靠数据选取工作方法、内容，有针对性地开展维护工作的能力。

典型工作任务1　道岔动作曲线分析

5.1.1　工作任务

通过对电动、电液转辙机电特性曲线存在的问题进行分析，及时解决电动机断线、维修不良、隐形机械故障、安装装置问题，工电结合部存在的问题，保证道岔转辙设备运用质量符合标准。

5.1.2　知识链接

通过浏览道岔动作电流曲线分析，可以发现道岔存在的隐患，起到预防减少道岔故障发生。有些道岔故障是突发故障，虽不能预防，但在处理故障时，通过监测故障道岔动作电流曲线来判断故障点，缩短故障处理时间，减小运输影响是很有帮助的。

1. 道岔动作电流曲线的形成

道岔动作电流曲线是反映道岔运用质量的一个重要指标。

道岔动作电流的动作曲线:纵坐标为电流值,不同类型道岔的电流值不完全相同;横坐标为动作时间,不同类型道岔的动作时间也不完全相同。

道岔采集机是用电流模块监测动作电流,用 1DQJ 落下接点状态监测转换起止时间。

道岔动作电流曲线形成如图 5.1 所示。

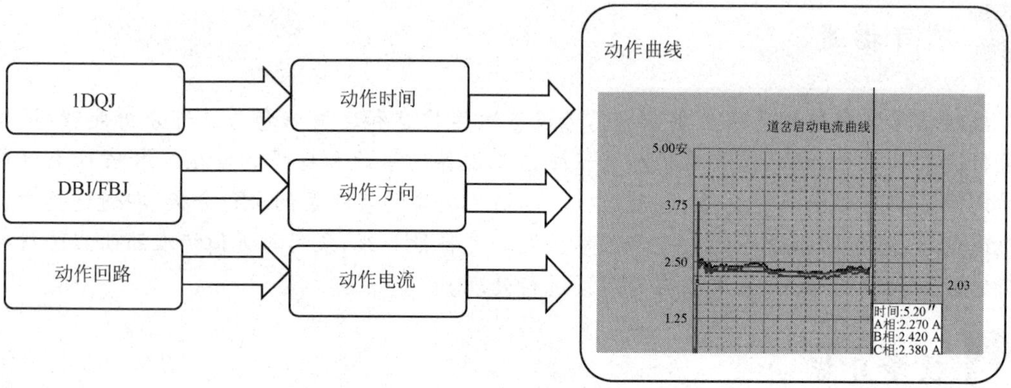

图 5.1　道岔动作电流曲线形成图

2. ZD6 系列直流电机的转辙机判断方法

无论是单动道岔还是多动道岔,均存在道岔启动、解锁、转换、锁闭的四个过程。道岔启动时,因电机电场的建立,电路几乎在短路状态,所以电流很大。道岔解锁时,电机负载不宜过大,因此需要空动距离,此时电流不大。道岔转换时,带动尖轨运动,道岔状况不同,电流大小也不一样;偏大,说明道岔阻力大,需查看是否缺油。道岔锁闭时,需完成规定的密贴力,因此电流会增大。这四个过程,每组道岔、每种道岔类型的电流曲线可能不一致,但反映出的内容是一样的。

锁闭时电流过大,说明锁闭困难,需要较大的力来完成,同时会导致在解锁时解锁困难,表现为电流大。

浏览分析时,对存在问题的道岔需通知进行现场察看,确认是否存在与分析的问题一致,并采取整治措施,以确保设备运用正常,同时可以将道岔整治后的图形保存为参考曲线。

直流电机的转辙机工作拉力与工作电流近似地成正比例关系,通过信号集中监测采集道岔的工作电流和摩擦电流就可以近似地定性分析和判断转辙机的拉力变化,以掌握转辙机的机械特性、电气特性和时间特性。

直流电机的转辙机电流曲线是一条以电流为纵轴、时间为横轴,以 40 ms 测量间隔的各电流值逐点连接绘制而成的曲线,蕴涵了道岔转换过程中的电气特性和机械特性,以 ZD6 单机牵引道岔转换电流时间特性曲线为例分析,如图 5.2 所示。

(1)时间特性。道岔动作时间是根据各种转辙机特性决定的,每个时间段反应的意义不同,在道岔电流曲线划分了 9 个时间段。

①$T_2 \sim T_1 =$ 1DQJ 吸起时间+2DQJ 转极时间$\leqslant 0.3$ s。

②$T_3 \sim T_2 \leqslant 0.05$ s ZD6 电机上电时间。

③$T_4 \sim T_1 \leqslant 0.6$ s,其中 $T_3 \sim T_4$ 段为道岔解锁,密贴尖轨开始动作时间。

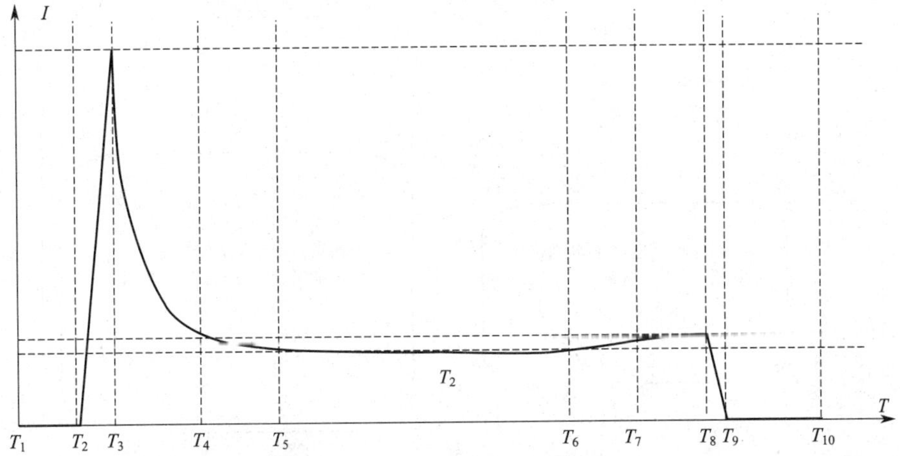

图 5.2　ZD6 单机牵引道岔转换电流时间特性曲线图

④$T_7 \sim T_4$＝道岔尖轨移动时间，时间的长短视转换阻力而变，一般取 $T_4 \sim T_7$ 间的平均电流作为道岔动作电流。

⑤$T_8 \sim T_7 \leqslant 0.25$ s，尖轨密贴至道岔锁闭的时间，其电流值对应道岔的密贴力。

⑥$T_9 \sim T_8 \leqslant 0.05$ s，ZD6 完成机械锁闭，自动开闭器速动接点断开电路的转换时间。

⑦$T_{10} \sim T_9$＝1DQJ 缓放时间$\geqslant 0.4$ s。

(2)曲线分区。一组道岔转换从一个位置改变为另一个位置，一般分为启动、解锁、转换、锁闭四个过程来完成，道岔动作电流曲线记录了这四个过程的情况，在道岔动作电流曲线上对应可分为解锁、动作、锁闭、缓放四个区。

①解锁区：道岔启动时电流较大，转辙机齿轮转动 32.9°后带动齿条块完成解锁，曲线上反应在 $T_1 \sim T_4$ 段；电机启动时($T_2 \sim T_3$ 段)曲线骤升，形成一个尖峰，峰顶值通常为 6～10 A；电流至峰点后迅速回落($T_3 \sim T_4$ 段)，弧线应平顺。

②动作区：道岔解锁后，空动距离动程完成，带动转辙设备动作，曲线上反应在 $T_4 \sim T_7$ 段；$T_4 \sim T_7$ 段平均值为转辙机工作电流，曲线应平滑，其中 $T_4 \sim T_5$ 段曲线基本呈水平状，略微向下，$T_6 \sim T_7$ 段为一略微向上的平顺曲线，$T_5 \sim T_6$ 段为一大半径，方向朝下的弧，谷底值与 $T_4 \sim T_5$ 或 $T_6 \sim T_7$ 段的平均值之差，不应大于 0.4 A。

③锁闭区：尖轨到位后，启动电路断开，道岔锁闭，一般锁闭电流比动作电流略大，曲线上反应在 $T_7 \sim T_9$ 段，$T_7 \sim T_8$ 段为锁闭电流，一般高于 $T_6 \sim T_7$ 段，在 T_8 后有一串逐渐下滑的波动段，波峰与波谷间的电流之差不应大于 0.35 A。

④缓放区：道岔锁闭后，由于 1DQJ 具有缓放作用造成出现一段为零的直线，曲线上反应在 $T_9 \sim T_{10}$段。

3. ZD6 系列直流电动转辙机判断方法

(1)ZD6 双机牵引单动道岔(ZD6-E、ZD6-J 型转辙机电流叠加采集)电流曲线分析如图 5.3所示。

(2)ZD6 双机牵引双动道岔(ZD6-E、ZD6-J 型转辙机电流分别采集，曲线显示在同一个界面)电流曲线分析如图 5.4 所示。

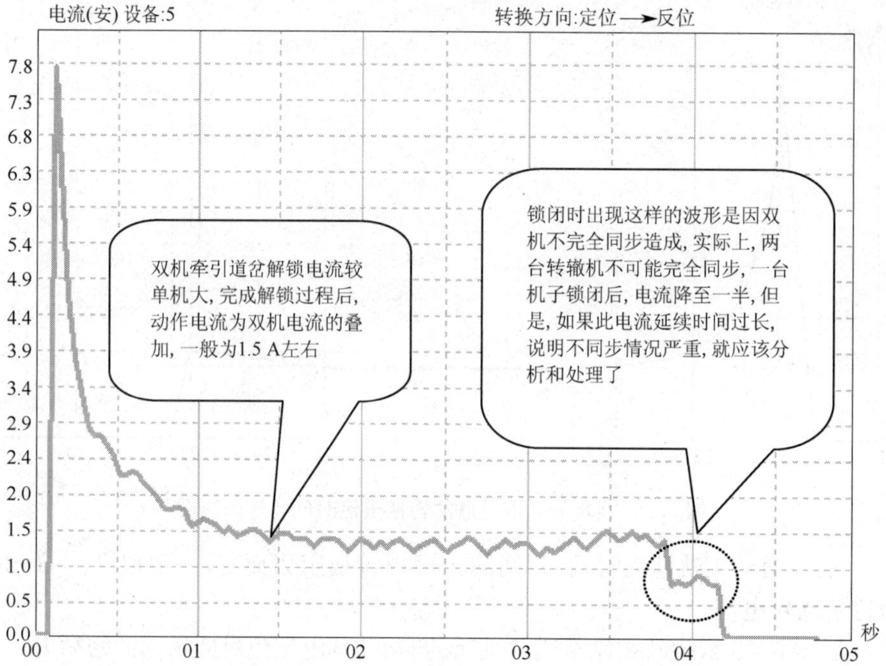

图 5.3　ZD6 双机牵引道岔(ZD6-E、ZD6-J 型转辙机电流叠加采集)电流曲线分析图

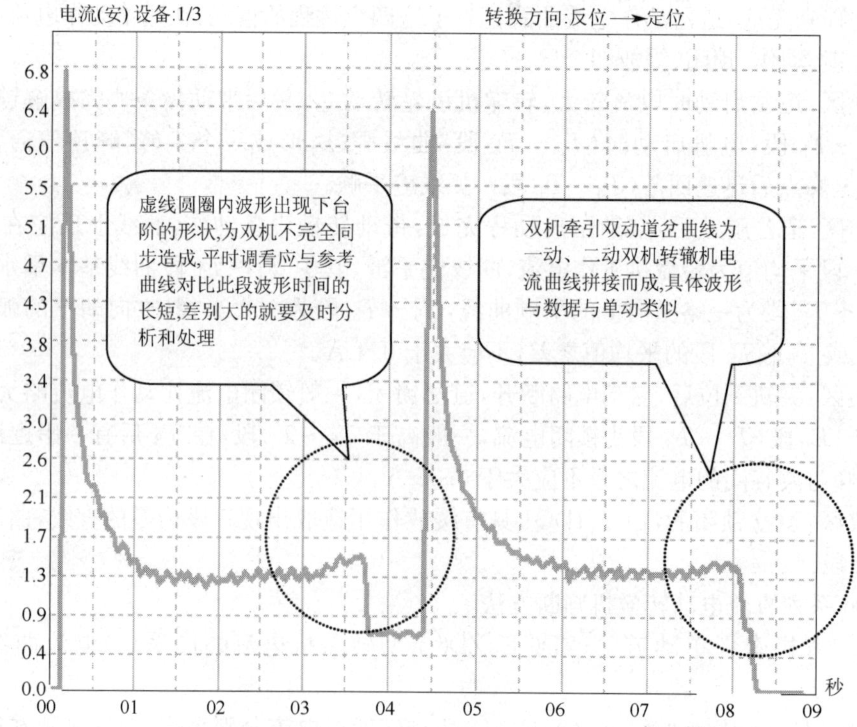

图 5.4　ZD6 双机牵引双动道岔(电流分别采集,曲线显示在同一个界面)电流曲线分析图

(3)双动道岔第一动为单机、第二动为双机牵引双动道岔电流曲线如图5.5所示。

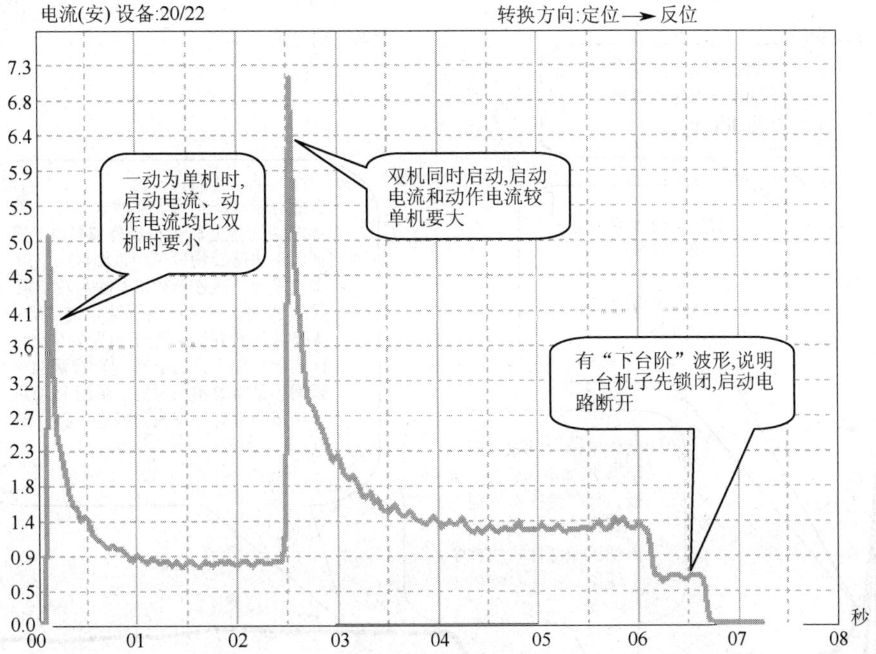

图5.5　第一动为单机、第二动为双机牵引双动道岔电流曲线图

(4)双动道岔第一动、第二动电流分开采集,分开显示,平时调看和处理故障时应同时调看两个窗口,进行分析比较,如图5.6所示。

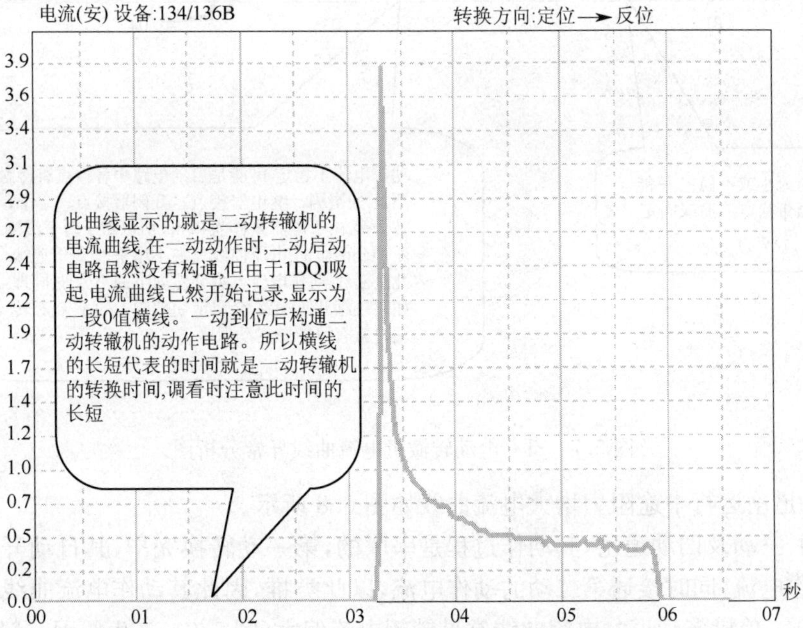

图5.6　双动道岔第一动、第二动电流分开采集、分开显示图

4. ZD6 电动转辙机电流曲线异常分析(图 5.7)

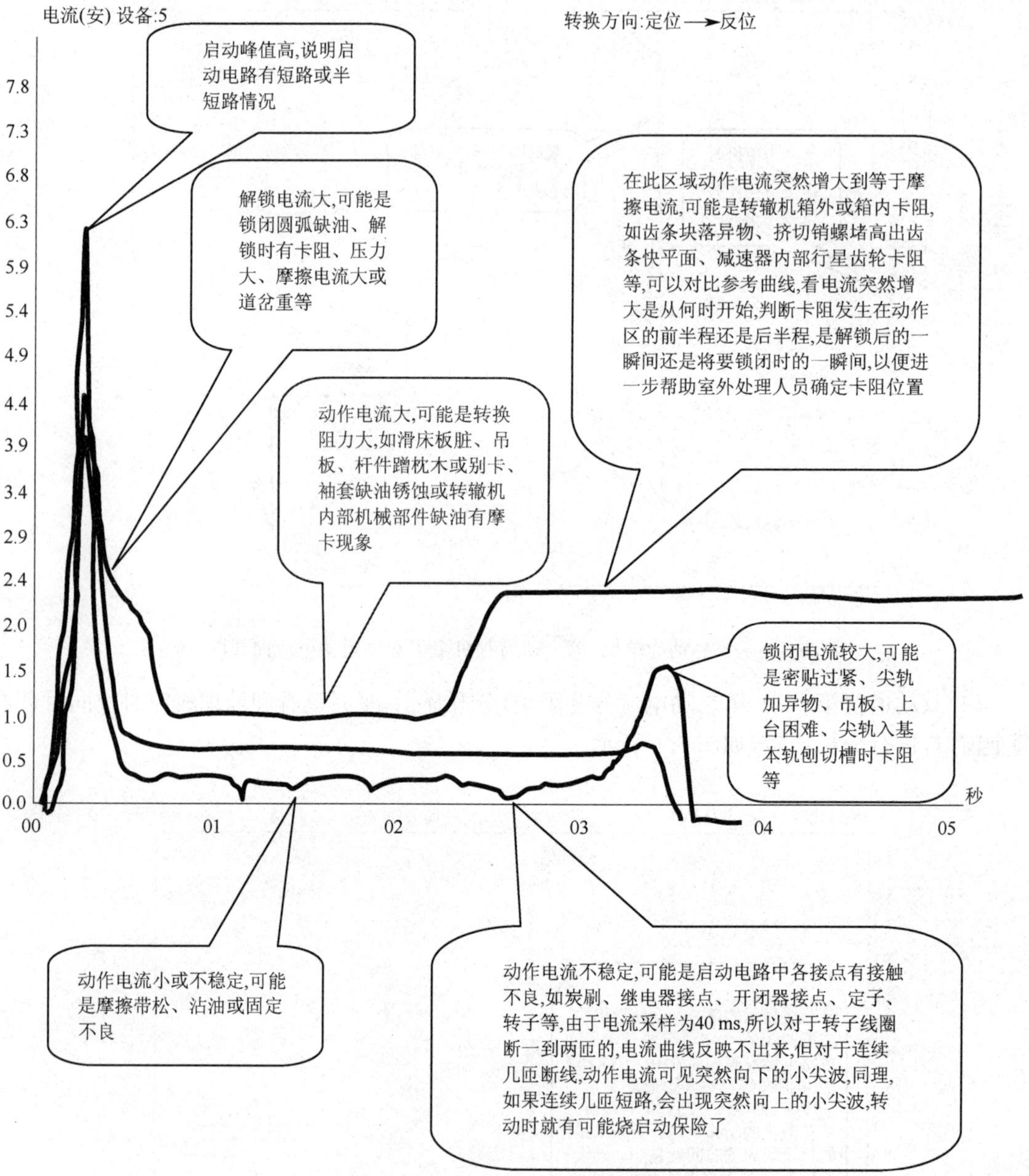

图 5.7　ZD6 电动转辙机电流曲线异常分析图

(1)电动道岔运行中途阻力增大电流曲线如图 5.8 所示。

(2)双动、三动及四动道岔,其动作过程是串联的,第一动转换完毕,其自动开闭器接点自动切断其动作电流,同时接通第二动的动作电流,以此类推,因此其动作电流曲线是按同一个显示界面处理;单机多动道岔电流曲线常见锁闭电流偏大(图 5.9),产生原因一般是道岔调整过紧,齿条块缺油等多种原因。

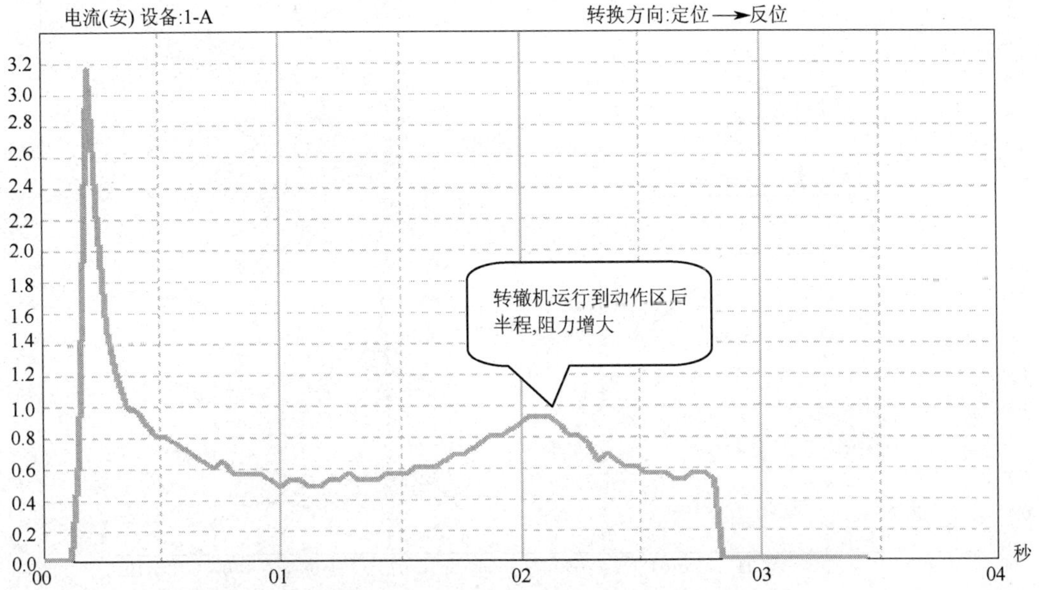

图 5.8　电动道岔运行中途阻力增大电流曲线图

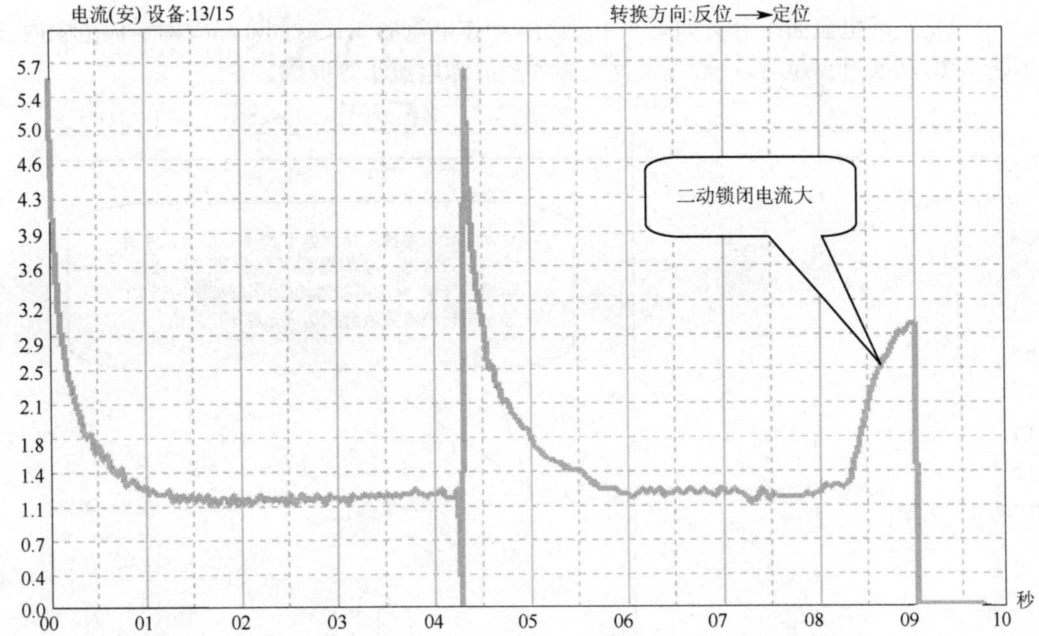

(a) 单机二动道岔电流曲线图

图　5.9

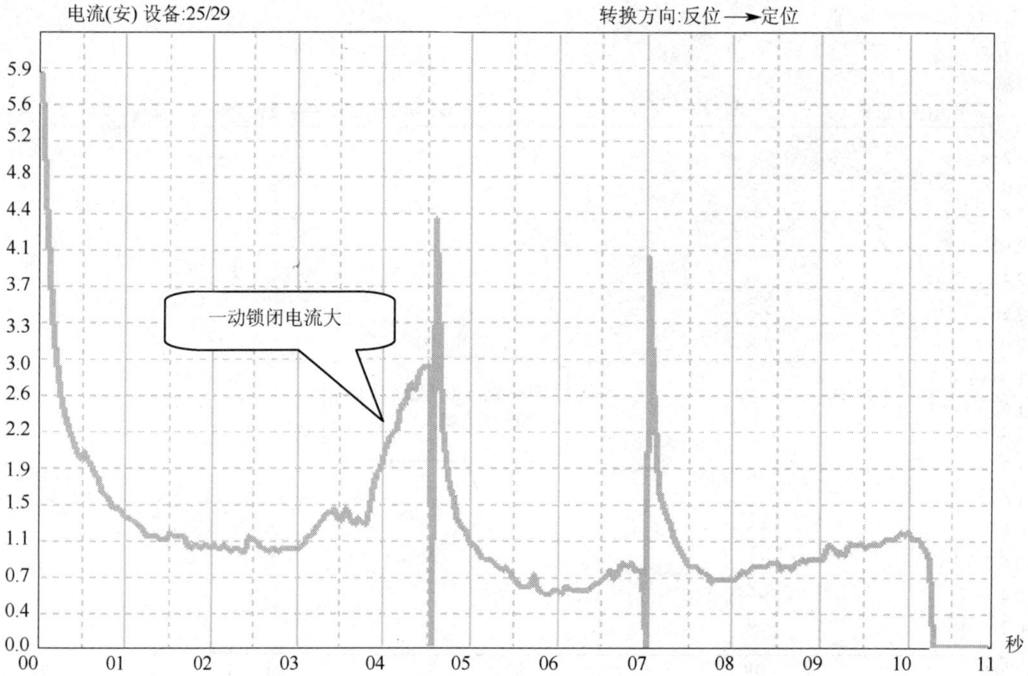

(b) 单机三动道岔电流曲线图

图 5.9　单机二动、三动道岔电流曲线图

(3)道岔空转电流曲线分析如图 5.10 所示,动作电流曲线长时间在一个固定值范围内,道岔不能锁闭,转换过程超时,一般是道岔夹异物或故障电流小等原因。

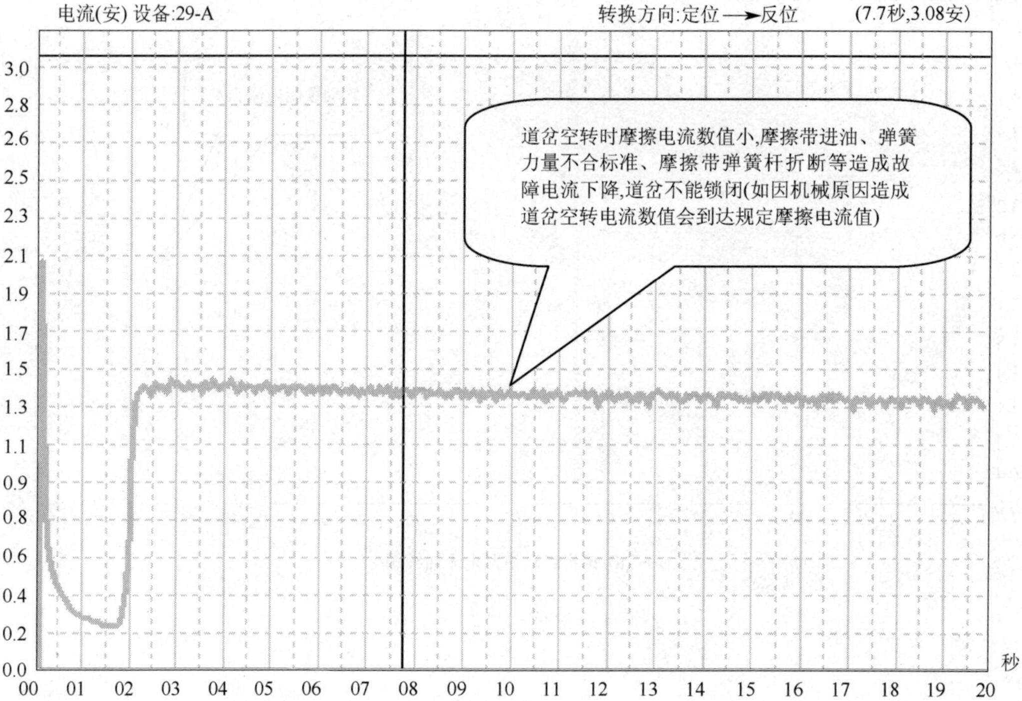

图 5.10　道岔空转电流曲线分析图

(4)ZD6 电机刷窝内碳粉过多形成的道岔动作曲线或电机有断砸或碳刷接触不良的道岔动作曲线如图 5.11 所示。

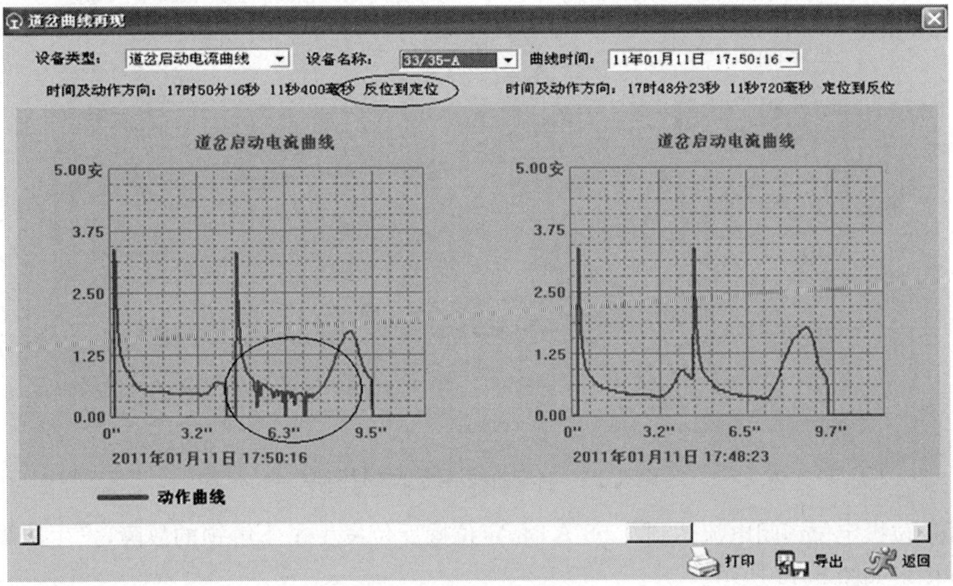

图 5.11　电机有断砸或碳刷接触不良的道岔动作曲线图

(5)举例某站道岔电流曲线异常，没有及时处理，导致故障发生，处理后道岔电流曲线恢复正常。

①2072＃道岔反位操定位锁闭电流由 0.6 A 上升 0.9 A，反映该道岔解锁困难。电流曲线异常时图形如图 5.12 所示。

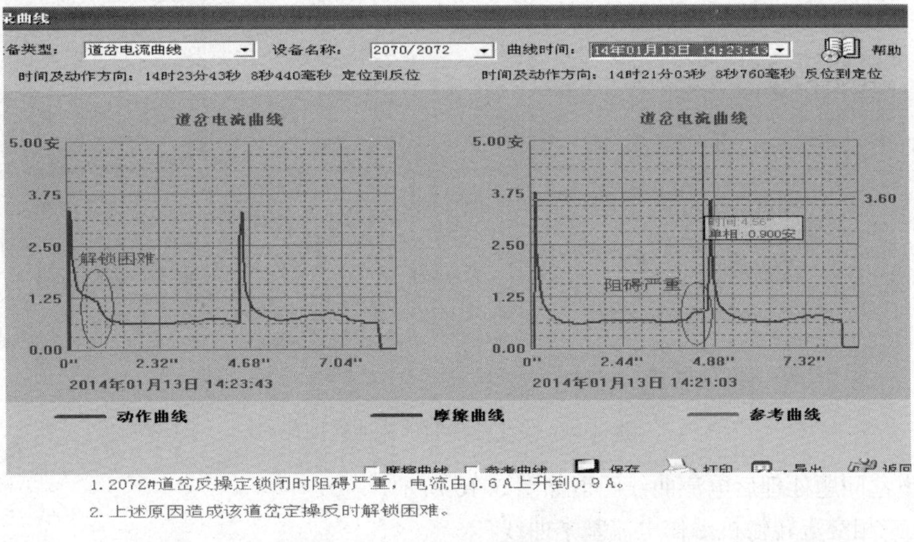

图 5.12　电流曲线异常时图形

②浏览时对问题曲线没有认真分析，道岔问题没有处理，电流曲线反映道岔问题越来越严重；反位操定位锁闭电流上升到 0.94 A，解锁困难相当严重。电流曲线继续变坏时图形如图 5.13 所示。

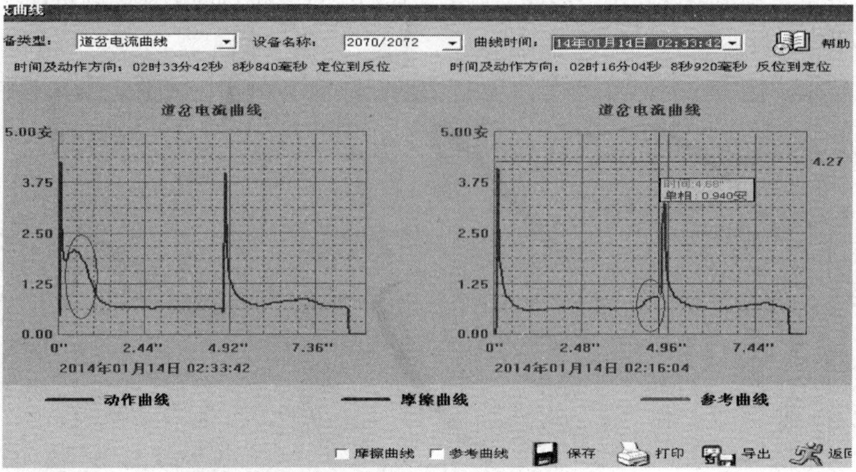

未发现并处理锁闭时存在阻碍的问题，问题状态越来越严重。反操定锁闭时电流上升到0.94 A，解锁困难已经非常突出。

图 5.13　电流曲线继续变坏时图形

③反位操定位锁闭电流达到 0.98 A 时，定位操反位发生了不解锁的故障，发生故障时电流曲线图形如图 5.14 所示。

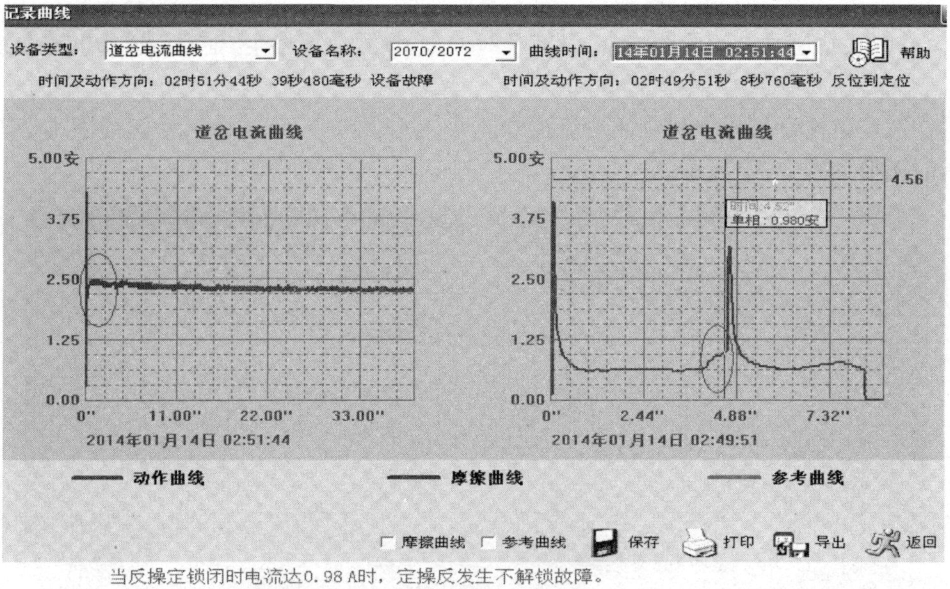

当反操定锁闭时电流达0.98 A时，定操反发生不解锁故障。

图 5.14　发生故障时电流曲线图形

④道岔问题处理后电流曲线图形如图 5.15 所示。

5. 三相交流转辙机动作电流基本曲线

三相交流转辙机道岔存在启动、解锁、转换、锁闭的四个过程，但因为尖轨分动特点，曲线具有独特的地方。电机启动后，先是锁闭杆运动带动斥离轨行走，并密贴轨解锁；再同时带动两根尖轨运动；密贴轨密贴后，斥离轨继续运动，并最终密贴轨锁闭。启动后 2 s 左右为解锁阶段，3 s 左右两根尖轨同时运动，2 s 左右进行锁闭。

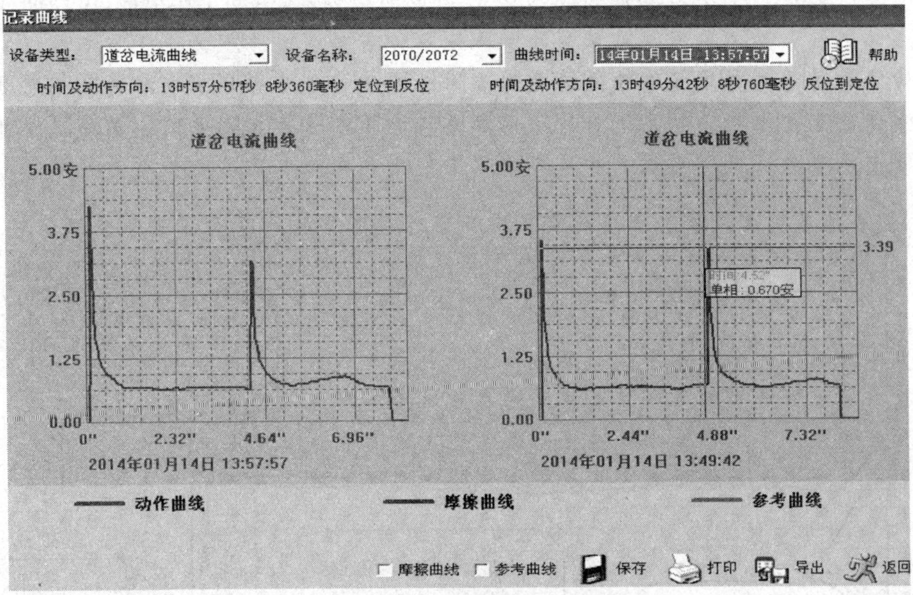

图 5.15 道岔问题处理后电流曲线图形

动作时间的长短与转辙机的特性有关。如果超过时间且动作电流没有抬高，说明道岔缺油阻力增大；油缸漏油，油路不足；溢流阀或启动油缸不良。

动作时间过长且有溢流，说明憋卡、卡阻严重。

以 S700K 型三相交流电动转辙机为例分析三相交流转辙机电流曲线，S700K 转辙机是三相交流电机道岔的一种，S700K 转辙机工作拉力的变化，是由电动机电压、电流、转速等多种因素决定的，所以，对于使用三相交流电机的转辙机电流曲线的分析就要换一种思路和方法。

试验表明，图 5.16 的 S700K 转辙机在转换时的工作拉力曲线，反位尖轨动作到 A 点时，工作拉力突然增大（A 点处滑床板缺油锈蚀），电动机转速随之降低，当转换阻力增大时，道岔的转换时间将增加，图中粗实线代表的是反位到定位拉力曲线，转换时间为 5.3 s，而细实线代

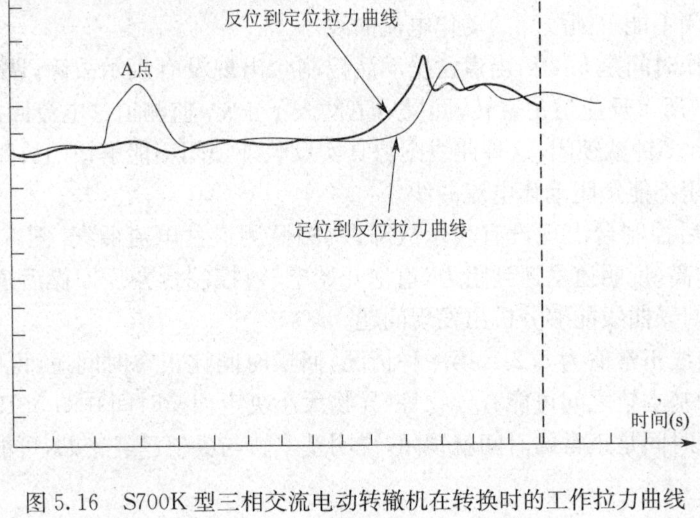

图 5.16 S700K 型三相交流电动转辙机在转换时的工作拉力曲线

表的是定位到反位拉力曲线，转换时间为 6 s。在此阶段，转辙机的工作电流、电压曲线变化比较平稳。

试验结论，对于使用交流电机的转辙机，时间特性是电流曲线的调看和分析的重点。

三相交流转辙机动作电流基本曲线，与直流电动道岔一样分为四个区，解锁区、动作区、锁闭区和缓放区，如图 5.17 所示。

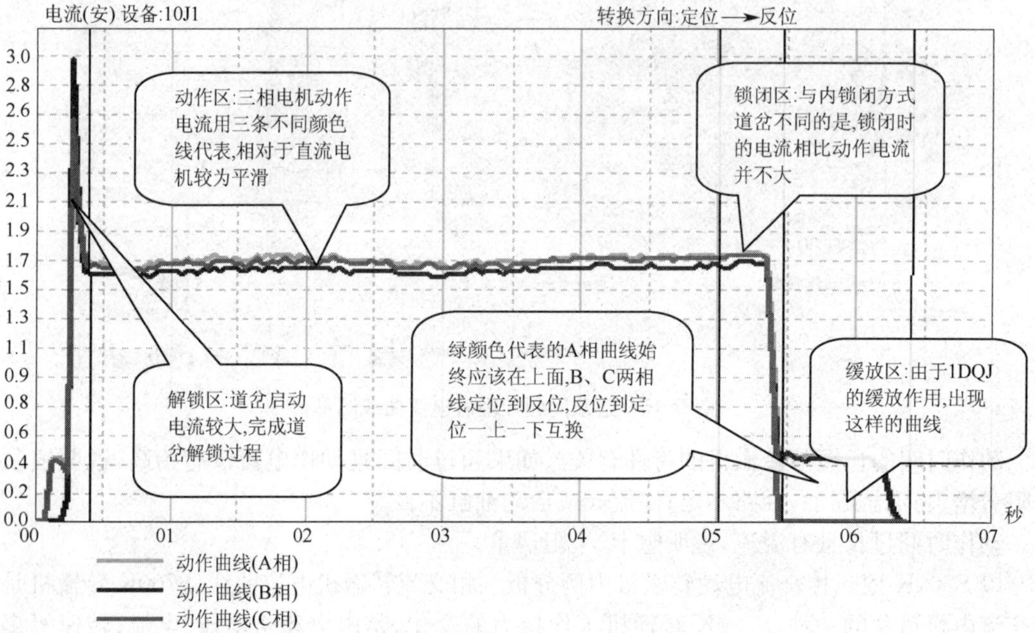

图 5.17　三相交流转辙机动作电流基本曲线图

三相电流基本在同一值上，反映三相电流平衡，如三相电流不平衡，则表明三相电压不平衡或三相绕组流过的经路负载不均衡，排除电机线圈因素，应重点考虑电路中各接点接触电阻过大。

6. S700K 三相交流电动转辙机电流曲线异常分析

1)道岔外锁闭不能解锁故障的动作电流曲线

道岔正常动作时间是 5.2 s，当道岔操动后控制台出现没有表示故障，调阅监测道岔电流曲线如图 5.18(a)所示反应道岔空转，回操后道岔表示正常，监测道岔电流回操曲线如图 5.18(b)所示，经过 1 s 多钟就锁闭，这种曲线图像真实反映外锁闭不能解锁的故障。

2)道岔外锁闭不能锁闭动作电流曲线

当道岔操动后控制台出现没有表示故障，调阅监测道岔电流曲线[图 5.19(a)]，大约在 5 s 后电流开始升高，说明道岔遇到阻力，道岔开始空转；控制台办理回操后道岔表示正常，通过监测道岔电流回操曲线能够分析出发现问题。

分析：电流曲线正常值为 5.2 s，第一种情况，回操时间比正常时间短，说明基本轨与尖轨没有密贴，尖轨和基本轨之间可能有异物等(异物大小决定回操时间)[图 5.19(b)]，第二种情况，回操电流曲线时间是正常的时间就锁闭，说明基本轨与尖轨已经密贴，可能是密贴过紧[图 5.19(c)]。

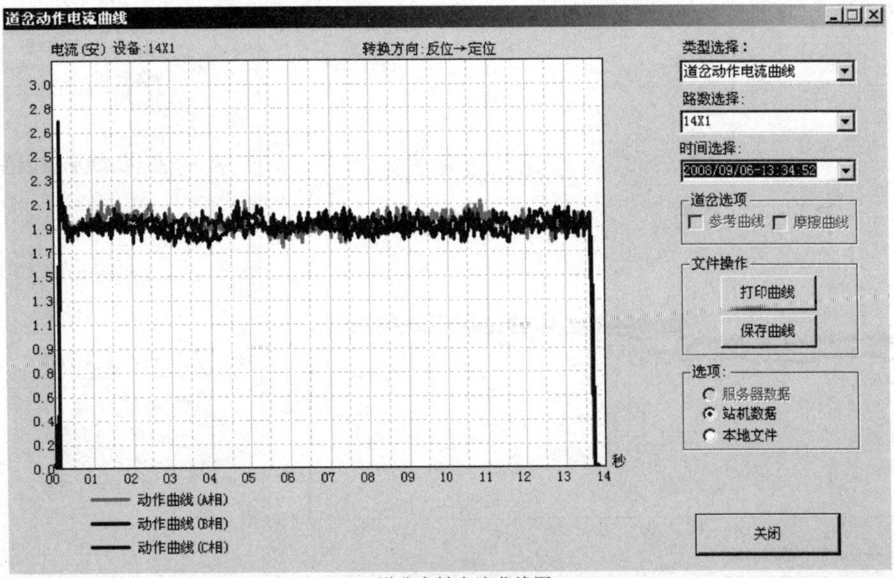

(a) 道岔空转电流曲线图

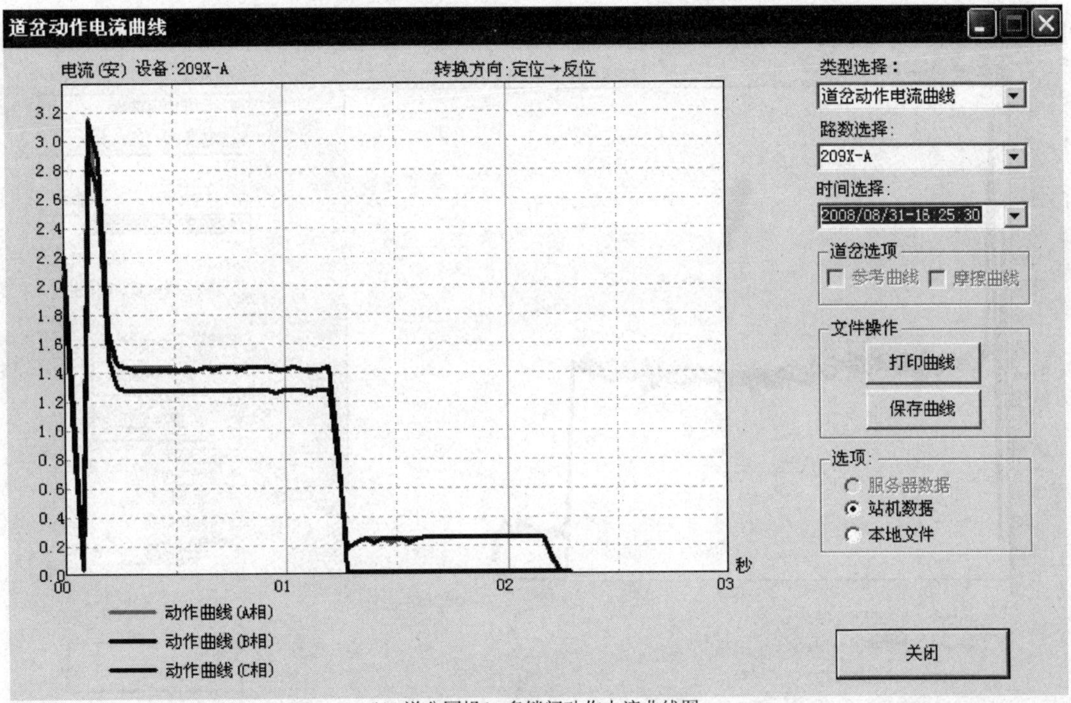

(b) 道岔回操1 s多锁闭动作电流曲线图

图5.18　道岔外锁闭不能解锁故障的动作电流曲线图

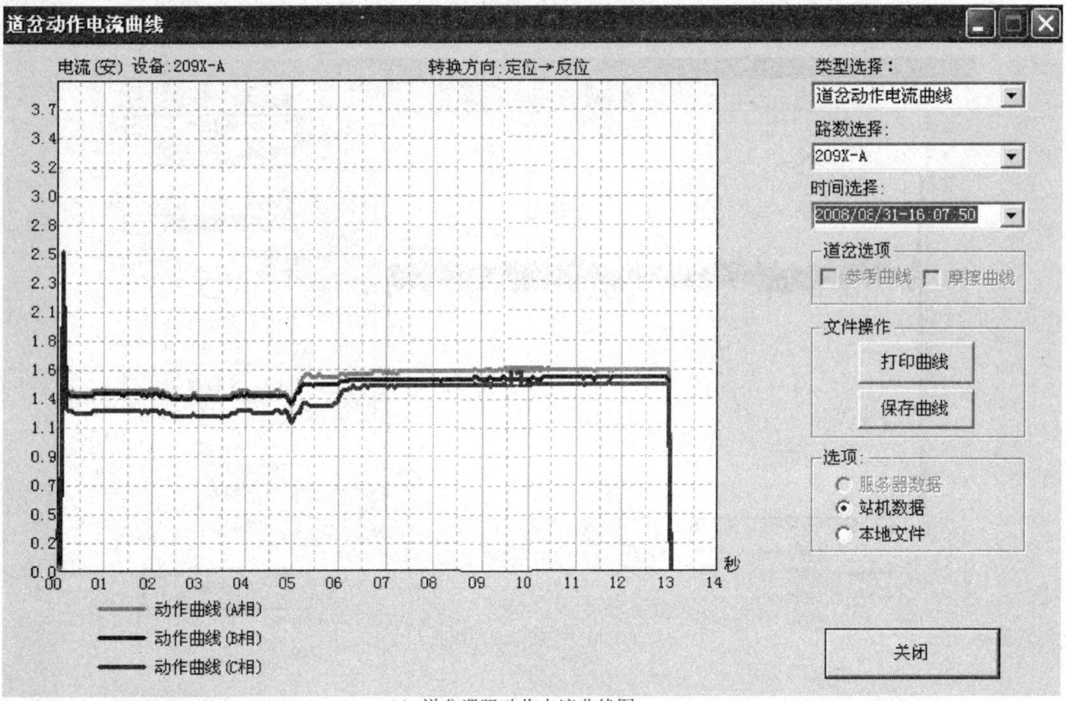

(a) 道岔遇阻动作电流曲线图

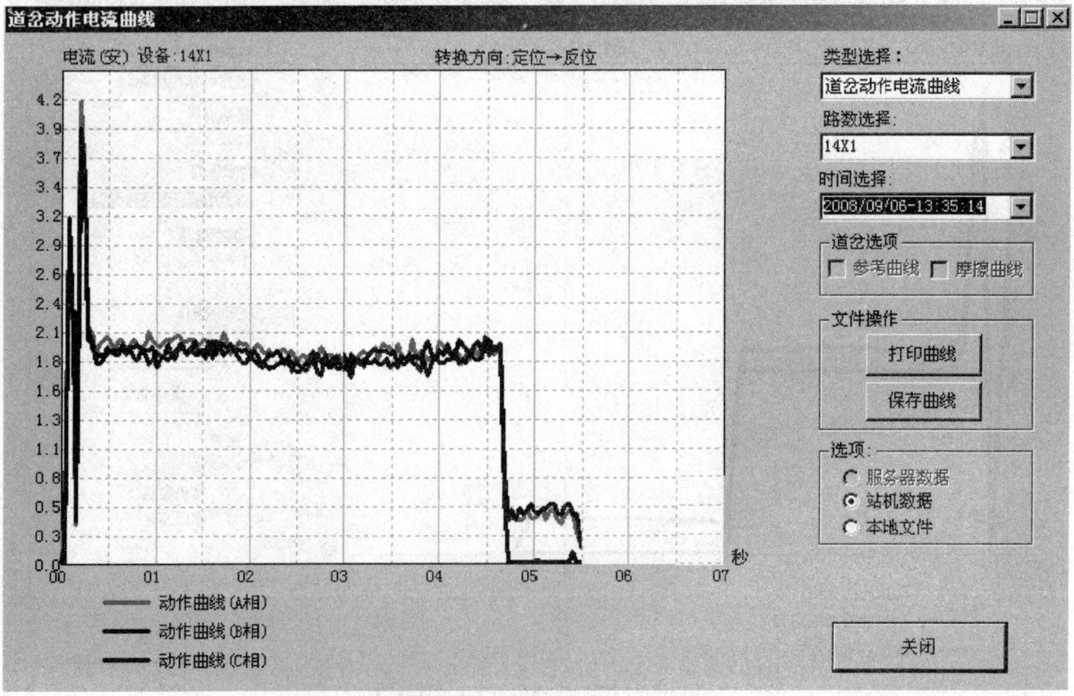

(b) 回操电流时间比正常时间短动作电流曲线图

图 5.19

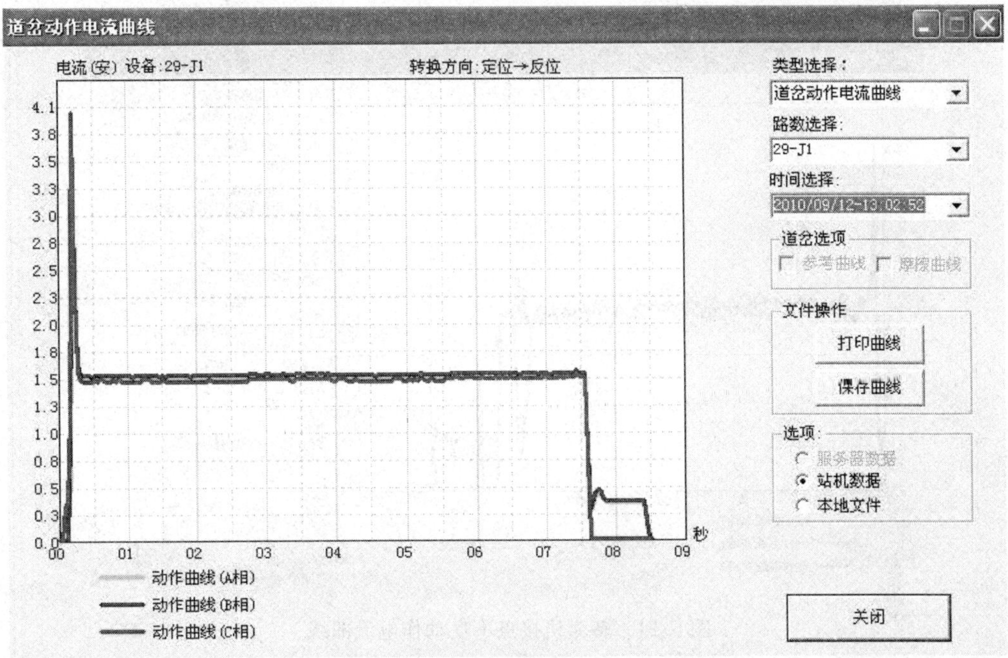

(c) 回操电流时间正常动作电流曲线图

图 5.19 道岔外锁闭不能锁闭动作电流曲线图

3)道岔卡缺口动作电流曲线

当道岔操动后控制台出现没有表示故障,回操后道岔表示正常;通过调阅监测道岔电流曲线分析,发现电流曲线如图 5.20 所示,在缓放区没有小台阶,三相电流在缓放区都为 0,这种曲线图像就是转辙机卡缺口故障。

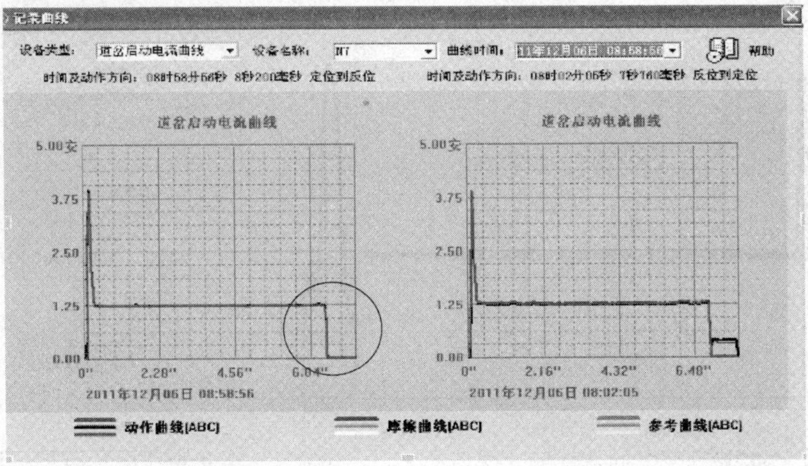

图 5.20 转辙机卡缺口动作电流曲线

4)转辙机接点不良动作电流曲线

接点不良是有预兆的,转辙机接点不良动作电流曲线如图 5.21 所示。

在日常道岔电流曲线分析中,观察在最近的几次操动中有无某相电流向下变化,最低到 0 A 的情况。发现这样的情况,要马上对转辙机接点检查清扫擦拭,必要时更换接点。

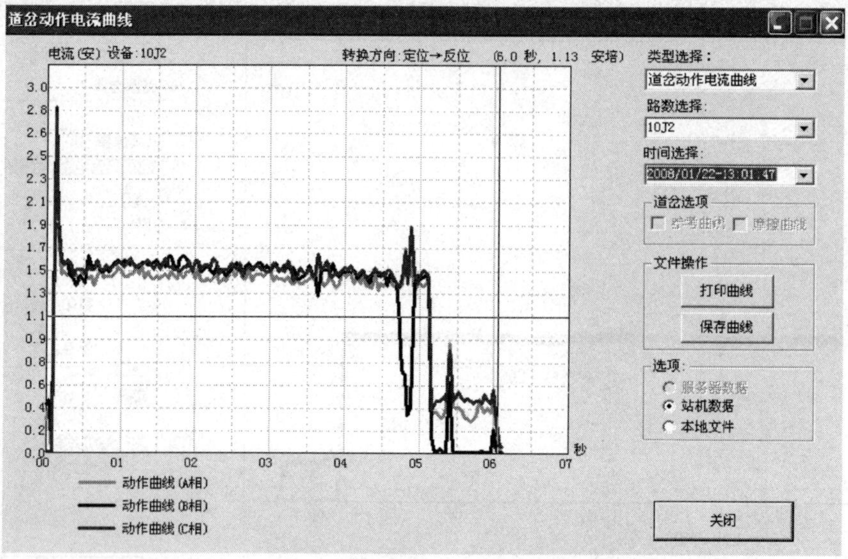

图 5.21 转辙机接点不良动作电流曲线

5)室外表示电阻短路动作电流曲线

道岔电流曲线小台阶偏高,接近动作电流,这种情况是室外电阻短路不起作用。室外表示电阻短路动作电流曲线如图 5.22 所示。

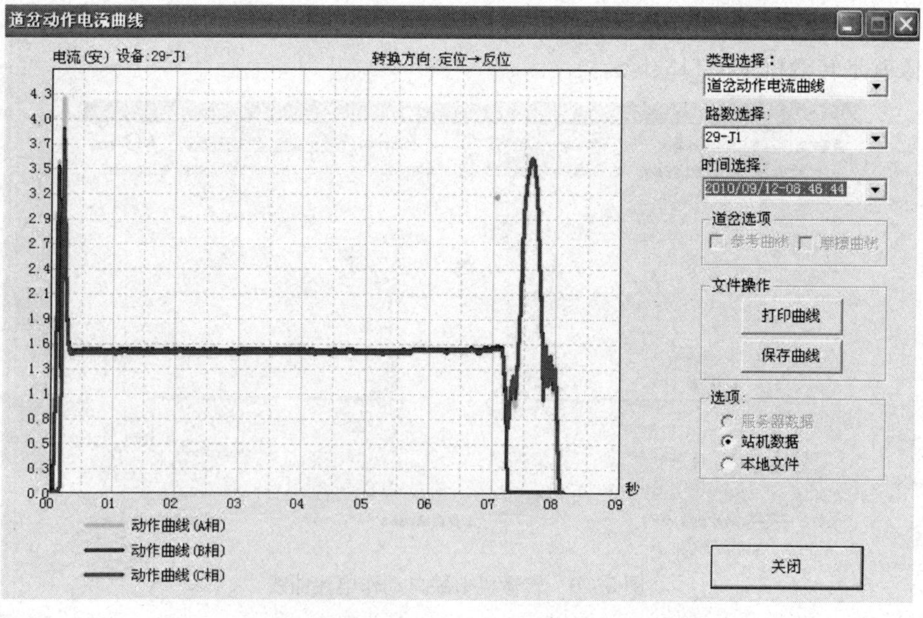

图 5.22 室外表示电阻短路动作电流曲线图

7. ZYJ7 三相交流转辙机动作电流曲线

(1)正常时的电流曲线图形如图 5.23 所示。

(2)道岔断相的动作电流曲线图形如图 5.24 所示。

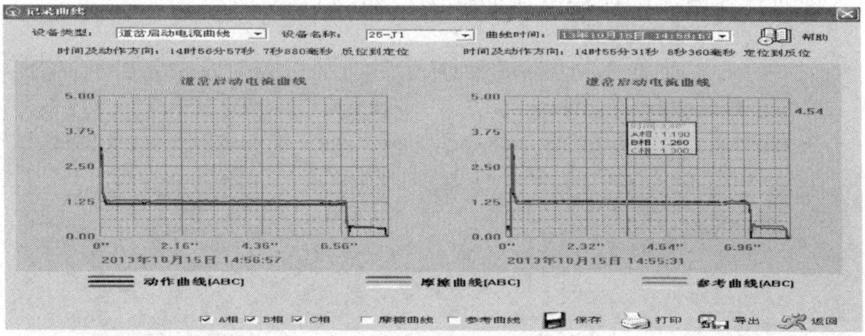

图 5.23　正常时的电流曲线图形

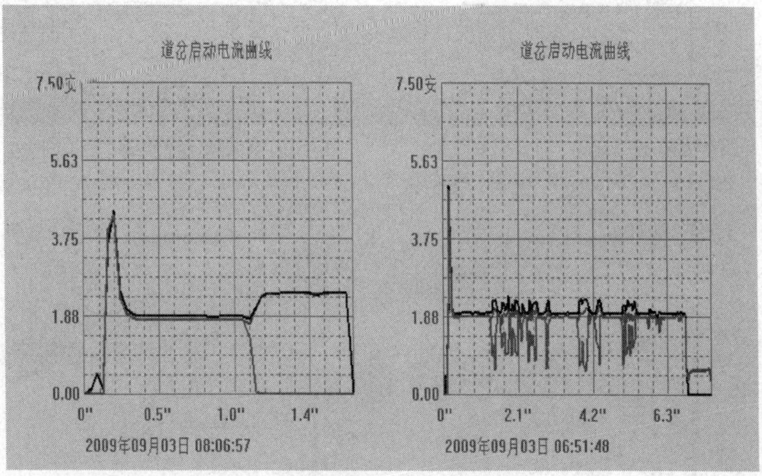

图 5.24　道岔断相的动作电流曲线图形

(3)接点接触不良时的动作电流曲线图形如图 5.25 所示。

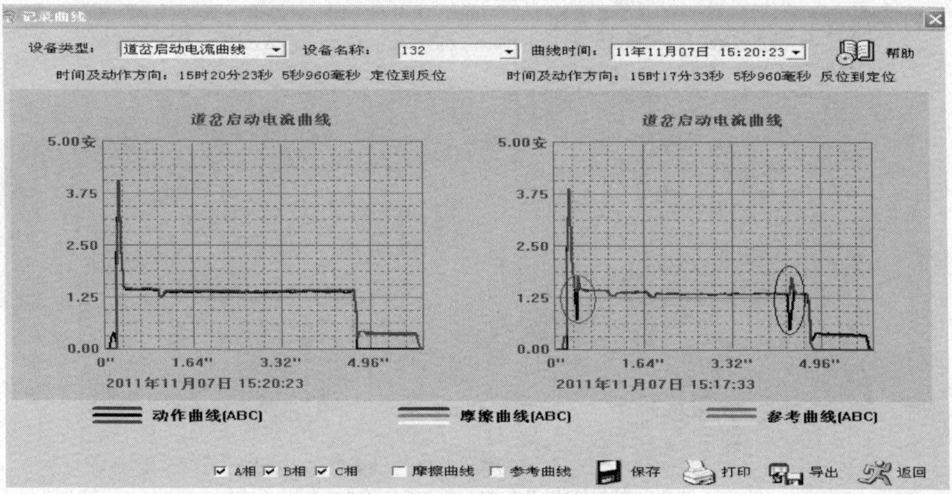

动作电路启动接点接触不良。不处理将可能造成断相，道岔操不动。

图 5.25　接点接触不良时的动作电流曲线图形

(4)道岔解锁时存在溢流的动作电流曲线图形如图 5.26 所示。

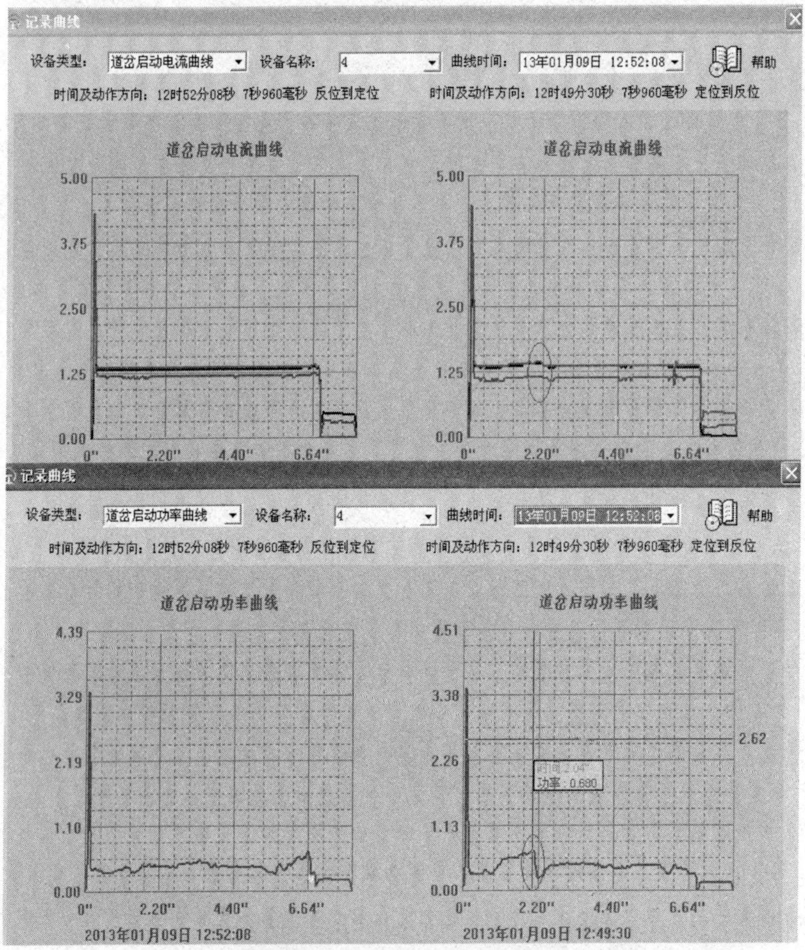

(a) 道岔解锁时存在溢流的动作电流曲线图形一

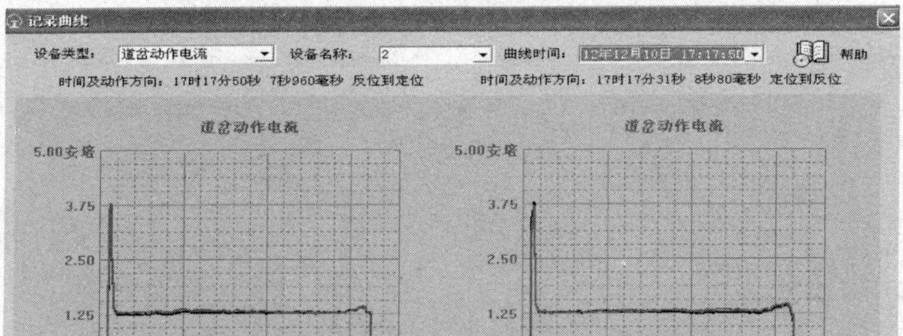

(b) 道岔解锁时存在溢流的动作电流曲线图形二

图 5.26　道岔解锁时存在溢流的动作电流曲线图形

(5)道岔卡阻打空转动作电流曲线图形如图 5.27 所示。

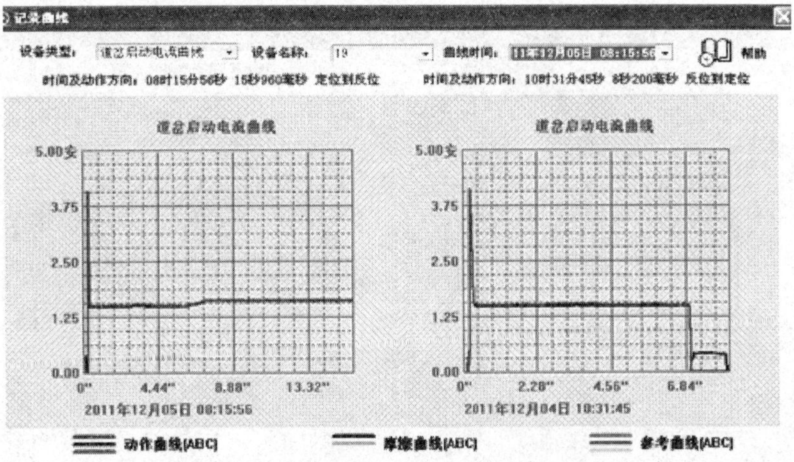

图 5.27　道岔卡阻打空转动作电流曲线图形

(6)卡缺口的动作电流曲线图形如图 5.28 所示。

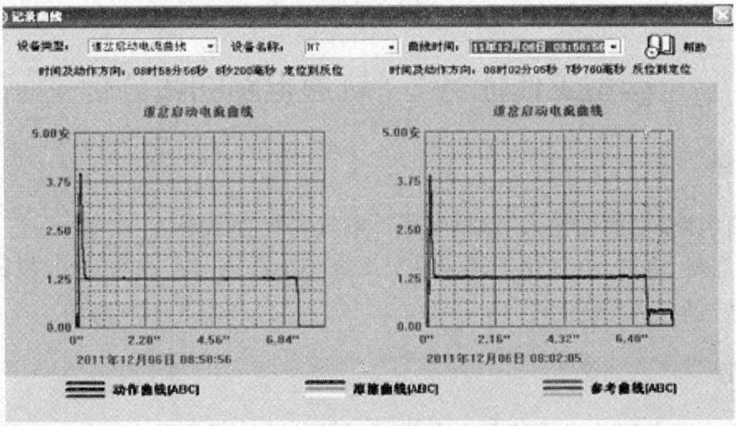

图 5.28　卡缺口的动作电流曲线图形

(7)二极管击穿的动作电流曲线图形如图 5.29 所示。

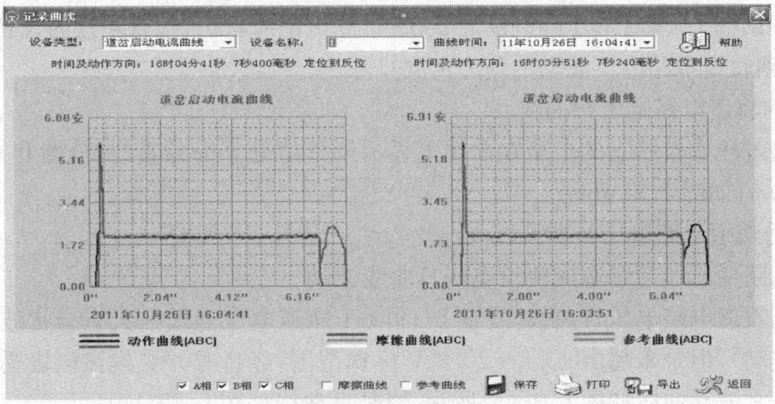

图 5.29　二极管击穿的动作电流曲线图形

(8)表示电路短路动作电流曲线图形如图 5.30 所示。

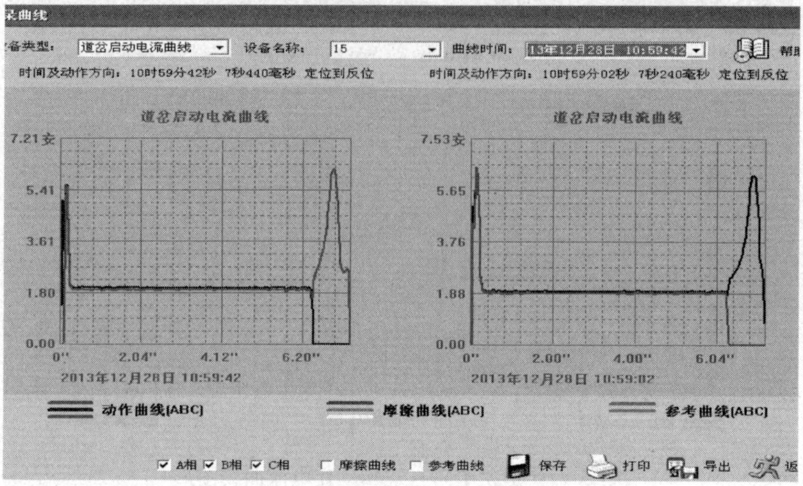

图 5.30　表示电路短路动作电流曲线图形

典型工作任务 2　轨道电路曲线分析

5.2.1　工作任务

通过对轨道电路、电源屏输入/输出电压等电气特性曲线存在的问题进行分析，及时解决轨道电路绝缘、器材、电缆、电气化干扰及电源系统等工作环节存在的问题，保证轨道电路特性及电源电气特性达标。

5.2.2　知识链接

正常的轨道电路电压曲线应该是方方正正、平平整整、没有跳变、没有毛刺的，能反映轨道电路的正常电气的特性。

浏览轨道电路日曲线时，如果发现轨道电路电压有波动，要立即查找原因，检查轨道接续线、引入线，测试端子、塞钉的压降判断异状，检查测试绝缘状态，检查箱盒内设备、配线和电缆是否良好，直到轨道电路电压波动的隐患彻底排除。

1. 正常的轨道电路电压日曲线

轨道电路电压调整状态的电压在曲线上显示调整值处于一条直线，分路状态及断轨状态曲线上显示为 0，如图 5.31 所示。

2. 异常的轨道电路电压日曲线

1)轨道电路变压器问题造成轨道电压日曲线波动

通过浏览轨道电路电压日曲线，发现 5—9DG1 轨道电压连续几天有异常波动(出清后电压值有上下波动)，但是未超出 15.5～20.3 V 标调范围，经排查并更换该区段受端变压器后，电压平稳。异常波动曲线如图 5.32(a)所示，修复后曲线如图 5.32(b)所示。

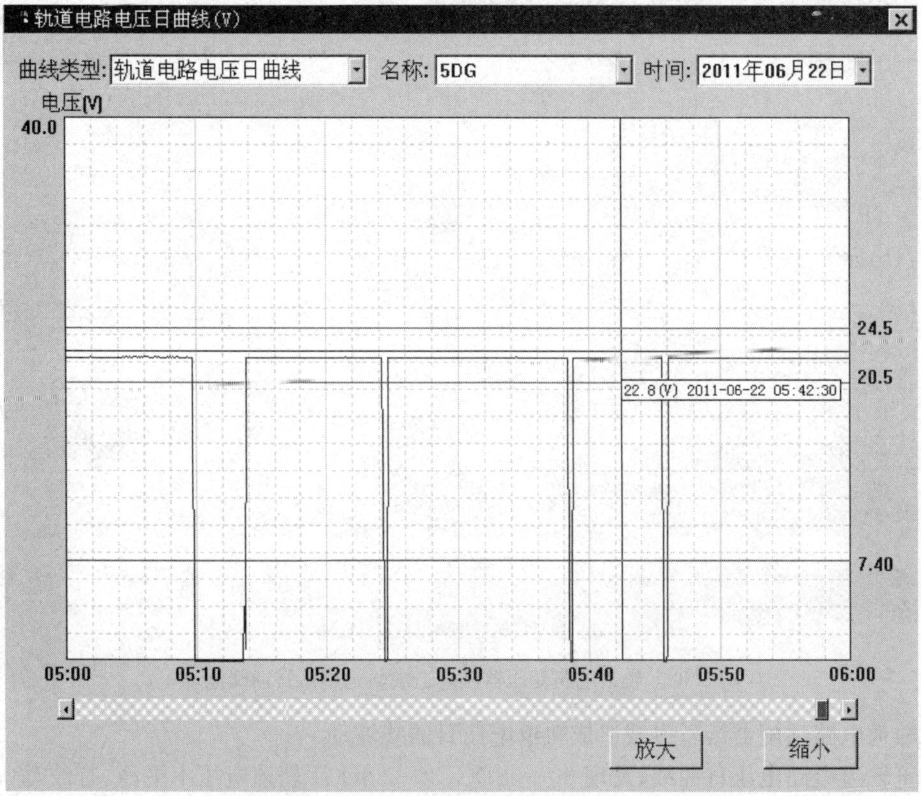

图 5.31 正常的轨道电路电压日曲线

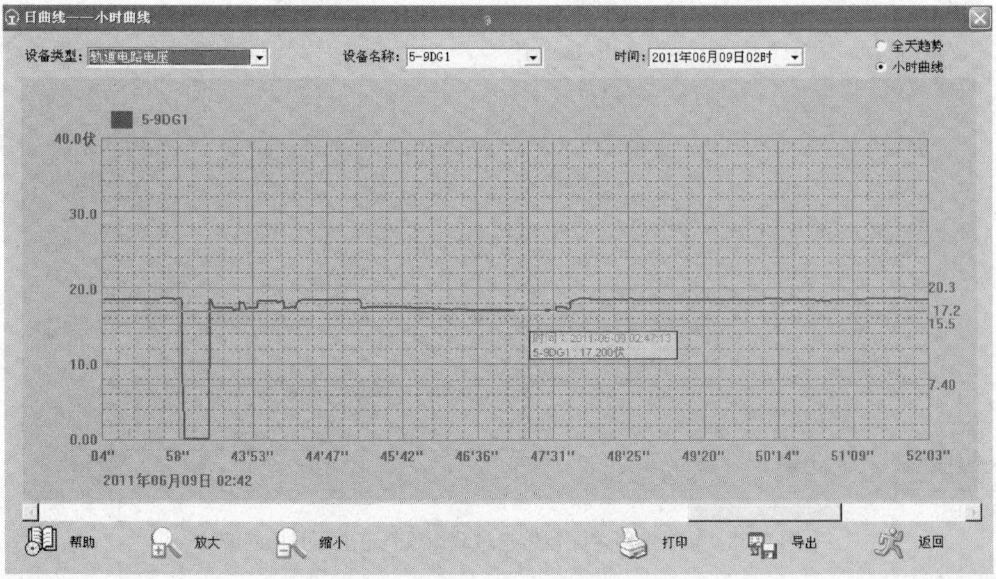

(a) 轨道电路电压异常波动曲线

图 5.32

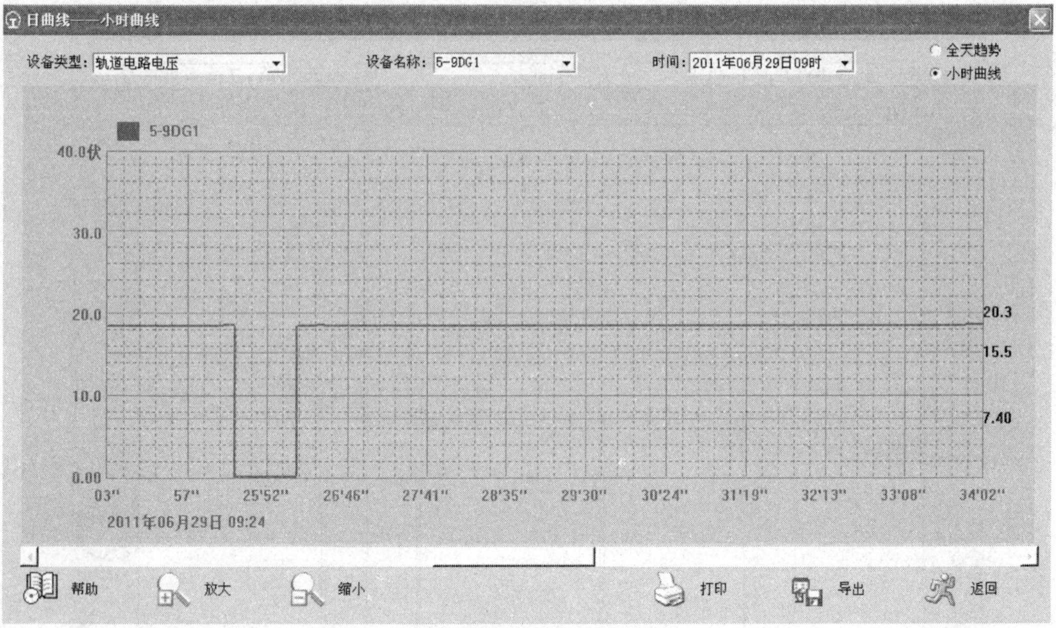

(b) 修复后轨道电路电压正常曲线

图 5.32　轨道电路变压器问题造成轨道电压日曲线波动

2)轨道电路适配器熔丝过载造成轨道电压日曲线波动

浏览轨道电路电压日曲线,发现 30—38DG、30—38DG1 轨道电压不平稳,有波动(压车前值降低),更换 30—38DG1 受端过载熔断器。轨道电路适配器熔丝过载造成轨道电压日曲线波动如图 5.33 所示。

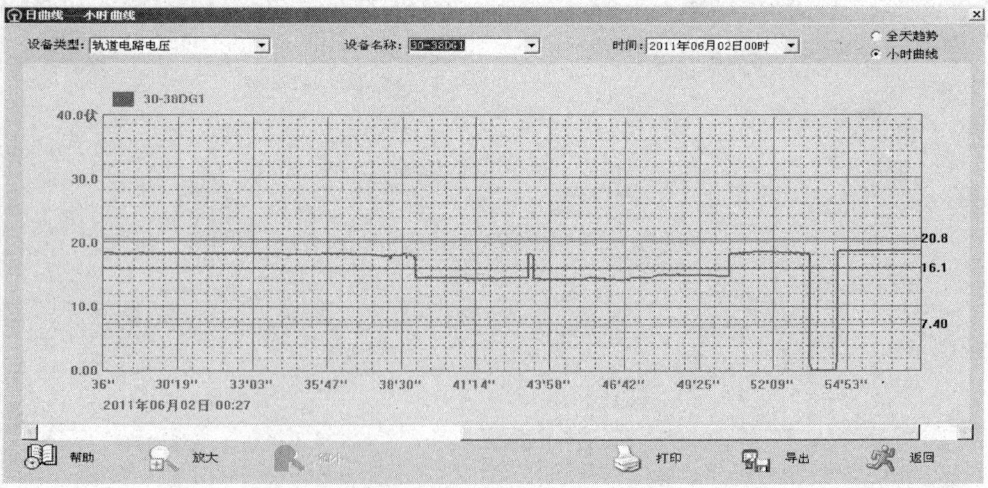

图 5.33　轨道电路适配器熔丝过载造成轨道电压日曲线波动

3)室内防护盒问题造成轨道电压日曲线波动

浏览轨道电路电压日曲线,发现 9DG 轨道电路区段由占用前的 20.2 V 降为 15.5 V,更换室内防护盒后,电压恢复正常。室内防护盒问题造成轨道电压日曲线波动如图 5.34 所示。

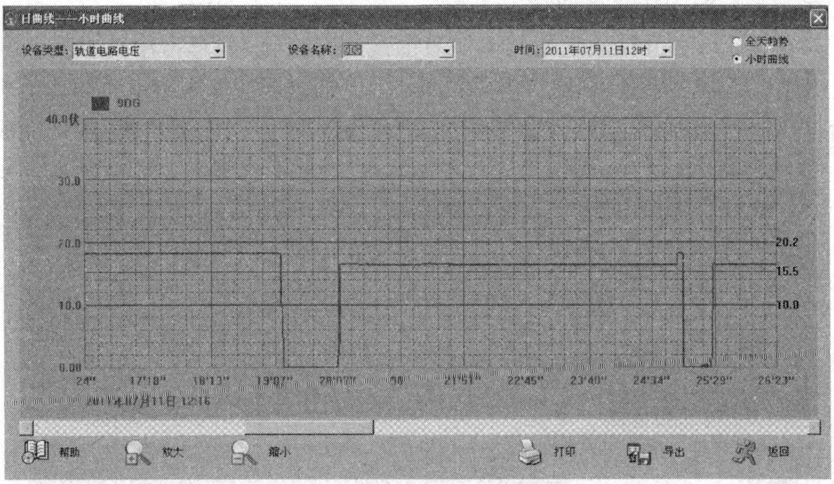

图 5.34　室内防护盒问题造成轨道电压日曲线波动

4)送端电缆故障造成轨道电压日曲线波动

浏览轨道电路电压日曲线,发现 21DG 轨道电路电压有变化趋大的情况,这时我们一定要查到原因,否则就会发生故障。例如下图的情况中,从发现电压变化到故障发生有一个多星期,在处理中,室内、室外的设备都没有发现异常,也没有继续查电缆,最终未能找到原因。轨道电路电压日曲线波动如图 5.35(a)所示,故障发生时,致使轨道电路出现红光带,此时的电压曲线如图 5.35(b)所示。总之,电压变化或模拟量曲线变化不平整,一定是有原因的,在没有查到原因前,就存有安全隐患,一定要排查。

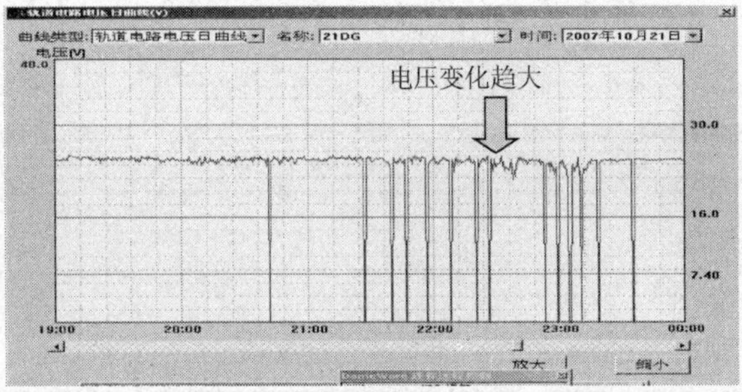

(a) 轨道电路电压日曲线波动图

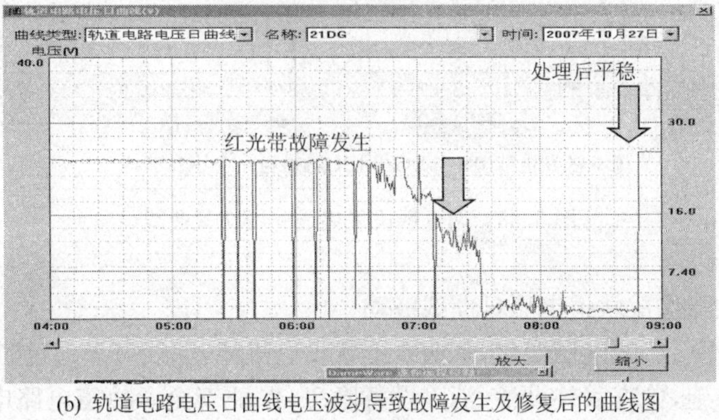

(b) 轨道电路电压日曲线电压波动导致故障发生及修复后的曲线图

图 5.35　送端电缆故障造成轨道电压日曲线波动

5)两个区段采集线配线交叉曲线

施工后,10—14DG 和ⅡBG 轨道电路电压日曲线同时变化,列车占用其中某个区段时,两个区段同时有电压(12.7 V)下降一半左右[图 5.36(a)]。通过回放并观察电压的变化来定位故障。下图所示为查到 10—14DG 和ⅡBG 采集线配线交叉,修改配线后,恢复正常[图 5.36(b)]的情况。

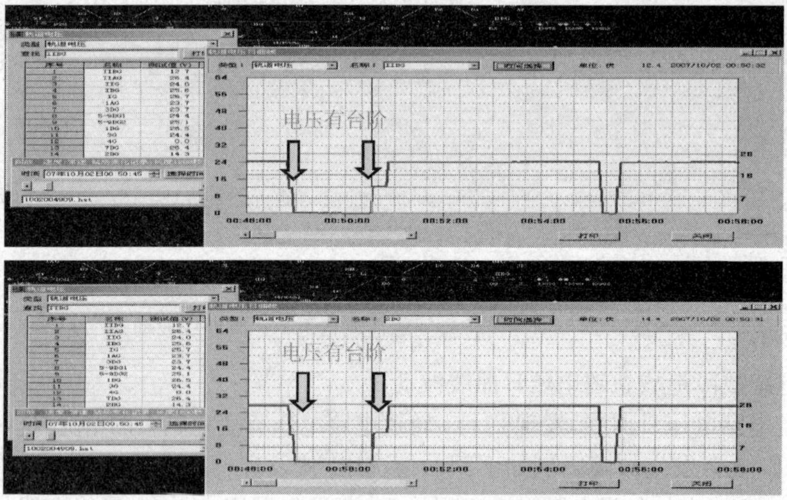

(a) 10—14DG和ⅡBG轨道电路电压日曲线同时变化

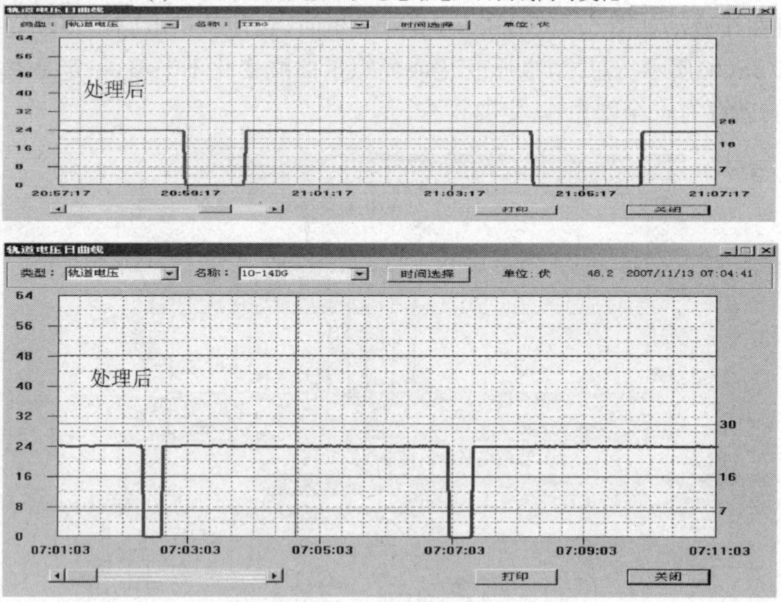

(b) 恢复正常10—14DG和ⅡBG轨道电路电压日曲线

图 5.36 两个区段采集线配线交叉曲线

6)室外短路故障造成轨道电压日曲线波动

(1)半短路故障引起的电压变化,其曲线形状没有规律,邻线有车通过时变化可能会加剧,这时要马上采取措施,检查室外设备,消除设备隐患,保证安全。轨道电路电压日曲线异常波动如图 5.37 所示。

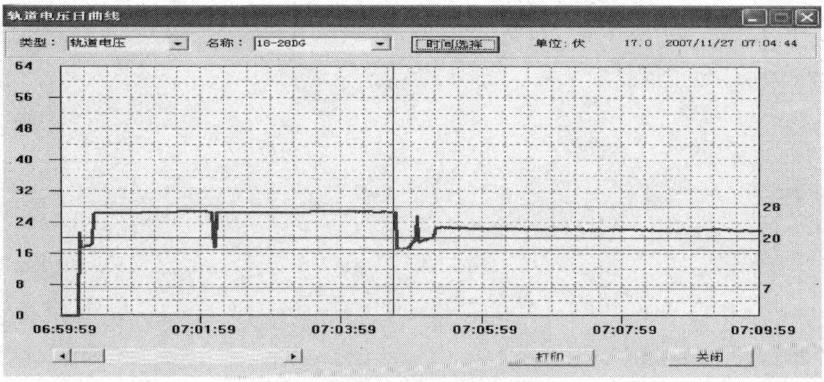

(a) 轨道电路电压日曲线异常波动(一)

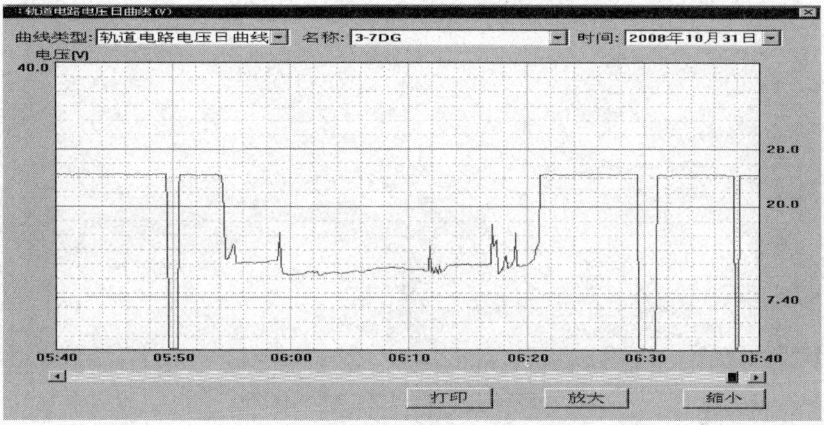

(b) 轨道电路电压日曲线异常波动(二)

图 5.37　轨道电路电压日曲线异常波动曲线

(2)绝缘破损时造成轨道电路短路故障

绝缘破损造成短路故障引起的轨道电压变化，其曲线形状没有规律，两个区段的公共绝缘破损还会影响相邻区段电压曲线变化，这时要马上采取措施，消除设备隐患，保证安全。绝缘破损时造成轨道电路短路故障电压日曲线如图 5.38 所示。

(3)造成绝缘破损的另外一种形式，就是列车轮对单边分路，如列车进入侧线股道停车而导致单边绝缘节破损，此时的电压是非常平稳的，而不是波动的。轨道电路红光带时轨道电压曲线图形如图 5.39 所示。

7)外单位作业造成轨道电路闪红光带的日曲线

只有短时间出现波动，之后出现平稳轨道电路电压日曲线短时间异常波动如图 5.40 所示。

8)轨道电路轨距杆绝缘不良造成轨道电压波动

轨距杆绝缘问题是现场维修的一大难事，加之品种使用的较多，致使检查工作量较大，有了监测，就给日常的检查提供了方便，利用好轨道电路曲线来判定轨距杆日常使用状态，不良轨距杆经常会在下雨的时候或受强电流冲击的时候显现出来。轨距杆绝缘不良造成轨道电压波动曲线如图 5.41 所示。

9)接触网杆塔地线不良引起区段电压波动(杆塔地线漏泄在 1.0～3.0 A 之间)

调看监测发现该区段电压日曲线出现连续波动，如图 5.42 所示。

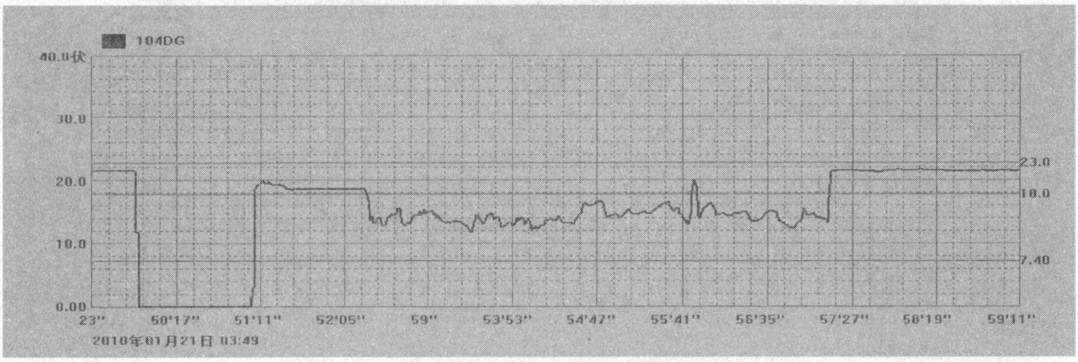

(a) 绝缘破损时造成短路轨道电压曲线图形

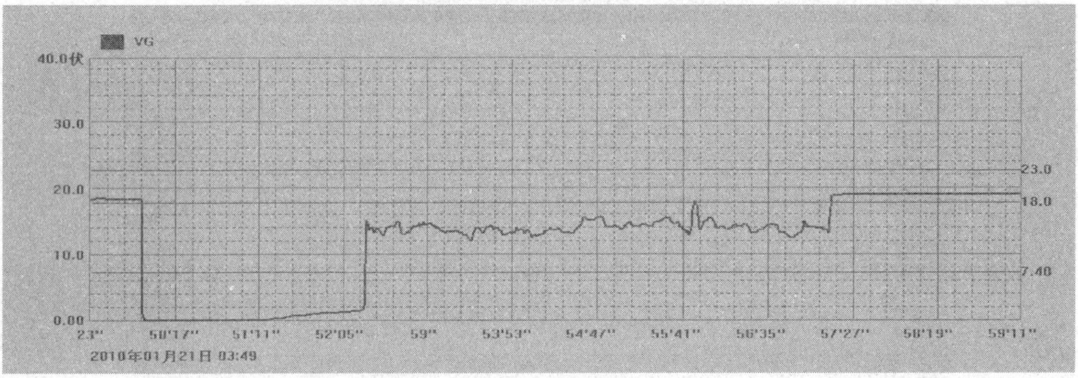

(b) 绝缘破损时相邻区段轨道电压曲线图形

图 5.38　绝缘破损时造成轨道电路短路故障图

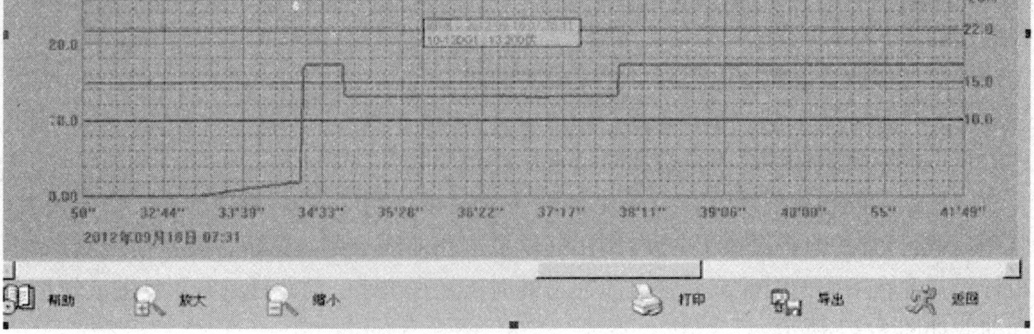

图 5.39　轨道电路红光带时轨道电压曲线图形

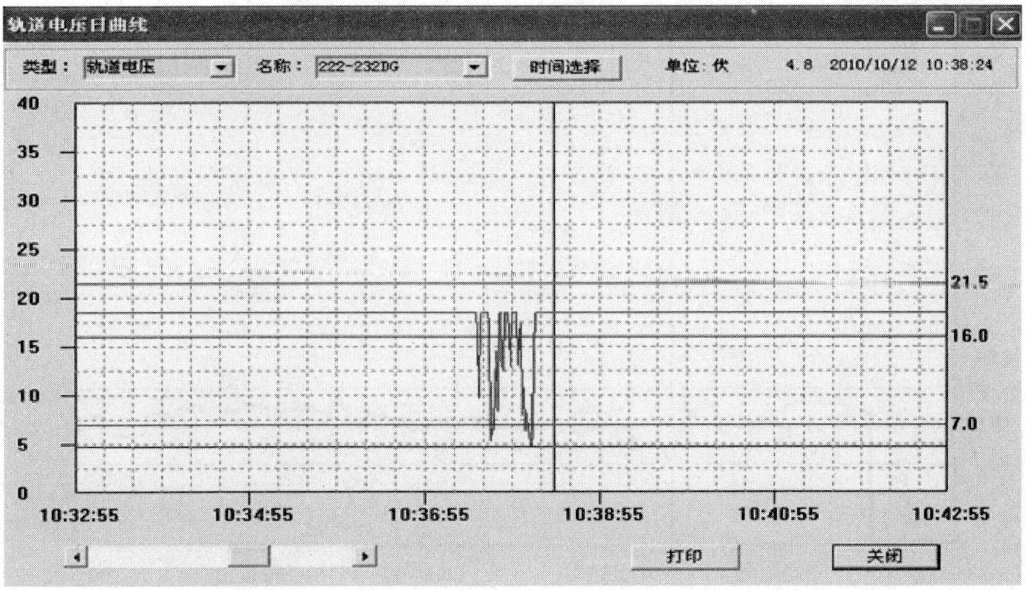

图 5.40　轨道电路电压日曲线短时间异常波动

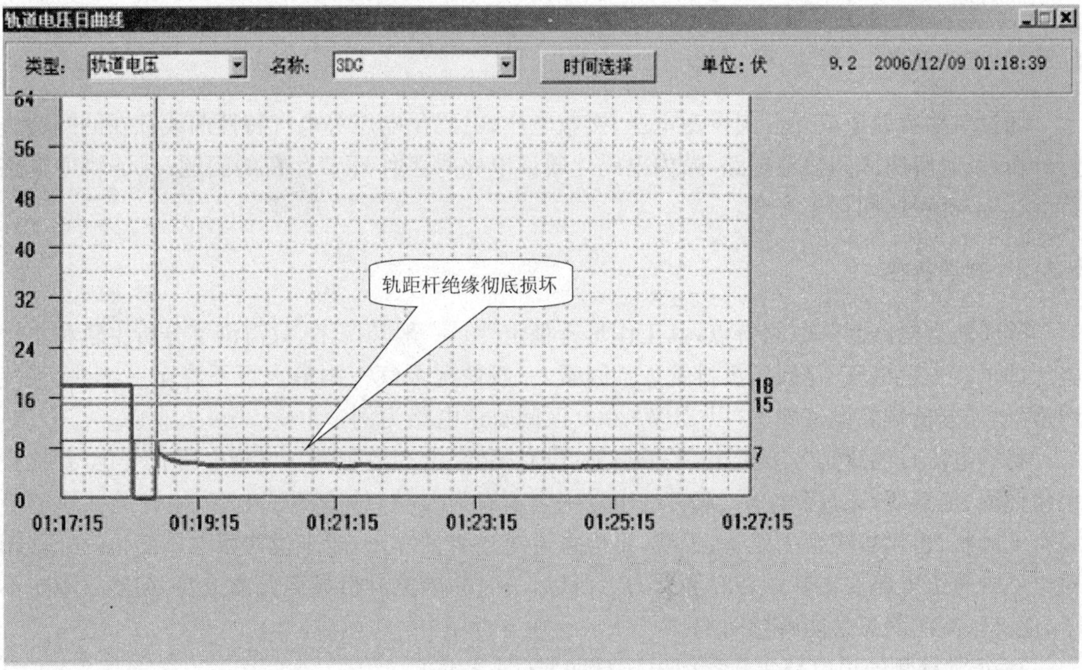

图 5.41　轨距杆绝缘不良造成轨道电压波动曲线

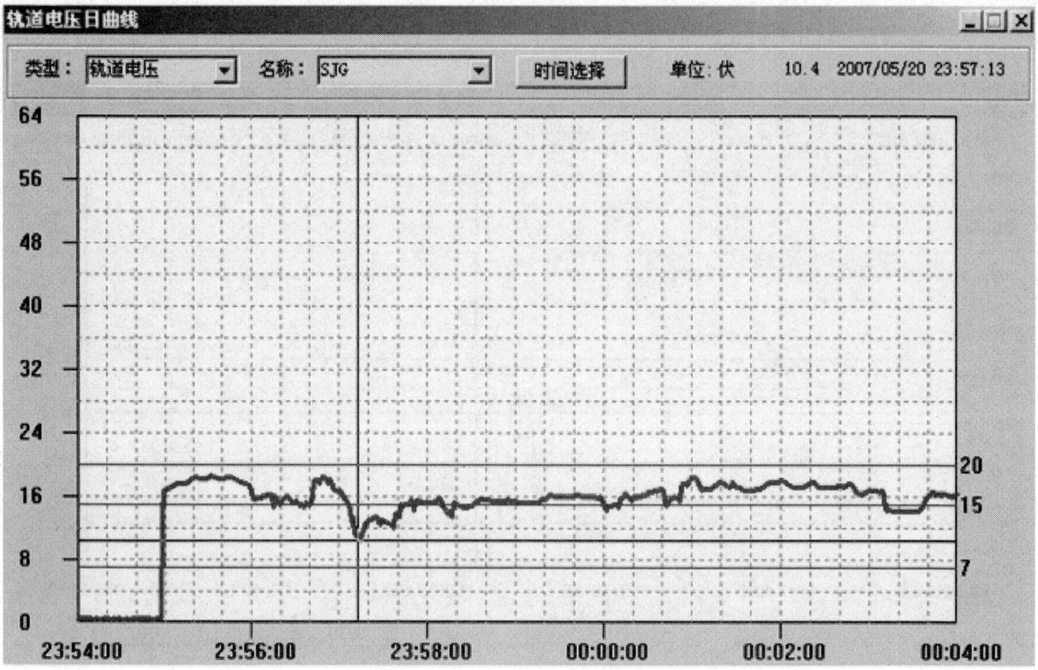

图 5.42 钢轨接地引起轨道电路电压波动曲线

典型工作任务 3 移频轨道电路电压曲线分析

5.3.1 工作任务

通过对移频轨道电路区间发送电压、接收电压、电码化电压等电气特性曲线存在的问题进行分析，及时解决区间轨道电路、站内电码化轨道电路等工作环节存在的问题，保证轨道电路特性达标，确保区间行车安全。

5.3.2 知识链接

移频轨道电路因其电路特点，其工作具有稳定性。一般情况下，只需浏览分析主轨和小轨电压即可。主轨电压下降时，需排除天气因素，一般情况天气下雨最大可下降至一半，除天气因素外，需分析排除设备隐患（以 ZPW-2000 区间轨道电路为例）。

移频电压日曲线是方方正正、平平整整、没有跳变、没有毛刺的。发现电压有变化，要检查钢包铜线、连接线，通过测端子、塞钉的压降来判断有无异状，检查测试电容，检查测试轨道绝缘有无异状，再检查箱合内设备、配线，再检查电缆是否良好，一般来说移频电压变化的处理相对于站内轨道电路要更麻烦费时和费力。所以，平时的浏览分析显得尤为重要，突发故障防不了，但有预兆的隐患是能够预防的。

1. 正常移频轨道电路主轨接收电压日曲线（图 5.43）

2. 异常移频轨道电路电压日曲线

1）接收端调谐匹配单元的特性参数变化导致的图形，发现曲线变化需要分析排除隐患

主轨出电压曲线和小轨出电压曲线分别如图 5.44(a)和图 5.44(b)所示。

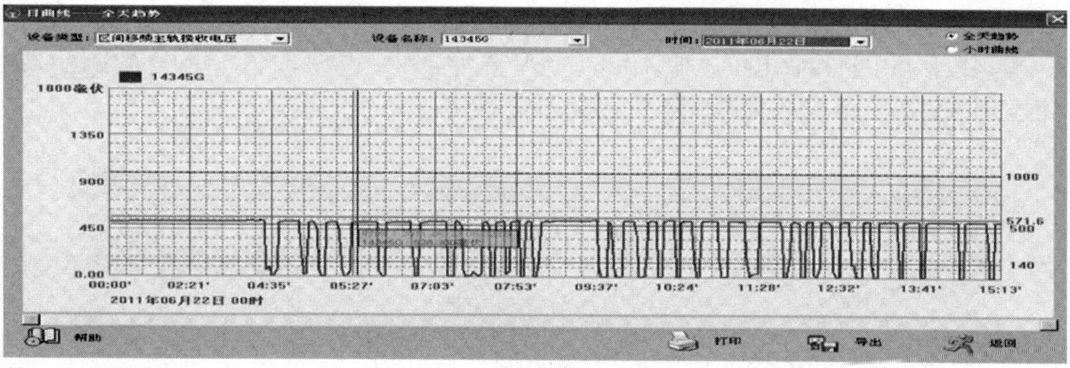

图 5.43　正常移频轨道电路主轨接收电压日曲线

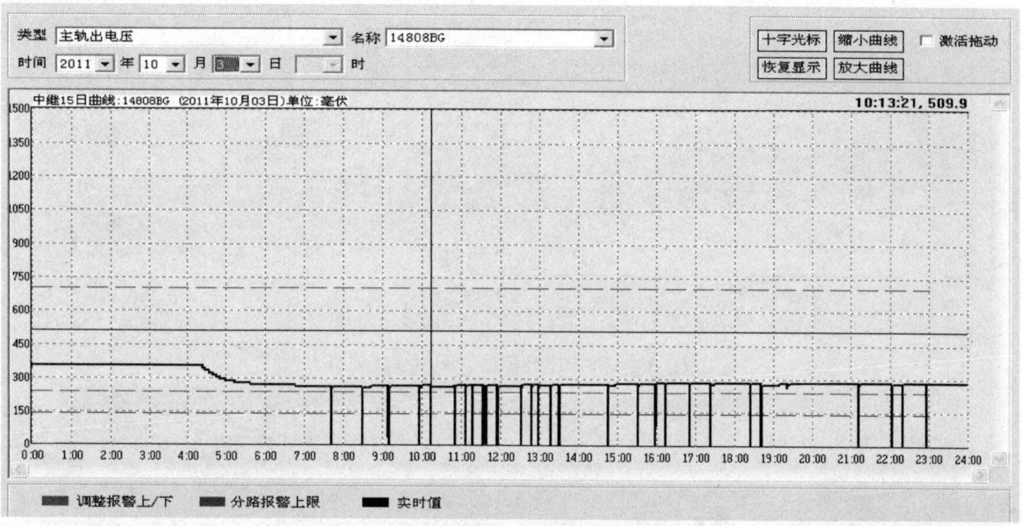

(a) 主轨出电压曲线图形

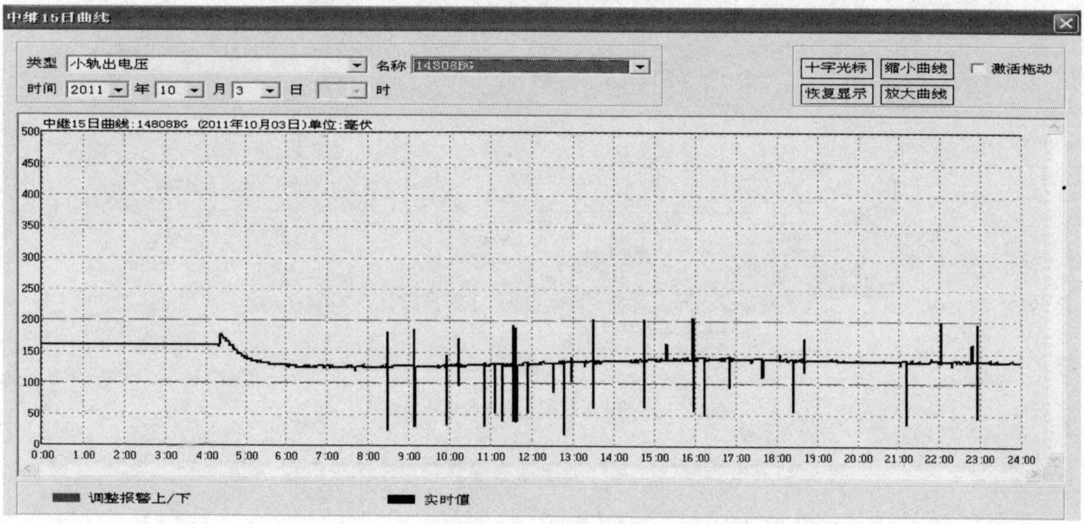

(b) 小轨出电压曲线图形

图 5.44　异常移频轨道电路电压日曲线

2)电容钢丝绳塞钉头不良造成移频主轨接收电压波动

某区段移频主轨接收电压过车后由 627 mV 降为 566 mV[图 5.45(a)],检查发现 C2 电容钢丝绳塞钉头不良,更换处理后恢复正常[图 5.45(b)]。

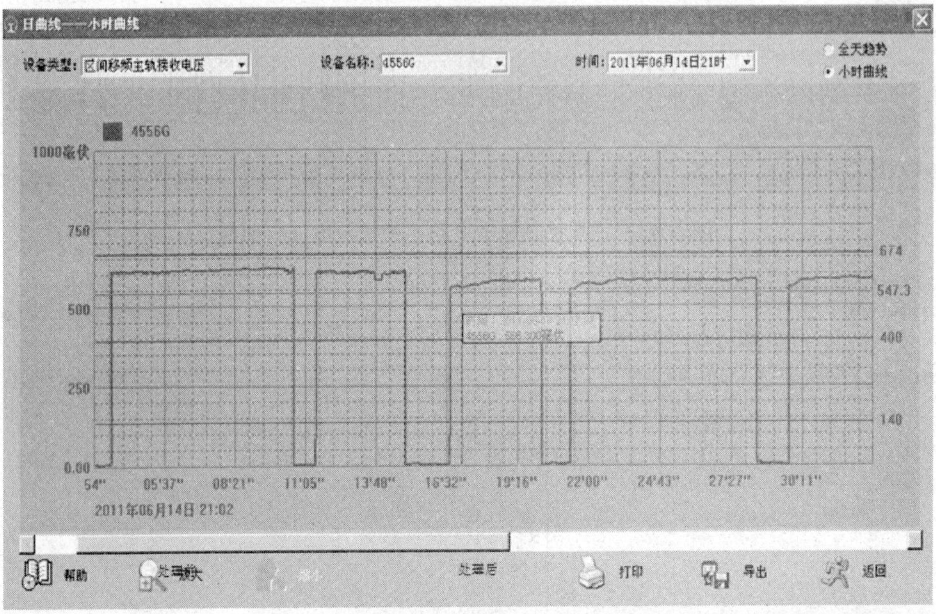

(a) 移频主轨接收电压过车后变化的日曲线

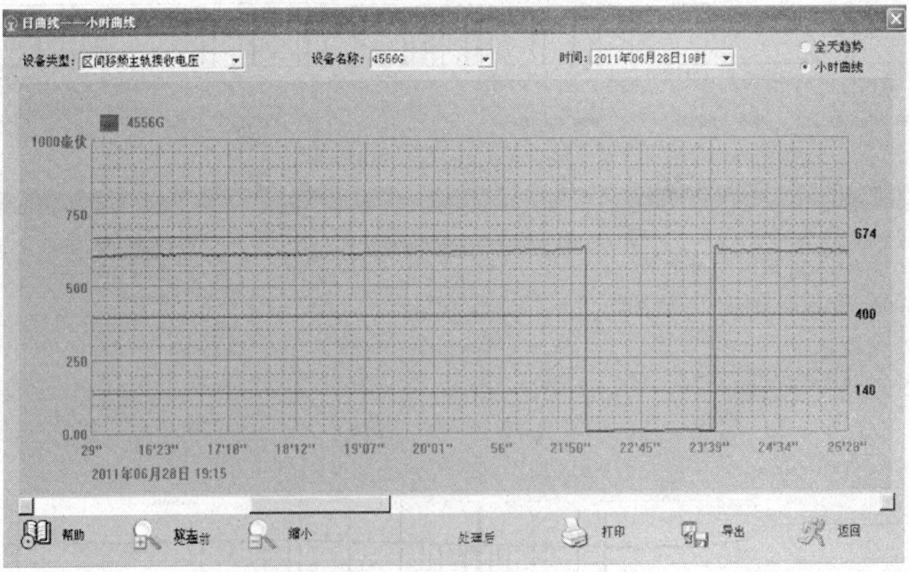

(b) 恢复后的正常移频主轨接收电压日曲线

图 5.45　电容钢丝绳塞钉头不良造成移频主轨接收电压波动

3)衰耗盘故障造成移频主轨接收电压波动

某区段区间移频主轨接收电压日曲线不平稳有波动,电压降低。更换衰耗盘后电压回升且平稳。移频主轨接收电压修复前后日曲线如图 5.46 所示。

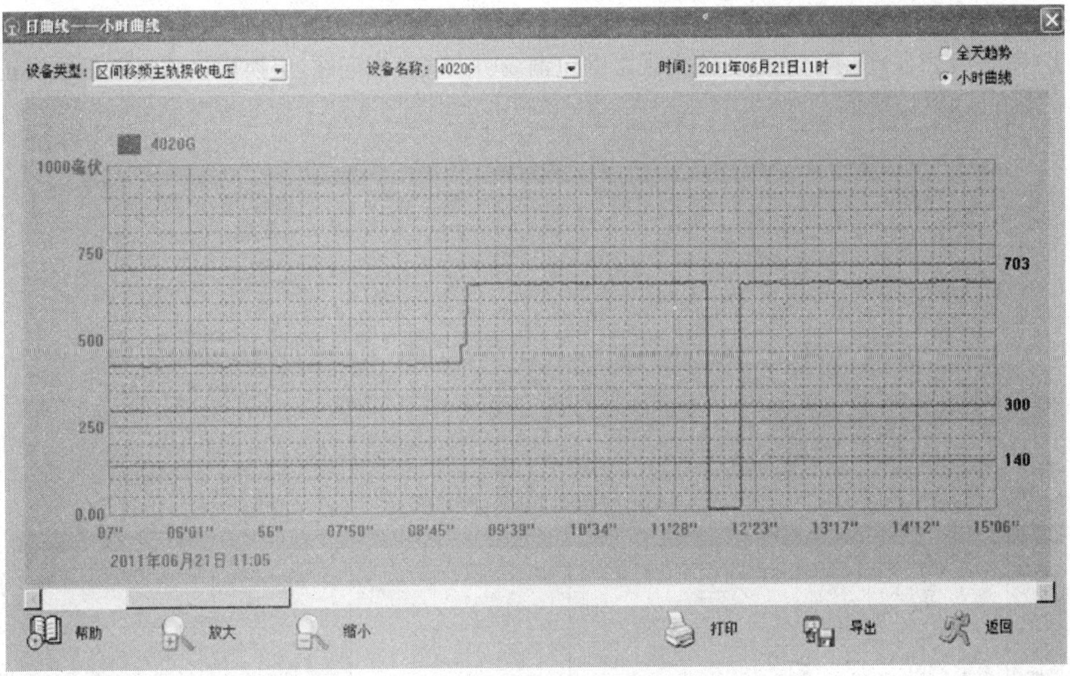

图 5.46 移频主轨接收电压修复前后日曲线

4)电缆侧电压瞬间 0 值

监测回放分析，8865G 的功出电压正常，发送电缆侧端有瞬间回零(图 5.47)，接收电缆侧也有瞬间回零情况。

用移频表实测 8865G 发送电缆侧测试配线端子，在 8865G 模拟网络盒电缆侧、设备侧实测都有回零现象，发送器功出实测，没有测到，把故障范围压缩到功出到模拟网络之间。

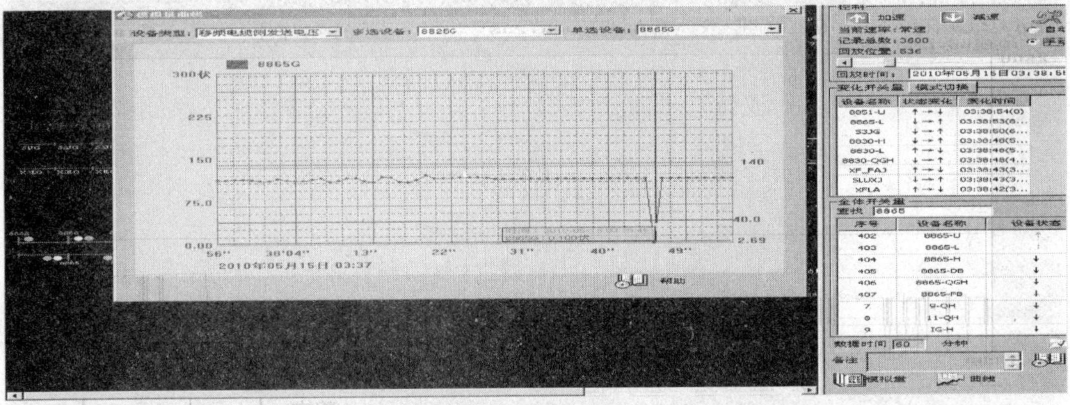

图 5.47 移频电缆侧电压日曲线

通过分析，移频电缆侧电压回零问题还有共性，在该条线上有很多车站都存在且都是在两站的交汇区段。通过上述情况分析结果：该问题是一共性问题，排除配线错误。通过核对电路图纸，发现问题的原因，为 DJF 继电器应该为缓放继电器，而现场为 JWXC-1700 继电器。更换继电器问题解决。

5)送端钢包铜引入线内部锈蚀

浏览发现电压曲线有缓慢下降趋势，某一时段还较稳定，电压下降缓慢，时间较长，与电容不良案例相似。要监测年趋势曲线、月曲线、日曲线来综合判断,分别如图 5.48(a)、图 5.48(b)和图 5.48(c)所示。通过排查发现是钢包铜线引入线存在问题,更换后接收电压日曲线正常如图 5.48(c)所示。

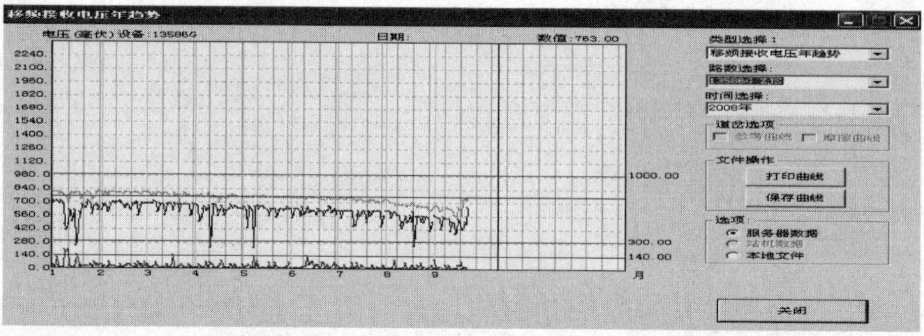

(a) 主轨接收电压年趋势曲线

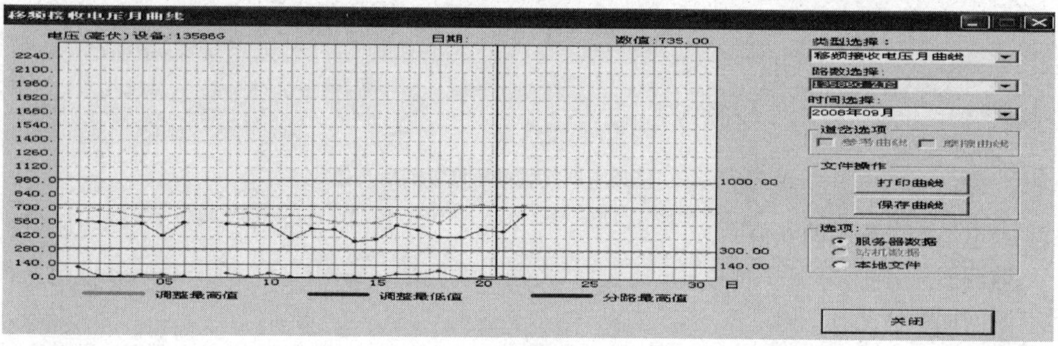

(b) 主轨接收电压月曲线

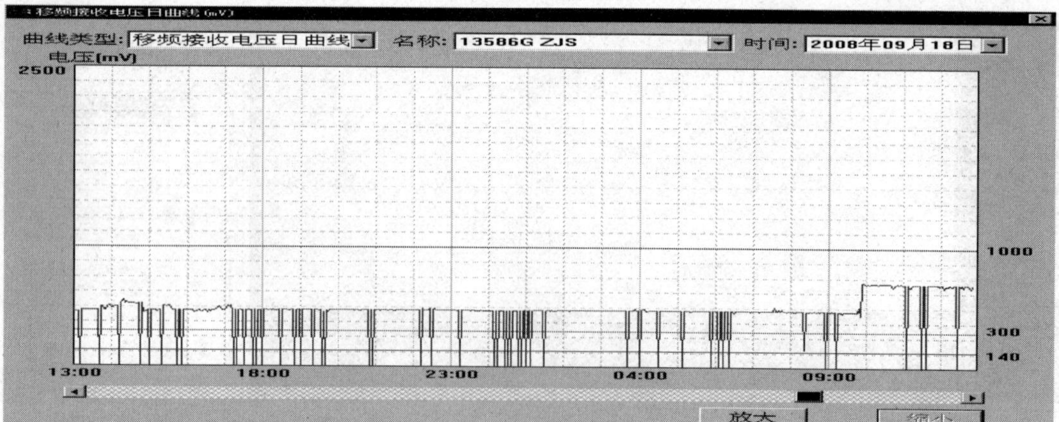

(c) 接收电压日曲线

图 5.48　主轨接收电压年趋势、月、日曲线

6)接续线不良引起主轨接收电压波动曲线图形(图 5.49)

分析:接收曲线跳跃式变化,说明是接触不良引起的。检查现场设备,发现该区段有 25 m 短钢轨,有较多接续线,接续线存在接触不良。

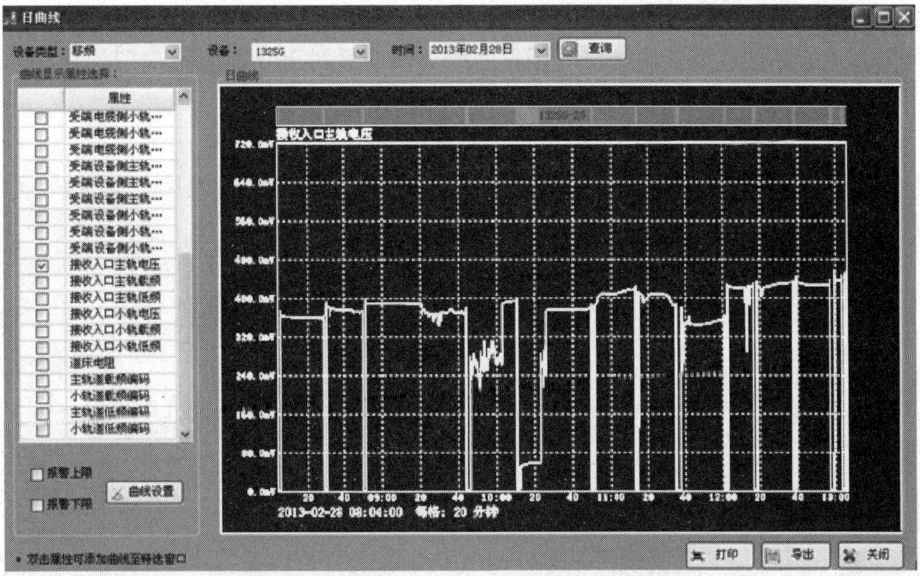

图 5.49　接续线不良引起主轨接收电压波动曲线

7)空扼流变压器被盗后端子短路接收电压日曲线及处理后恢复正常曲线

空扼流变压器被盗后端子短路接收电压日曲线如图 5.50(a)所示，接收电压恢复正常日曲线如图 5.50(b)所示。

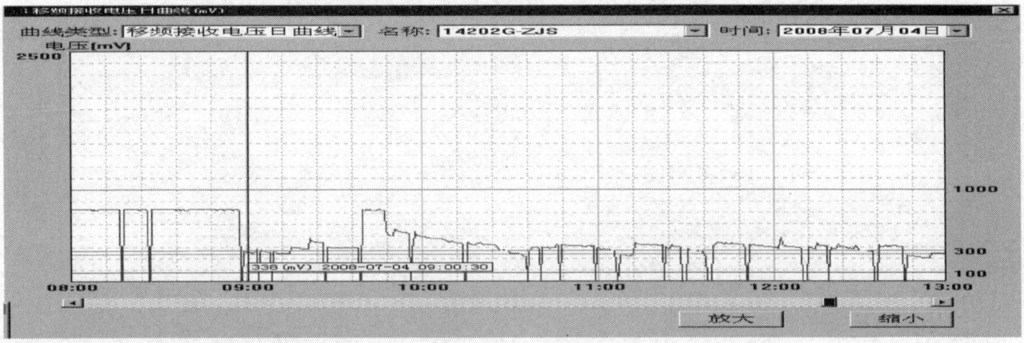

(a) 接收电压波动日曲线

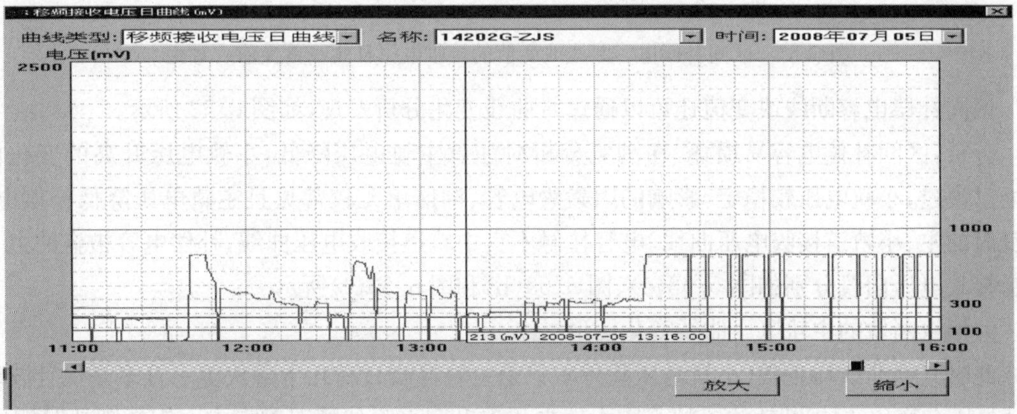

(b) 接收电压恢复正常日曲线

图 5.50　空扼流变压器被盗后端子短路接收电压日曲线及处理后恢复正常曲线

8)区间补偿电容断线或变值的接收电压日曲线,更换前后对比

区间补偿电容断线或变值的接收电压日曲线更换前后对比分别如图 5.51(a)及图 5.51(b)所示。

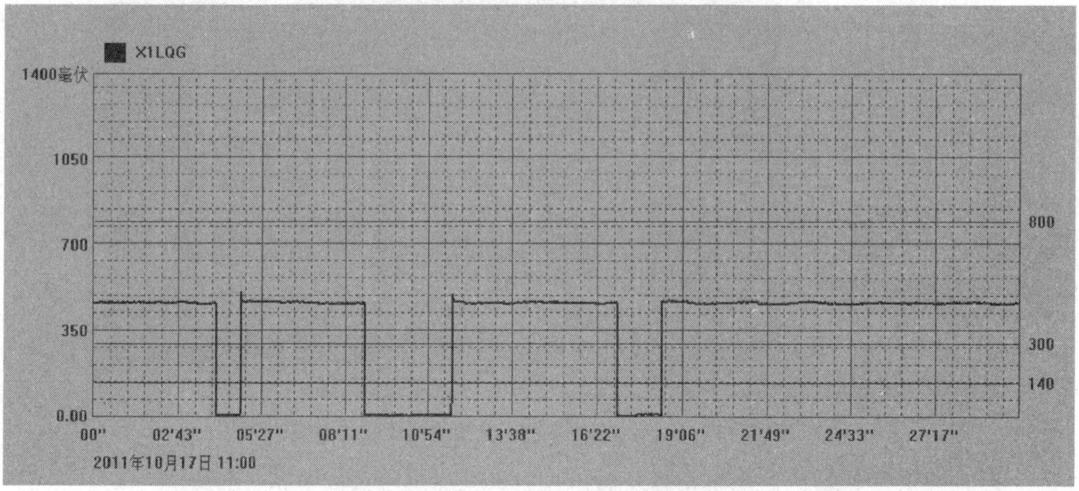

(a) 区间补偿电容断线或变值的接收电压日曲线

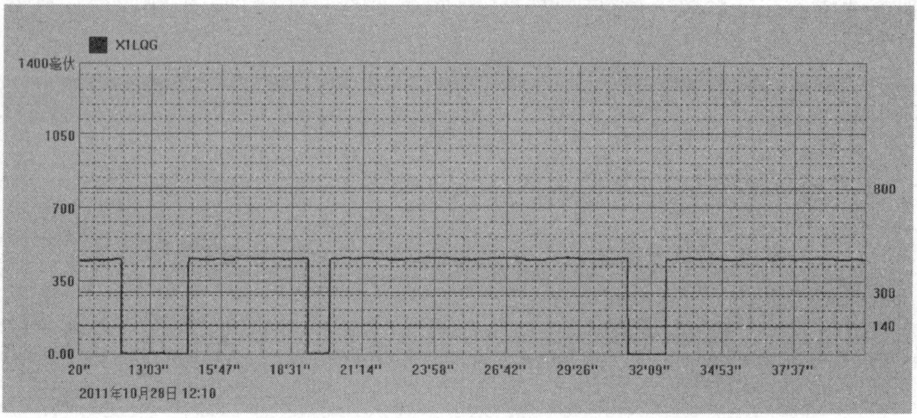

(b) 更换不良区间补偿电容后的接收电压日曲线

图 5.51　区间补偿电容断线或变值的接收电压日曲线更换前后对比

区间补偿电容断线或变值还可以通过月曲线变化分析发现,如图 5.52 所示。

分析:区间补偿电容易损坏,在浏览分析时注意主轨电压降低,小轨电压升高的变化值。前面已说过,小轨电压较稳定,影响的因素为电容、调谐单元较常见且主轨电压降低补偿电容不良时的主、小轨道接收电压曲线、电容接触不良主轨道接收电压曲线,补偿电容被盗的主、小轨道接收电压曲线分别如图 5.53(a)、图 5.53(b)和图 5.53(c)所示。

9)钢轨断轨的主轨电压曲线变化图形

此时其他曲线均正常(小轨电压除外),只是主轨接收只有几十毫伏至一百多毫伏且波动。小轨电压有变化,根据断轨位置的不同小轨电压上升和下降的情况都存在。钢轨断轨时轨出 1 电压图形如图 5.54 所示。

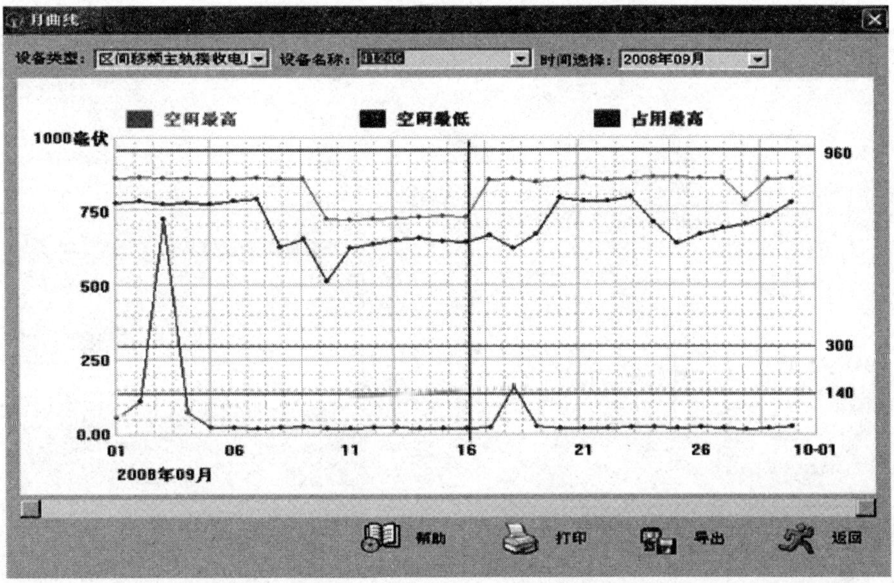

图 5.52　区间补偿电容断线或变值主轨接收电压月曲线

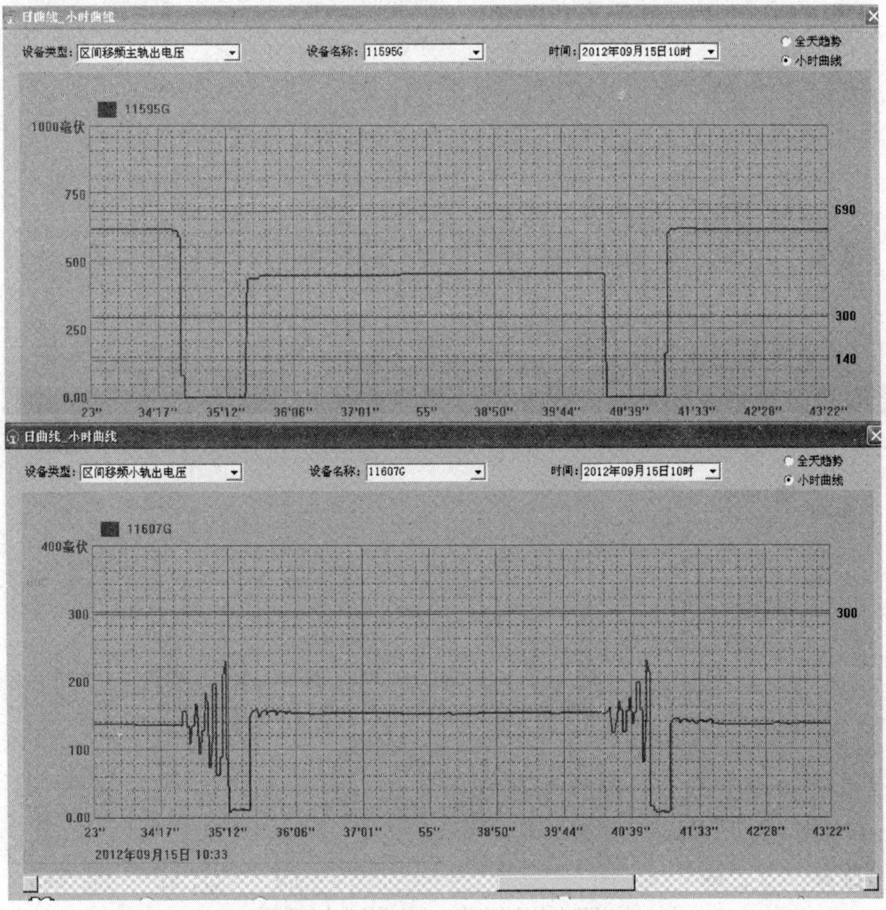

(a) 补偿电容不良时的主、小轨道接收电压曲线

图 5.53

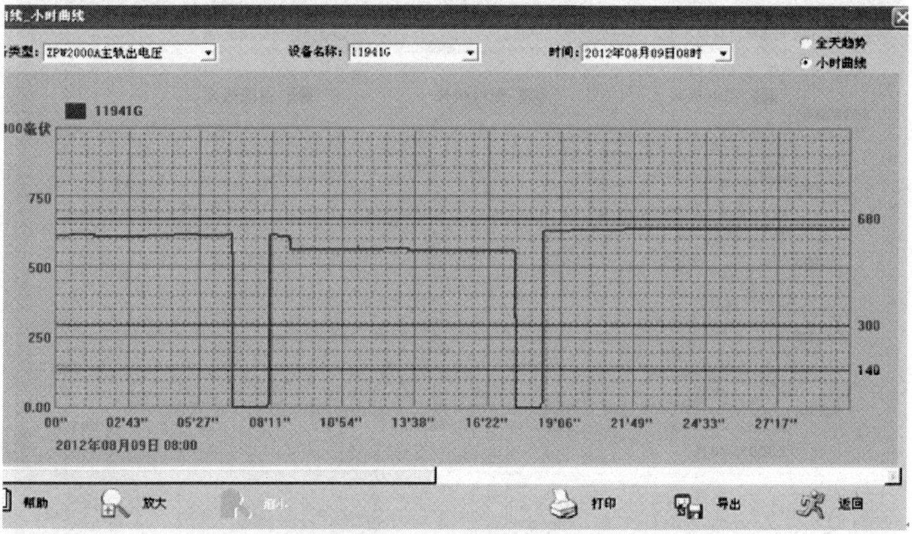

(b) 电容接触不良主轨道接收电压曲线

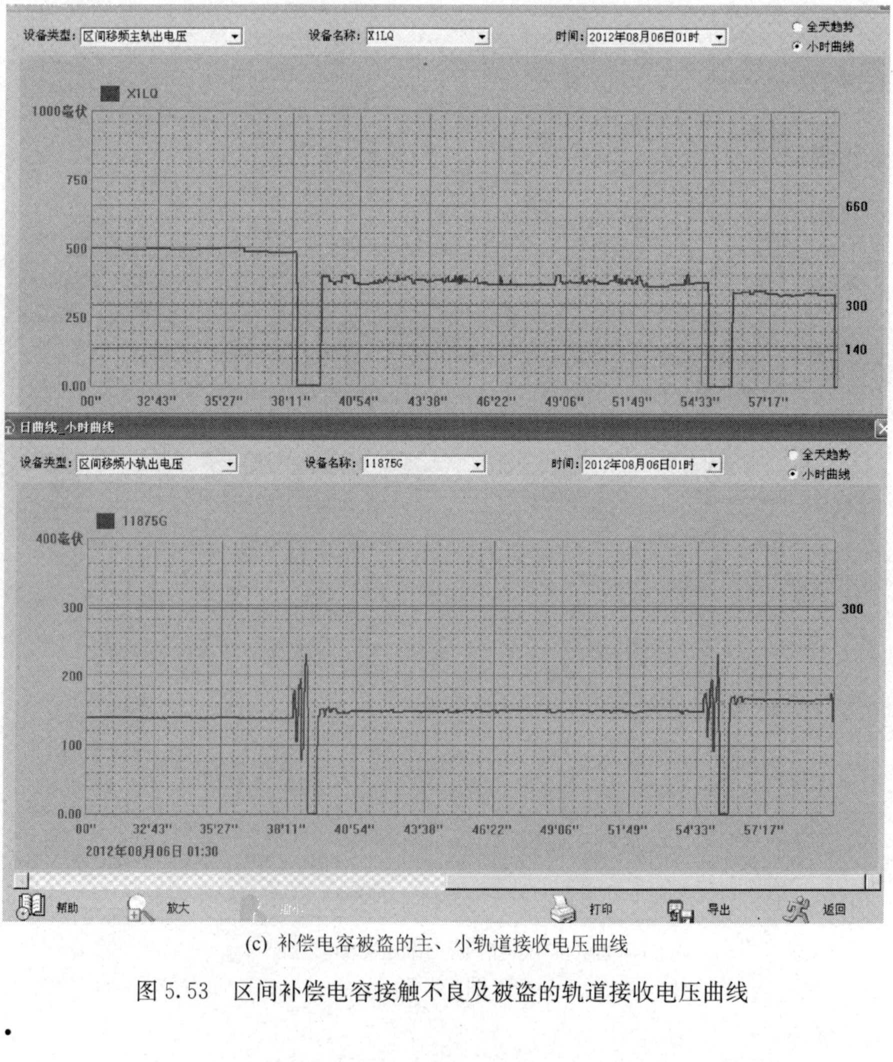

(c) 补偿电容被盗的主、小轨道接收电压曲线

图 5.53　区间补偿电容接触不良及被盗的轨道接收电压曲线

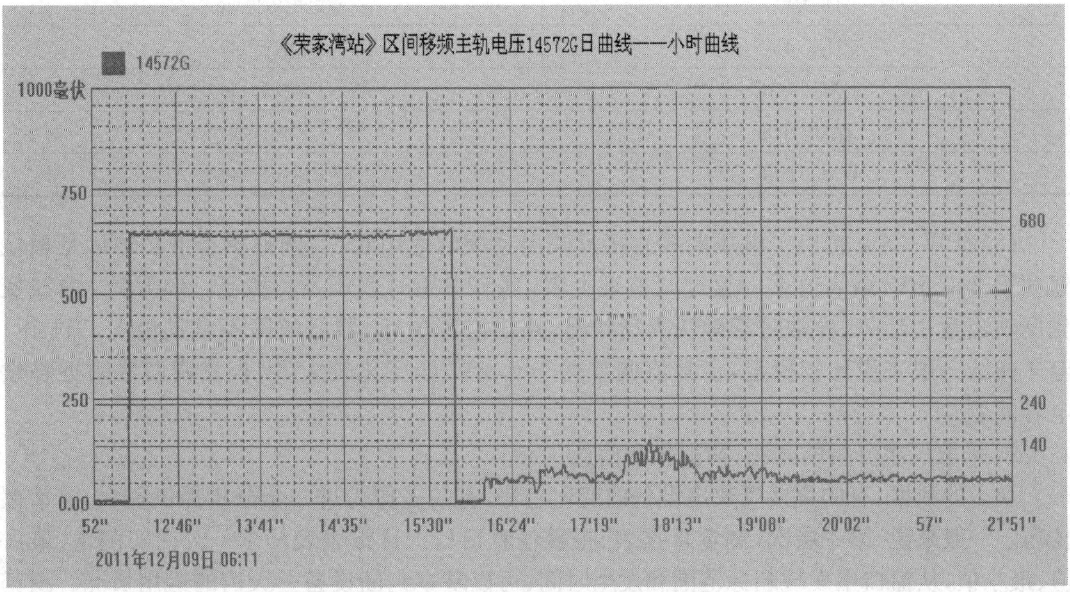

图 5.54　钢轨断轨时轨出 1 电压图形

5.3.3　知识拓展

模拟浏览分析人员工作场景和工作任务，在熟悉信号设备的工作原理和监测采集原理基础上，认识和掌握各电气设备的标准参数图形，针对来自维护工作实际的举例图型，结合设备的动作过程进行电气特性分析，准确判断设备状态及故障原因，并提出维护措施建议。

1. 浏览分析技巧

(1)电源设备。电源输入反映了供电质量状况，电源屏各种电源电压/电流输出反映了电源设备的性能及负载的情况。一般采用日报表和日曲线进行分析，凡是存在异常波动的数据均需进行分析。外网电源波动需联系供电部门确认，对输出数据异常的情况必须查找原因。

(2)道岔设备。道岔电流曲线表征了道岔启动、解锁、转换、锁闭、表示的过程。曲线异常多表现出道岔动作时间过长、锁闭困难，提示道岔需要维护，如道岔缺油、卡阻、密贴过紧等。道岔表示电压表征了表示电路的性能，数据异常直接反映出元件故障或接触不良。

(3)站内轨道电路。电压监测反映了轨道电路调整状态、分路状态时的情况，调整状态曲线异常直接反映出轨道绝缘、异常分路、信号器材、供电地线等方面的问题。异常曲线较正常曲线高，反映出外来干扰或室内开路，这种情况较少；异常曲线较正常曲线低，反映出室外开路或短路故障，这种情况较多，室内电路短路也会造成这类情况，但较少见。

(4)信号机灯丝电流表征了点灯电流性能，需掌握使用不同类型灯丝继电器 DJ 时，电流标准是不一样的，超过标准时需查找原因。信号机灯丝电流标准参考值见表 5.1。

表 5.1　信号机灯丝电流标准参考值

DJ 类型	点灯电流值(mA)
JJXC-15	不小于 140
JJXC-16/16	不小于 140
JZXC-H18	不小于 100
JZXC-H18F	不小于 140

(5)ZPW-2000 轨出 1 电压曲线直接反映出系统的使用状况，调整状态下必须满足最低值大于 240 mV，最高值不得超过调整表上限，列车占用时残压不得大于 140 mV。曲线变化反映出运用趋势，异常时需确认天气状况、补偿电容损坏、器材故障等常见情况。轨出 1 电压曲线一般来说比较稳定，正常值调整在 140 mV，如变化较大，需查找调谐区附近补偿电容问题。

2. 采取层次分析的方法，捕捉异常信息

众多的数据，有的直接反映出设备的变化趋势，有的是作为进一步分析提供资料，需掌握技巧。一般来说，第一层次，浏览日报表、报警信息窗口。日报表表征了一天内实测值、最大值、最小值，从窗口中发现超标范围和发生时间，可以基本判断设备一天内的运用情况。浏览道岔断表示、电源转换等报警信息可以掌握异常情况。因此，通过浏览日报表、报警信息窗口可以掌握设备的基本运用情况。第二层次，浏览日曲线。日曲线直接反映一天内数据的变化情况，从中可以看出变化趋势，更容易发现问题，因此浏览分析时必须认真。第三层次，深入分析。对异常的数据和曲线，需结合其他项目进行全面分析，如电流曲线、询问现场作业、再现列车运行情况等，全面加以分析。常用的项目有：

(1)日报表。电源屏电压、轨道电路电压、电缆综合绝缘。

(2)日曲线。电源屏电压、轨道电路电压、信号机点灯电流、区间主轨电压、区间小轨电压、道岔动作电流曲线。

(3)报警。信号非正常关闭、挤岔、电源转换。

3. 其他浏览项目

(1)站场图形：是否完整，是否存在报警。

(2)网络：网络连接，对管内各站检查网络连接通畅。

(3)日志：班组浏览情况，需分析值班人员是否完成浏览项目，分析浏览的时间是否具有分析的效果。

项目小结

本项目主要讲述根据设备特性曲线和趋势曲线进行故障分析的方法和实力，强化对集中监测系统存储数据和状态监测功能的认识和理解。

浏览道岔动作电流曲线分析，可以预防并减少道岔故障发生，缩短突发故障处理时间；道岔动作电流曲线分为启动、解锁、转换、锁闭四个过程。道岔启动时，电流很大。道岔解锁时电机负载不宜过大，道岔转换时状况不同，电流大小也不一样；偏大，说明道岔阻力大。道岔锁闭时电流会增大，但过大说明锁闭困难，会导致在解锁时解锁电流大。对于提速道岔来说，时间特性是电流曲线的先看和分析的重点。

正常的轨道电路电压曲线是平稳的，没有波动。浏览时如果发现电压有变化，要检查连接线、导接线，通过测端子、塞钉的压降来判断有无异状，检查绝缘、拉杆、工务扣件外观有无异状，检查箱盒内设备、配线，再检查电缆是否良好，一直到问题彻底处理。

移频轨道电路电压浏览包括主轨和小轨电压曲线等。如发现电压有变化，检查钢包铜线、连接线，通过测端子、塞钉的压降来判断有无异状，检查测试电容，检查测试轨道绝缘有无异状，再检查箱合内设备、配线，再检查电缆是否良好。

复习思考题

1. 简述集中监测道岔动作电流曲线是如何形成的？
2. 根据下图详细描述直流转辙机电流基本曲线在各分区的意义。

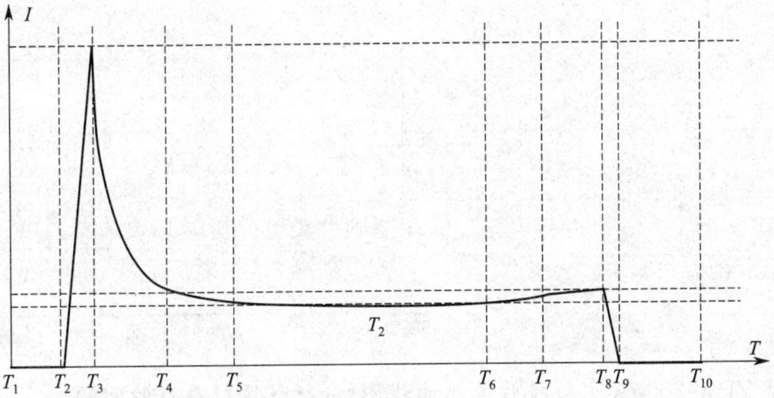

3. 分析下图提速道岔电流曲线存在的问题。

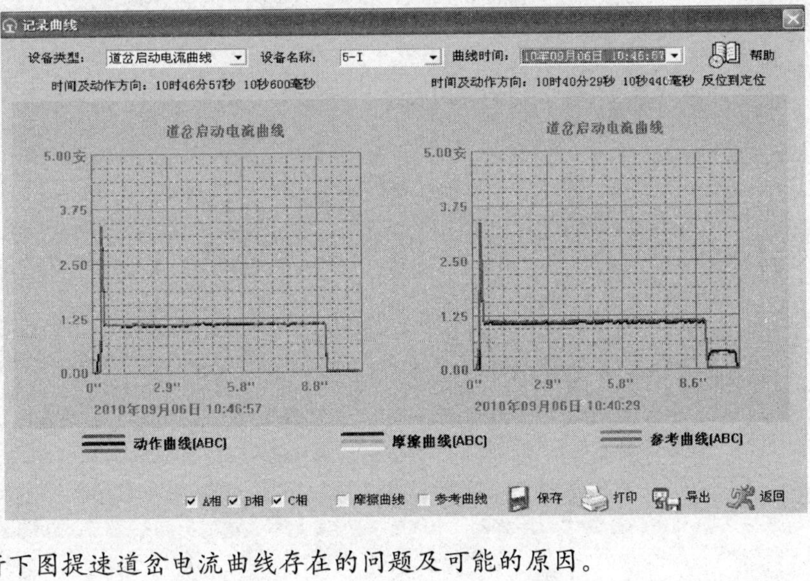

4. 分析下图提速道岔电流曲线存在的问题及可能的原因。

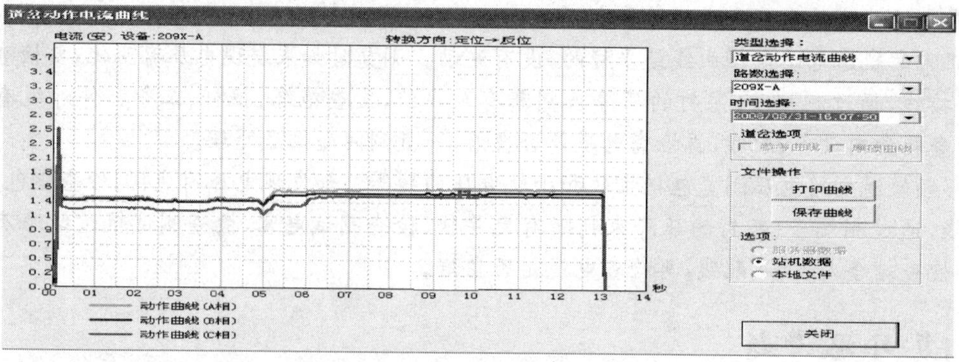

5. 下图是 25 Hz 轨道电路的电压曲线图,分析该区段存在的问题。

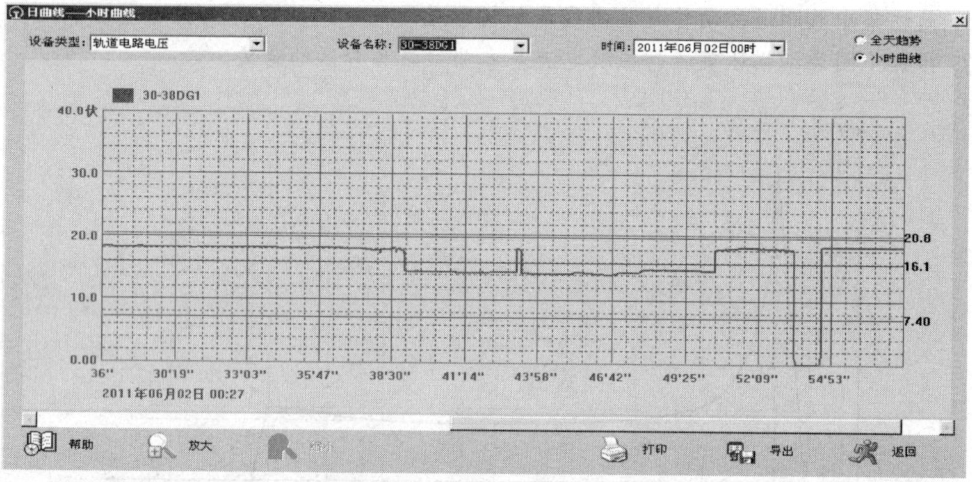

6. 下图是 ZPW-2000A 主轨接收电压曲线图,分析该区段存在的问题。

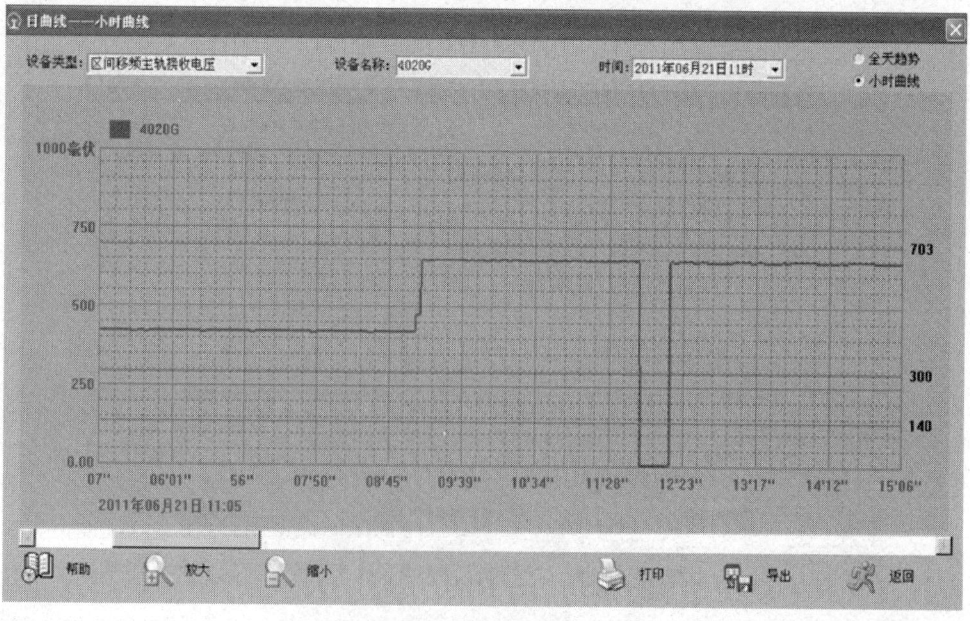

参考文献

[1] 中国铁路总公司．普速铁路信号维护规则　技术标准[S]. 北京：中国铁道出版社，2008.

[2] 李萍．铁路信号集中监测系统[M]. 北京：中国铁道出版社，2012.

[3] 钱艺，翟红兵．车站信号自动控制系统维护[M]. 北京：中国铁道出版社，2015.

[4] 冯琳玲，李朝阳．铁路信号集中监测[M]. 成都：西南交通大学出版社，2014.